눈이 편한

2nd Edition

큰 그림, 큰 글씨로 배우는

스마트폰

눈이 편한 **스마트폰** 2nd Edition

Copyright ⓒ 2019 by youngjin.com Inc.
1016, 10F. Worldmerdian Venture Center 2nd, 123, Gasan-digital 2-ro, Geumcheon-gu, Seoul 08505, Korea. All rights reserved. First published by Youngjin.com Inc. in 2014. Printed in Korea.

저작권법에 의하여 한국 내에서 보호를 받는 저작물이므로 무단 전재와 무단 복제를 금합니다.

이 책에 언급된 모든 상표는 각 회사의 등록 상표입니다.
또한 인용된 사이트의 저작권은 해당 사이트에 있음을 밝힙니다.

ISBN 978-89-314-4793-4

독자님의 의견을 받습니다.
이 책을 구입한 독자님은 영진닷컴의 가장 중요한 비평가이자 조언가입니다. 저희 책의 장점과 문제점이 무엇인지, 어떤 책이 출판되기를 바라는지, 책을 더욱 알차게 꾸밀 수 있는 아이디어가 있으면 팩스나 이메일, 또는 우편으로 연락주시기 바랍니다. 의견을 주실 때에는 책 제목 및 독자님의 성함과 연락처(전화번호나 이메일)를 꼭 남겨 주시기 바랍니다. 독자님의 의견에 대해 바로 답변을 드리고, 또 독자님의 의견을 다음 책에 충분히 반영하도록 늘 노력하겠습니다.

이메일 _ support@youngjin.com
주   소 _ (우)08505 서울 금천구 가산디지털2로 123 월드메르디앙벤처센터 2차 10층 1016호

만든 사람들

저자 _ 김혜경 **| 기획 _** 기획 1팀 **| 총괄 _** 김태경 **| 진행 _** 김연희
내지 · 표지 디자인 _ 영진닷컴 디자인팀 지화경 **| 내지 편집 _** 영진닷컴 디자인팀 최영민

이 책의 구성

PREVIEW

이 책은 24차시로 이루어졌으며 다음과 같은 요소들로 구성되어 있습니다.

❶ 배울 내용
각 차시에서 배우게 되는 내용에 대해 간략하게 설명하고 학습 방향을 제시합니다.

❷ 이런 걸 배워요!
따라하기를 통해 어떤 기능을 학습하게 될지 간략하게 살펴봅니다. 배울 내용을 미리 알아두면 훨씬 쉽고 재미있게 학습할 수 있습니다.

❸ 미리보기
각 차시에서 배우게 되는 예제의 완성된 모습을 미리 확인할 수 있습니다.

❹ 따라하기
예제를 만드는 과정과 방법을 순서대로 보면서 쉽게 따라할 수 있습니다.

❺ TIP
본문에서 설명하지 않은 내용 중 중요하거나 알아두면 좋은 내용 등을 정리하였습니다.

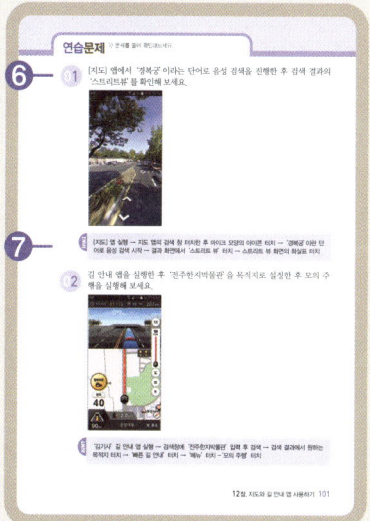

❻ 연습문제
해당 차시에서 배운 내용을 토대로 좀더 응용된 예제를 조금씩 다른 난이도로 만들어 배운 기능을 한 번 더 다질 수 있도록 하였습니다.

❼ Hint
연습문제를 학습할 때 필요한 참고 내용을 담았습니다.

이 책의 목차

: **01**장 : 스마트폰 기본 조작 방법과 기능 알아보기 ·················· 6

: **02**장 : 통화하고 문자 메시지 보내기 ························· 13

: **03**장 : 스마트폰 환경설정 알아보기 ·························· 23

: **04**장 : 스마트폰 화면 편집하기 ····························· 32

: **05**장 : 계정 추가하고 인터넷 사용하기 ······················· 40

: **06**장 : 앱 검색하고 설치하기 ······························· 51

: **07**장 : 카메라와 갤러리 활용하기 ··························· 59

: **08**장 : 음악과 유튜브, DMB 활용하기 ························ 66

: **09**장 : 카카오톡 앱 사용하기 ······························· 72

: **10**장 : 카카오톡 부가 기능 활용하기 ························ 80

: **11**장 : 이메일 보기와 관리하기 ···························· 88

: **12**장 : 지도와 길 안내 앱 사용하기 ························· 95

13장	일정 관리하기	102
14장	스마트폰 관리하고 200% 활용하기	111
15장	스마트폰과 PC 연결하고 파일 공유하기	119
16장	병원과 약국 활용 앱 사용하기	128
17장	필요한 자료 스캔하기	135
18장	교통과 여행 관련 앱 활용하기	143
19장	스마트폰으로 인터넷 뱅킹하기	151
20장	생활에 유용한 앱 활용하기	159
21장	예매 앱 사용하기	167
22장	클라우드 장치 활용하기	175
23장	트위터 사용하기	183
24장	페이스북 사용하기	191

01 스마트폰 기본 조작 방법과 기능 알아보기

이제 스마트폰은 생활에 없어서는 안 될 필수 기기가 됐습니다. 스마트폰을 효과적으로 활용하기 위해서는 가장 기본적인 기계 조작 방법부터 알아야 합니다. 스마트폰의 화면 구성과 기본적인 기계 조작 방법에 대해 살펴봅니다.

| 이런 걸 배워요! | 스마트폰의 의미, 스마트폰 부문 명칭, 메뉴 버튼과 터치 방법, 스마트폰 기본 조작 방법

미리보기

STEP 1 | 스마트폰(Smart Phone)의 의미

스마트폰(Smart Phone)은 인터넷과 정보 검색 등의 컴퓨터 기능을 휴대폰에 추가한 지능형 단말기입니다. 컴퓨터에 필요한 프로그램을 설치해 사용하듯 사용자가 원하는 애플리케이션(앱스)를 설치해 사용할 수 있다는 것이 특징입니다. 스마트폰은 손안에 들고 다니는 컴퓨터라 불릴 만큼 이동 중 인터넷은 물론 문서 작업, 영화와 음악 등의 멀티미디어 감상이 가능합니다.

컴퓨터와 마찬가지로 스마트폰도 운영체제가 필요합니다. 국내에서 가장 많이 사용되는 스마트폰의 운영체제로는 크게 애플의 iOS와 삼성, LG, 모토롤라, HTC 등의 업체가 사용하는 구글 안드로이드로 나눌 수 있습니다.

이 책은 갤럭시 S5, 안드로이드 4.4.2 버전 중심으로 설명합니다.

〈아이폰〉

〈갤럭시 S5〉

STEP 2 | 각 부분 명칭과 화면 조작

스마트폰 하단의 3가지 버튼은 [최근 실행 탭], [홈], [취소] 버튼으로 구성되어 있으며 화면 조작 방법에는 터치, 길게 터치, 확대/축소, 끌기(밀기)가 있습니다.

• 스마트폰 메뉴 버튼

❶ ▭ : [최근 실행 탭] 버튼
   최근에 실행한 애플리케이션으로 빠르게 전환할 수 있도록 목록이 표시됩니다.

❷ ▬ : [홈] 버튼
   스마트폰의 첫 화면으로 이동합니다.

❸ ↰ : [취소] 버튼
   실행 중인 앱을 종료하거나 이전 화면으로 이동합니다.

❹ 홈 화면의 페이지를 나타내는 점으로 각 점을 누르거나 좌우로 밀어 다른 페이지로 이동합니다.

❺ 다른 페이지로 이동해도 고정적으로 나타나는 앱의 목록입니다. 자주 사용하는 앱의 목록이기도 합니다. 이중 [앱스](▦)를 터치하면 애플리케이션이 나열된 앱스 화면으로 이동합니다.

- **터치**

앱이나 기능을 선택할 때 사용합니다. 터치하면 해당 앱이나 기능이 실행됩니다.

- **길게 터치**

앱 아이콘을 이동시키거나 삭제하는 등의 특별한 기능을 수행할 때 사용합니다.

- **확대/축소**

화면에서 두 손가락을 터치한 채 벌리거나 오므려 사진이나 텍스트 등을 확대하거나 축소합니다.

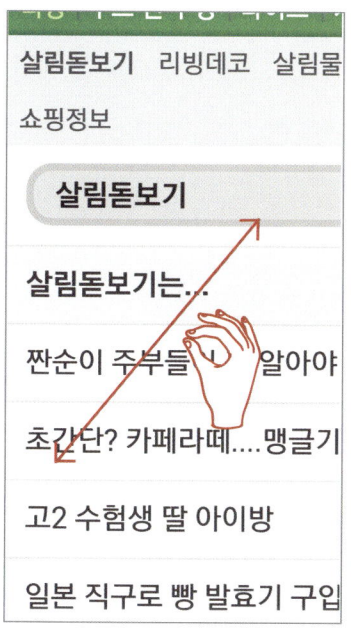

- **끌기(밀기)**

스마트폰의 화면을 위, 아래 혹은 좌, 우로 미는(끄는) 것입니다.

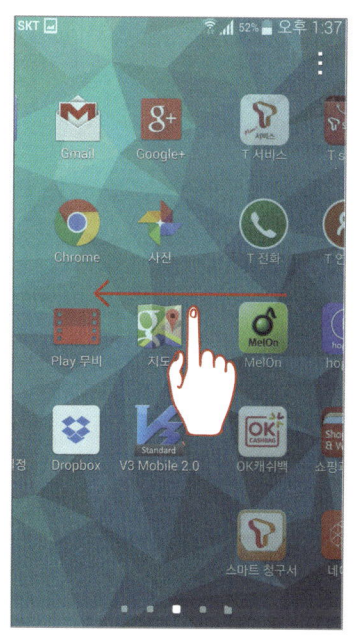

STEP 3   스마트폰 기본 조작 방법

• 스마트폰 켜고 끄기

스마트폰 오른쪽에 있는 [전원] 버튼을 누르면 켜지고, 다시 누르면 화면이 꺼집니다. 켜진 상태에서 [전원] 버튼을 길게 누르면 '디바이스 옵션' 창이 나타납니다.

TIP '전원 끄기'는 스마트폰을 끌 때 사용하며 '다시 시작'은 전원을 껐다가 자동으로 켜고 싶을 때 사용하는 것으로 컴퓨터의 재부팅과 같은 기능입니다.

• 스마트폰 알림 창 표시하기

화면 상단을 아래로 끌면 알림 창이 표시됩니다. 아이콘을 터치해 설정을 변경하거나 현재 스마트폰의 알림 메시지 등을 확인할 수 있습니다.

- **스마트폰 음량 조절하기**

[음량] 버튼의 윗부분을 누를 수록 크게, 아랫부분을 누를 수록 소리를 작게 조절할 수 있습니다. 소리를 가장 작게 줄이면 무음 모드로 변경됩니다.

[음량] 버튼

TIP 스마트폰 상단을 끌어 알림 창을 표시한 후 [소리] 아이콘을 터치하면 [진동]–[무음] 다시 [소리] 순으로 변경됩니다.

- **[최근 실행 탭] 실행하기**

[최근 실행 탭] 버튼을 터치하면 최근에 실행한 앱의 목록이 표시됩니다. 최근 목록 중 원하는 것을 터치해 빠르게 실행할 수 있습니다.

TIP (🗔)를 터치하면 현재 실행 중인 앱의 목록이 나타나고 (Ex)를 터치하면 최근 실행 앱의 목록이 모두 삭제됩니다.

연습문제 >> 문제를 풀며 확인해보세요.

01 스마트폰을 가로나 세로 방향으로 돌리면 화면도 함께 회전합니다. 화면 회전이 되지 않도록 설정해 보세요.

> **HINT** 스마트폰 화면 상단을 아래로 밀기 → 스마트폰 알림 창이 나타나면 [화면 회전] 터치한 후 해제

02 애플리케이션 화면에서 [계산기]를 실행한 후 숫자 패드를 터치하여 계산을 하고 홈 화면으로 돌아와 보세요.

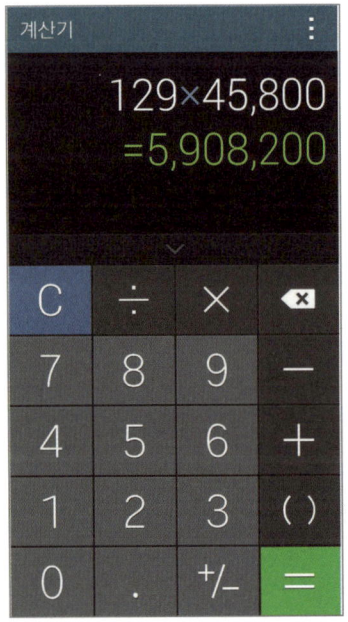

> **HINT** 홈 화면에서 [앱스] 터치 → [계산기] 터치 → 숫자 패드 터치 → 스마트폰 [취소] 버튼 터치 → [홈] 버튼 터치

02 통화하고 문자 메시지 보내기

스마트폰 사용의 기본은 통화와 문자 메시지 보내기입니다. 음성통화는 물론 상대방의 얼굴을 보면서 통화할 수 있는 영상통화가 가능하고 문자 메시지에 사진이나 음성 파일을 첨부해 보낼 수도 있습니다. 스마트폰을 통한 다양한 통화 방법과 상대방 연락처를 관리하는 방법에 대해 알아봅니다.

| 이런 걸 배워요! | 전화 걸고 받기, 영상통화, 문자 메시지 주고받기, 연락처 저장하기

미리보기

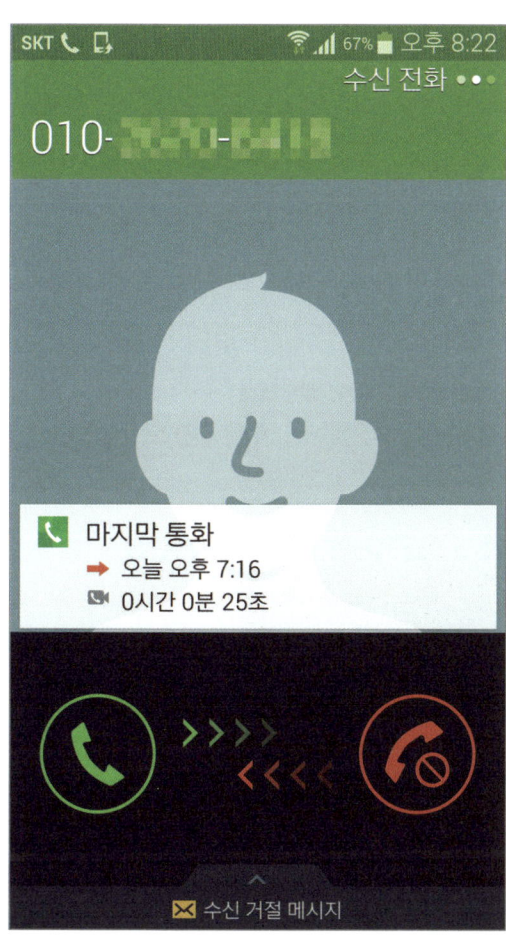

02장. 통화하고 문자 메시지 보내기 13

STEP 1 전화 걸고 받기

01 홈 화면에서 [전화]를 터치합니다. 연락할 전화번호를 터치해 입력한 후 (📞)를 터치하면 상대방에게 전화를 걸 수 있습니다.

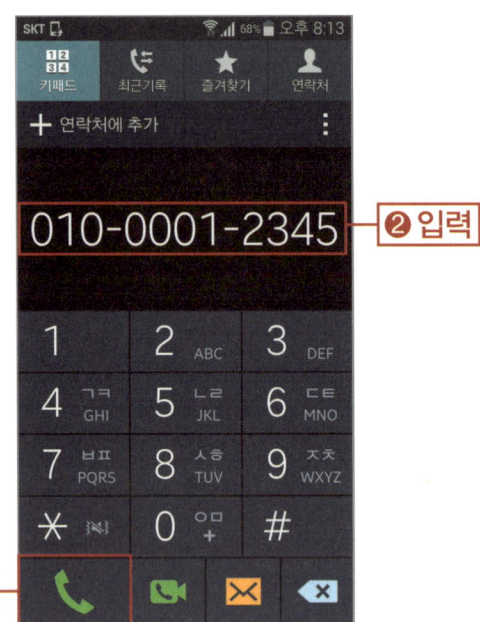

> **TIP** 홈 화면이란 스마트폰의 [홈](▬) 버튼을 누르거나 전원을 켰을 때 나타나는 화면으로 '전화', '연락처', '메시지'. '인터넷', '앱스' 등의 기본 애플리케이션이 설정되어 있습니다.

02 [최근기록]을 터치하면 최근의 통화나 문자를 주고받은 전화번호 목록이 표시됩니다. [연락처]를 터치하면 스마트폰에 저장해둔 사람들의 목록이 표시되며 [최근기록]이나 [연락처] 목록에서 (📞)를 터치하면 통화가 연결됩니다.

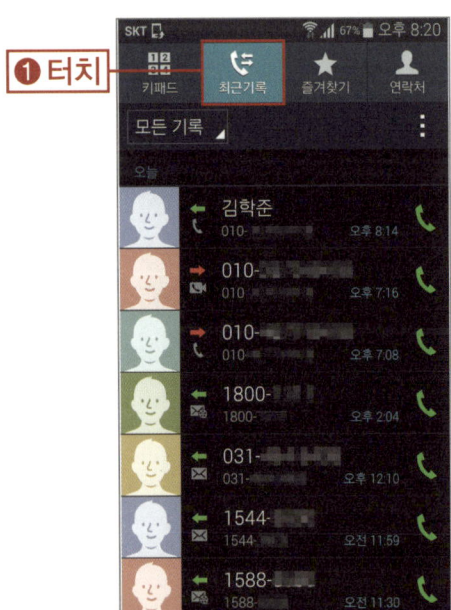
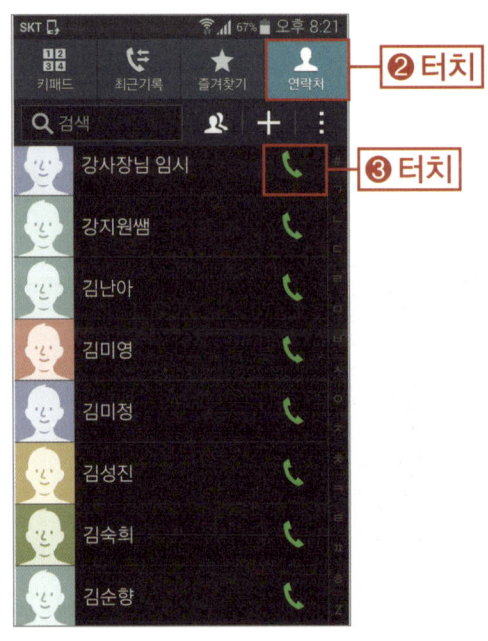

> **TIP** 통화 기록을 삭제할 때는 홈 화면에서 [전화]를 터치한 후 [최근기록] 탭을 선택합니다. (☰)를 터치하고 [선택]을 터치합니다. 삭제할 통화 목록을 선택하고 화면 위의 (🗑)를 터치합니다.

03 걸려오는 전화를 받을 때는 (📞)를 오른쪽으로 밀어 받거나 (📵)를 왼쪽으로 밀어 받지 않을 수 있습니다. 전화를 받지 못할 경우 화면 하단의 [수신 거절 메시지]를 위로 끌어 원하는 메시지를 터치하면 선택한 메시지를 상대방에게 전송할 수 있습니다.

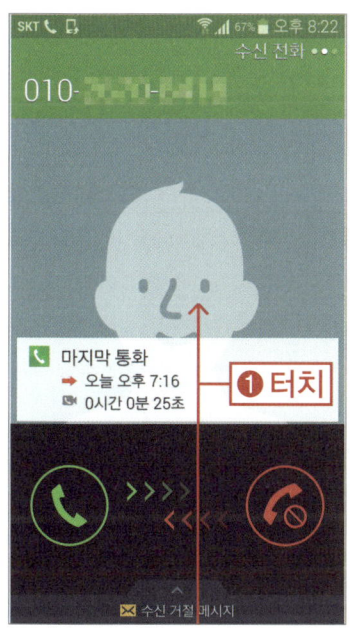
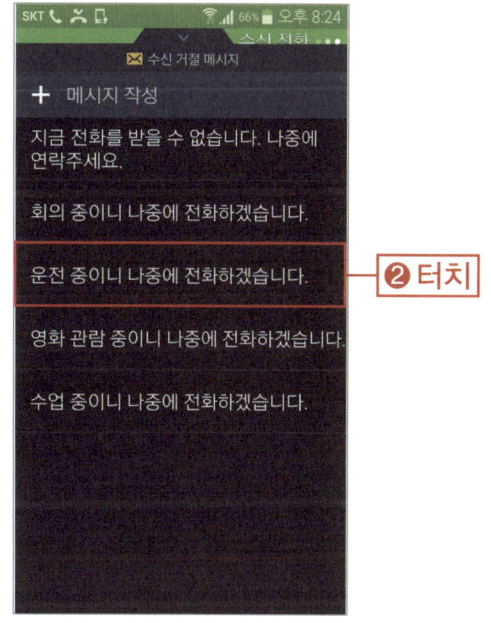

TIP [+메시지 작성]을 터치하면 직접 원하는 메시지를 작성하여 상대방에게 전송할 수 있습니다.

04 영상통화를 실행할 때는 상대방의 연락처를 선택한 후 (📹)를 터치합니다. 화면이 양쪽으로 분할되어 상대방의 얼굴을 보면서 통화를 할 수 있습니다.

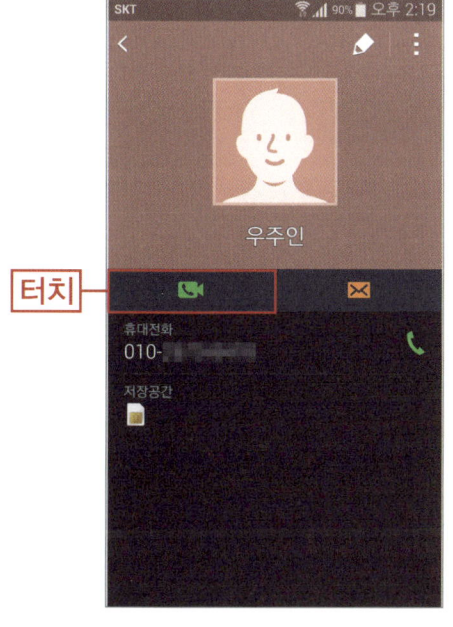

TIP 홈 화면에서 [전화]를 터치하고 상대방의 전화번호를 입력한 후 (📹)를 터치해 영상통화를 할 수도 있습니다.

STEP 2 | 문자 주고받기

01 홈 화면에서 [메시지]()를 터치한 후 '메시지' 화면으로 전환되면 상단의 ()를 터치합니다. 문자를 입력할 수 있는 '새 메시지' 화면으로 이동하면 ()를 터치합니다.

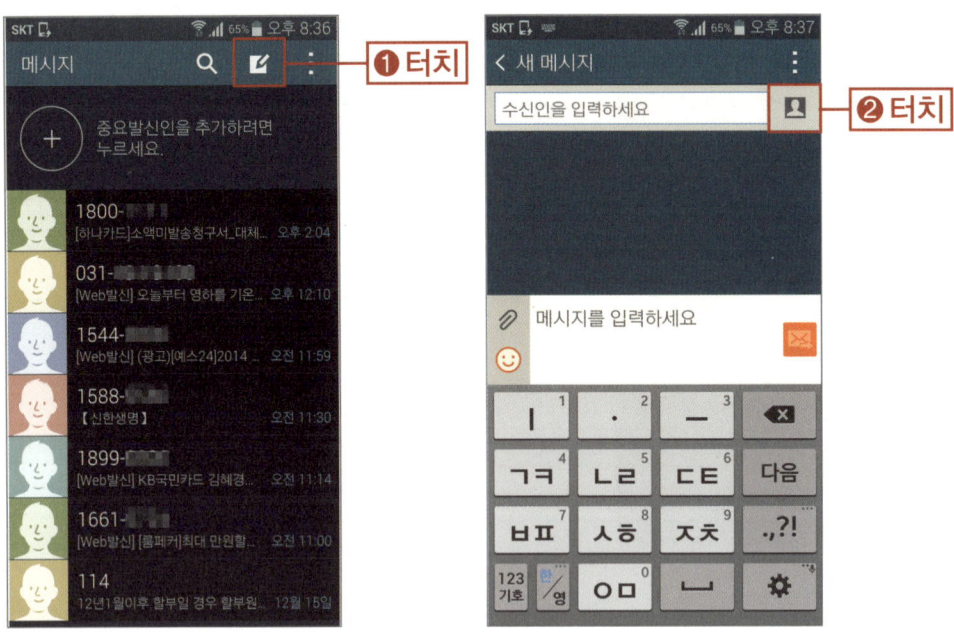

> TIP [수신인을 입력하세요]를 터치해 상대방의 전화번호를 직접 입력해도 됩니다.

02 연락처 목록이 나타나면 문자를 보낼 상대방의 체크 박스를 터치하여 선택한 후 [완료]를 터치합니다. '새 메시지' 화면에 선택한 상대방이 나타납니다. 내용 입력 상자에 문자 메시지의 내용을 입력한 후 ()를 터치합니다.

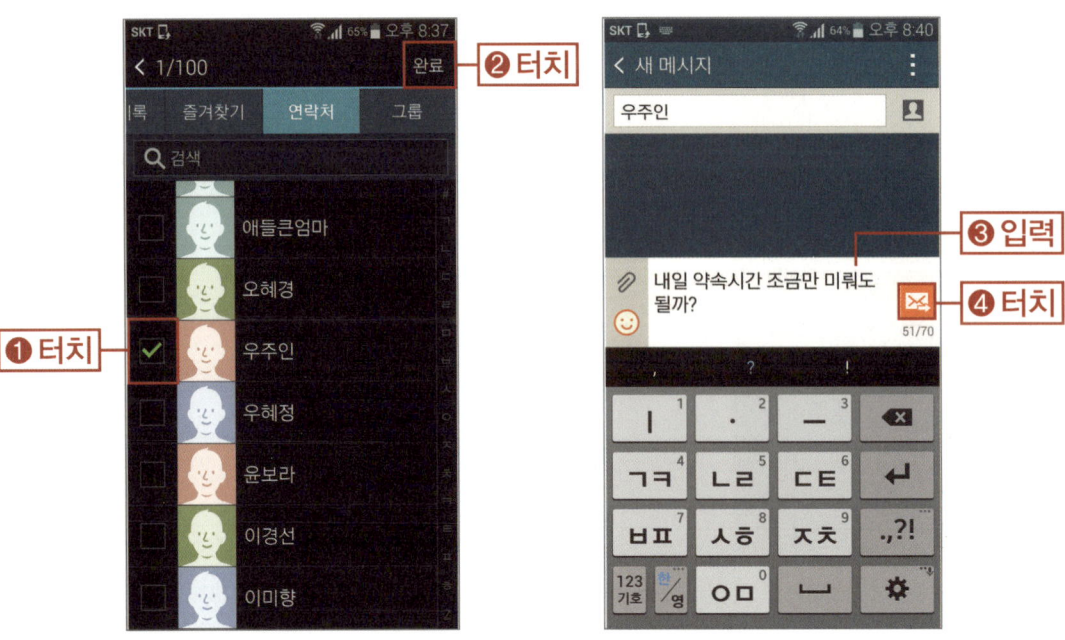

> TIP 내용 입력 상자의 ()를 터치하면 다양한 그림의 이모티콘을 문자와 함께 전송할 수 있습니다.

03 상대방에게 문자가 오면 홈 화면의 [메시지] 아이콘에 숫자가 표시됩니다. [메시지]를 터치하면 상대방이 나에게 보낸 문자를 확인할 수 있습니다.

TIP
- 메시지 화면에서 노란색의 말풍선은 상대방이 보낸 문자이며 파란색의 말풍선은 자신이 보낸 문자를 나타냅니다.
- 최근 기록에서 문자를 보낼 때는 문자를 보낼 상대방 전화번호를 터치한 후 ()를 선택하면 문자를 보낼 수 있습니다.

 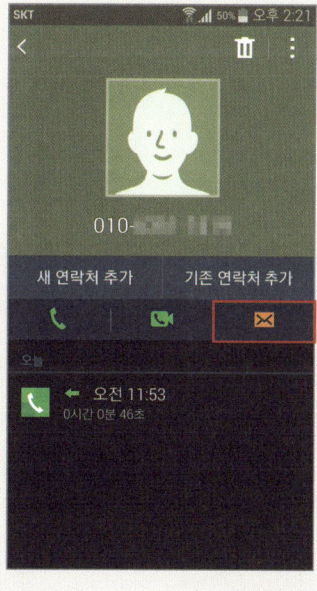

04 문자 메시지 외에도 사진이나 동영상, 음성 파일 등을 상대방에게 보낼 수 있습니다. 스마트폰에 저장된 이미지를 첨부하기 위해 문자 입력 상자의 (📎)를 터치한 후 첨부 목록에서 [이미지]를 선택합니다.

TIP 스마트폰에 저장한 이미지 외에도 직접 사진 촬영을 해서 첨부하거나 동영상, 오디오, 녹음 파일, 메모 등을 상대방에게 전달할 수 있습니다.

05 스마트폰에 저장되어 있는 이미지 목록에서 첨부할 이미지를 선택한 후 [완료]를 터치합니다. 문자 메시지와 함께 선택한 이미지가 표시됩니다. (✉)를 터치하면 문자 메시지와 함께 첨부한 이미지가 상대방에게 전달됩니다.

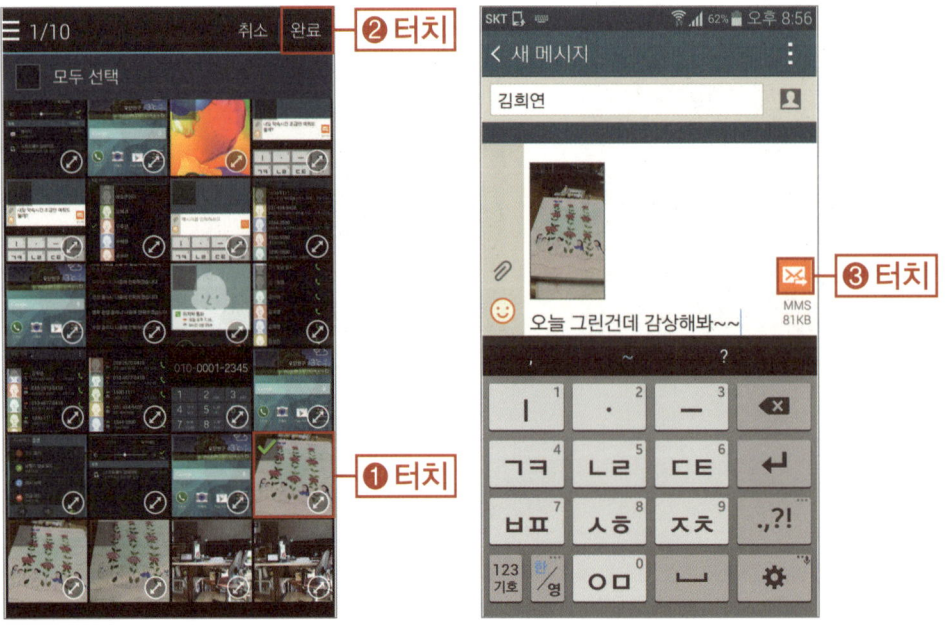

STEP 3 | 연락처 관리하기

01 홈 화면에서 [연락처]를 터치한 후 연락처 메뉴 중 (➕)를 터치합니다.

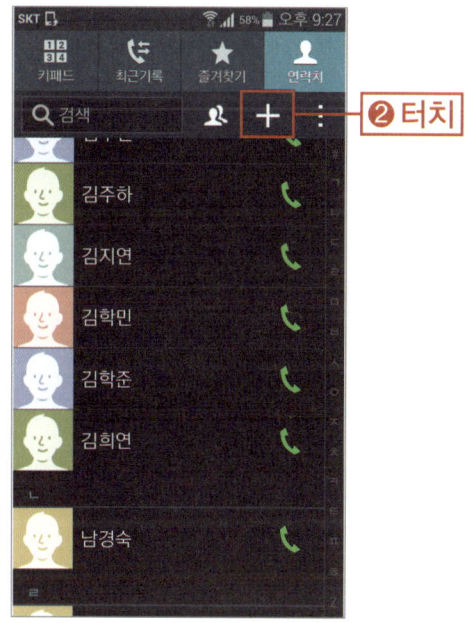

02 작업을 실행할 애플리케이션으로 [새 연락처 추가]를 선택한 후 [항상]을 터치합니다. 이름과 휴대전화 번호를 입력합니다. 화면을 위로 밀면 '이메일', '벨 소리' 등을 추가할 수 있습니다.

> **TIP** 가입 통신사에 따라 연락처 관리를 위한 애플리케이션이 여러 개일 경우 선택할 수 있는 창이 나타납니다. 애플리케이션 선택 창이 나타나지 않을 경우 이름과 전화번호를 입력할 수 있는 화면으로 곧바로 전환됩니다.

03 입력이 완료되면 [저장]을 터치합니다. 연락처가 목록에 추가된 것을 확인할 수 있습니다.

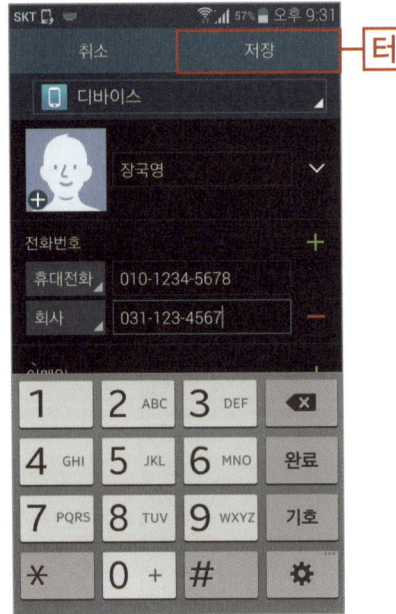 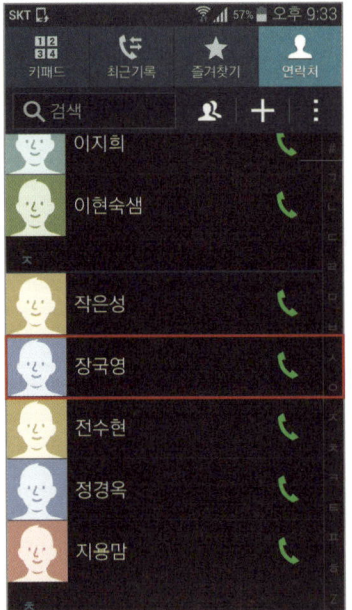

TIP
- 전화번호를 추가로 입력할 때 회사나 집 등의 전화번호 항목을 선택할 수 있습니다. 집을 터치한 후 목록에서 원하는 항목을 선택합니다. 더 많은 전화번호를 추가하고 싶을 때는 (➕)를 터치합니다.

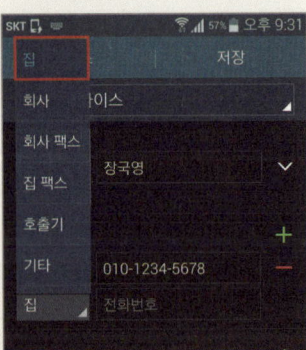 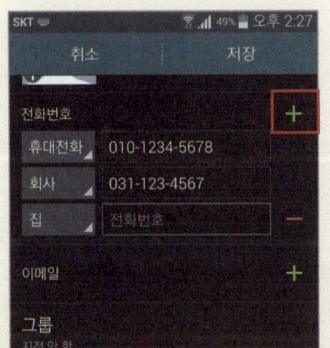

- 단축번호를 설정할 때는 연락처 화면에서 (⋮)를 터치한 후 [단축번호]를 선택합니다. '00~99'까지의 번호 중 원하는 단축번호를 터치한 후 연락처 목록에서 전화번호를 선택합니다. 전화 걸기 화면의 키패드에서 설정한 단축번호를 길게 터치하면 해당 번호로 전화를 걸 수 있습니다.

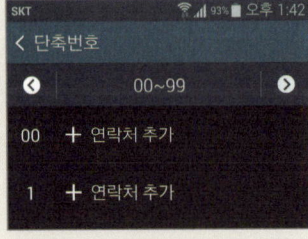

04 통화 목록에서 연락처를 추가할 때는 홈 화면에서 [전화]를 터치한 후 [최근기록] 탭을 터치합니다. 연락처로 저장할 전화번호의 얼굴 아이콘을 터치한 후 [새 연락처 추가]를 선택합니다.

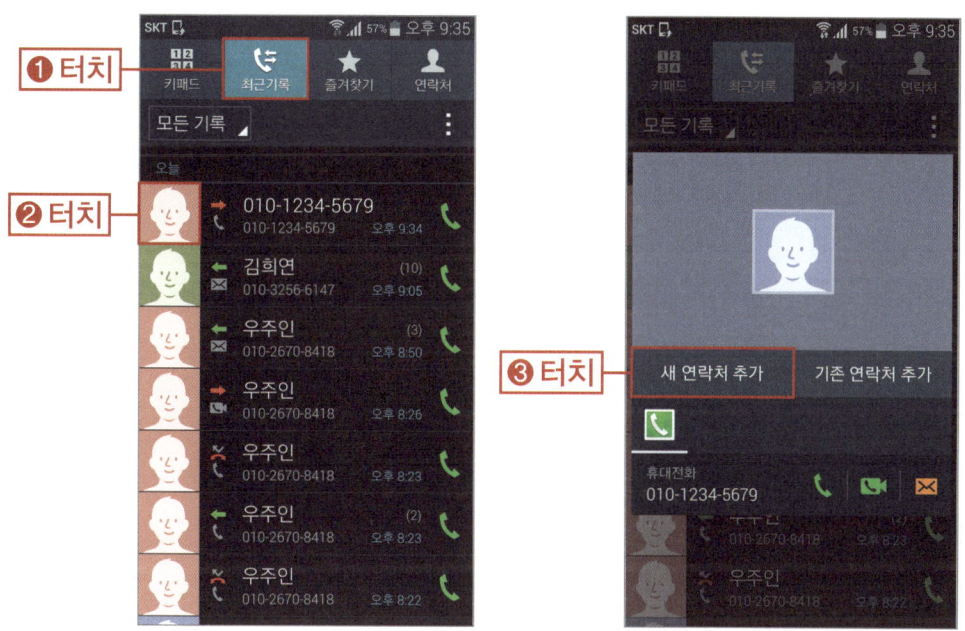

05 저장한 연락처를 삭제할 때는 삭제할 연락처를 길게 터치합니다. 길게 터치한 연락처가 선택된 상태로 나타나면 화면 위의 (🗑)를 터치합니다.

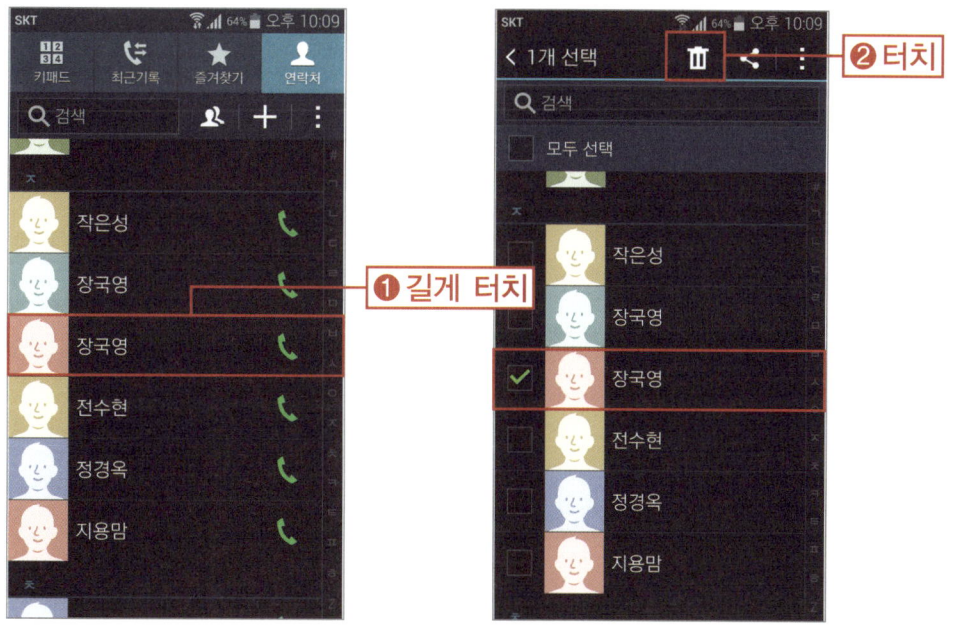

TIP (🗑)를 터치한 후 다음과 같은 메시지 창이 나타나면 [확인]을 선택합니다. 선택한 연락처가 삭제됩니다.

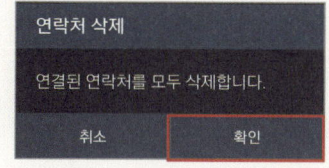

연습문제 >> 문제를 풀며 확인해보세요.

01 상대방에게 예약 문자 메시지를 보내 보세요.

> **HINT** 홈 화면에서 [연락처] 터치 → 상대방 연락처 터치 → (✉) 터치 → 문자 메시지 입력 → (⋮) 터치 → [메시지 전송 예약] 터치 → 예약 날짜 설정

02 상대방에게 보낼 문자 메시지에 이모티콘을 삽입한 후 동영상을 첨부해 보내세요.

> **HINT** 홈 화면에서 [연락처] 터치 → 상대방 연락처 터치 → (✉) 터치 → 문자 메시지 입력 → (☺) 터치 후 이모티콘 선택 → (📎) 터치 → [동영상] 선택 → 저장된 비디오 선택 → (✉) 터치

03 스마트폰 환경설정 알아보기

스마트폰 사용 환경을 사용자가 사용하기 편리하도록 설정을 변경할 수 있습니다. 소리나 화면 밝기 등을 조절하거나 개인 정보 보호를 위해 암호 패턴과 지문 잠금을 등록할 수도 있습니다. 다양한 스마트폰 환경설정 방법에 대해 알아봅니다.

| 이런 걸 배워요! | 소리와 디스플레이 설정, 패턴과 지문 설정, Wi-Fi와 4G 설정

미리보기

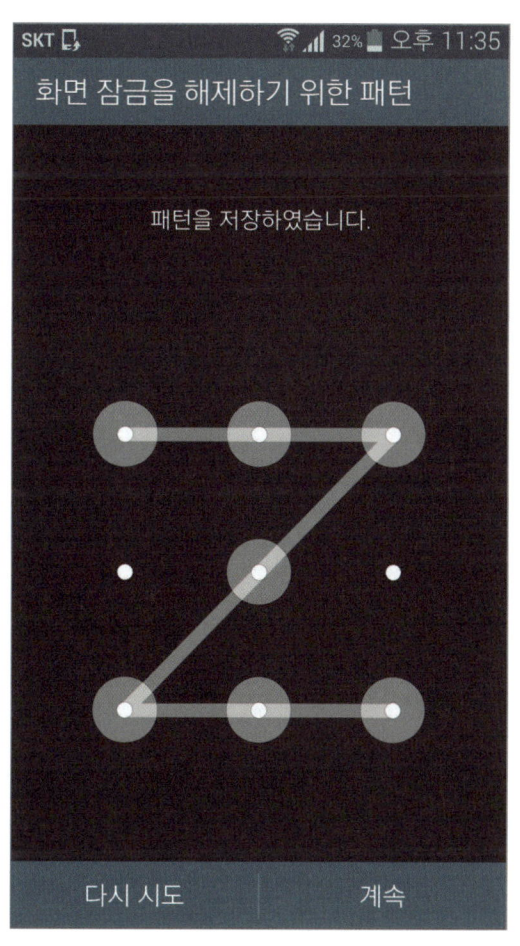 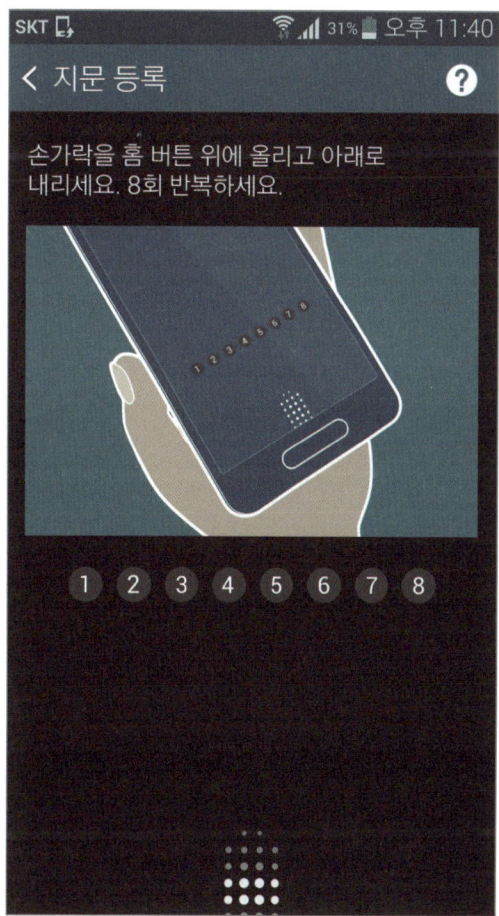

STEP 1 | 소리와 디스플레이 설정하기

01 홈 화면에서 [앱스](▦)를 터치한 후 애플리케이션이 나열된 화면에서 [설정]을 터치합니다. '설정' 메뉴의 소리 및 화면 항목에서 [소리]를 터치합니다.

TIP [설정]을 실행하는 또 다른 방법은 홈 화면의 상단을 아래로 끌어 스마트폰 알림 창이 나타나면 [설정](⚙)을 터치하는 것입니다.

02 [음량]을 터치합니다. '음량' 화면에서 각각의 음량을 왼쪽이나 오른쪽으로 밀어 조절한 후 [확인]을 터치합니다.

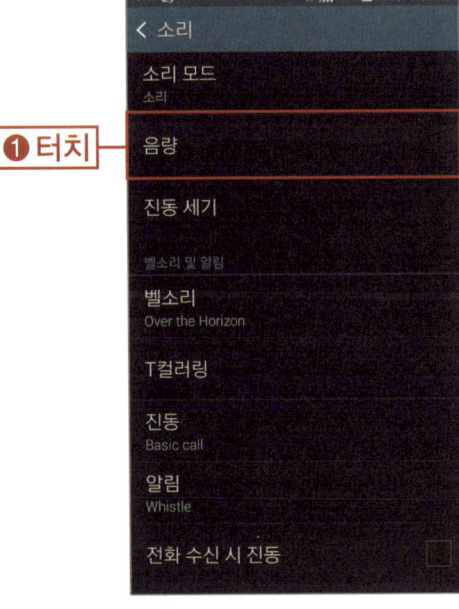
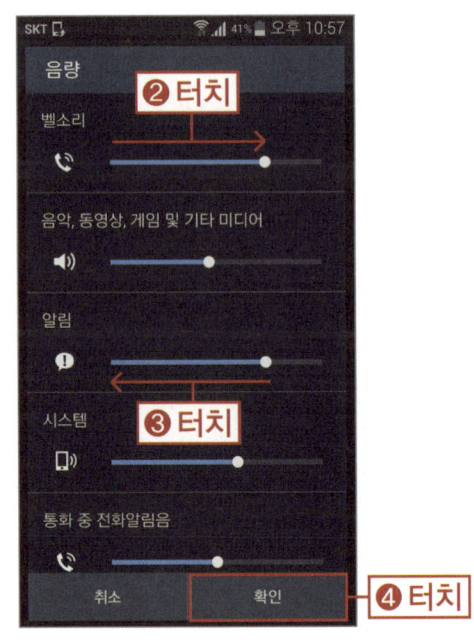

03 '소리' 메뉴에서 [벨소리]를 터치하면 현재 사용 중인 벨소리 외에 다양한 벨소리 목록이 나타납니다. 원하는 벨소리를 터치하면 벨소리를 미리 들어볼 수 있습니다. 여기서는 [Chime]을 선택한 후 [확인]을 터치합니다.

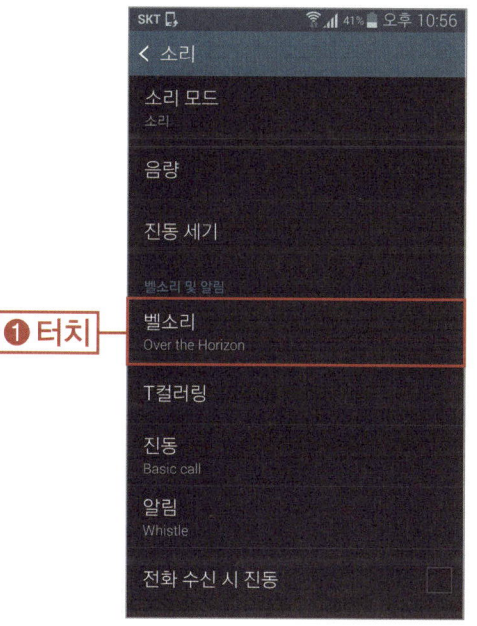 

TIP 화면의 맨 위쪽을 아래로 끌어 알림 창의 [소리] 아이콘을 터치해 벨 소리를 진동이나 무음으로 변경할 수 있습니다. [소리] 아이콘을 터치할 때마다 [소리]-[진동]-[무음], 다시 [소리]로 변경됩니다.

04 '설정' 메뉴에서 [디스플레이]를 터치합니다. '디스플레이' 화면으로 이동하면 [밝기]를 터치합니다.

 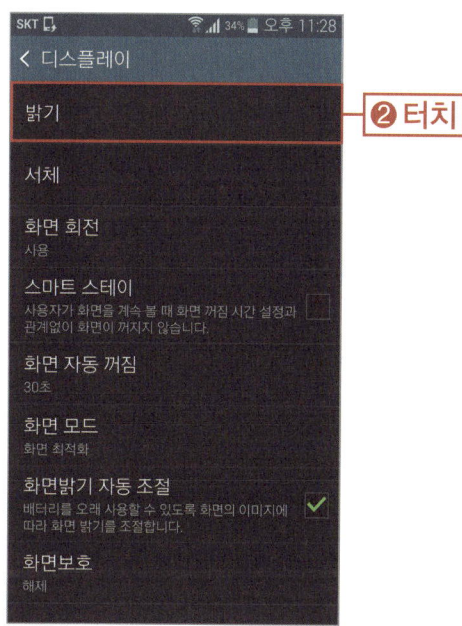

05 기본적으로 '자동 밝기'가 선택된 상태로 지정되어 있습니다. [자동 밝기]를 터치해 선택을 해제한 후 밝기 정도를 조절하고 [확인]을 터치합니다. '디스플레이' 메뉴 중 [화면 모드]를 터치하면 다양한 화면 모드를 선택할 수 있습니다.

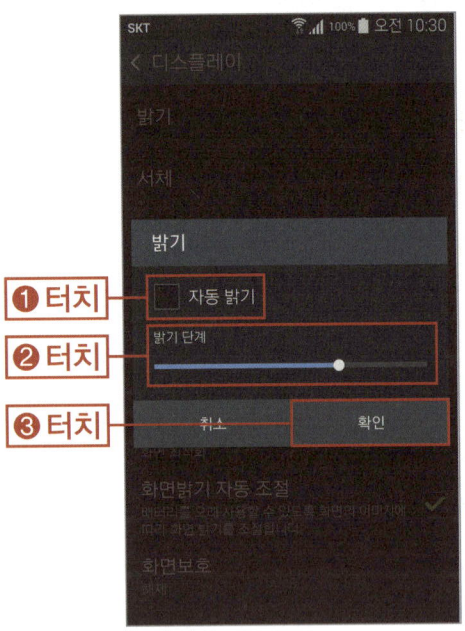
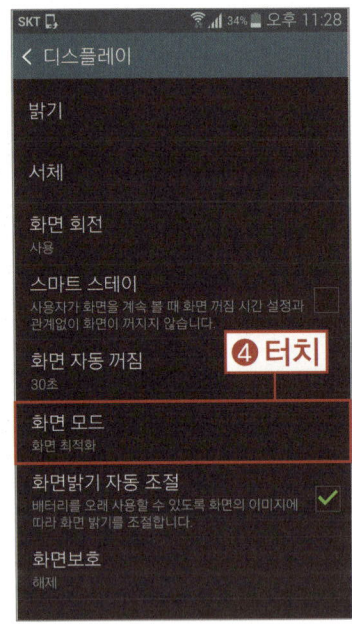

TIP 밝기 조절 스크롤 바를 가장 오른쪽으로 밀면 화면이 가장 밝게 설정됩니다. 화면을 너무 밝게 설정하면 배터리 소모가 많아지므로 '자동 밝기'를 선택하는 것도 좋습니다.

06 '디스플레이' 메뉴에서 [화면 자동 꺼짐]을 터치합니다. 스마트폰을 작동시키지 않을 때 자동으로 화면이 꺼지는 시간을 지정할 수 있습니다.

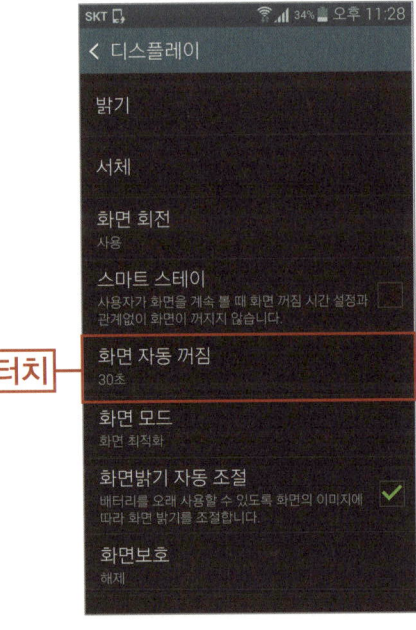
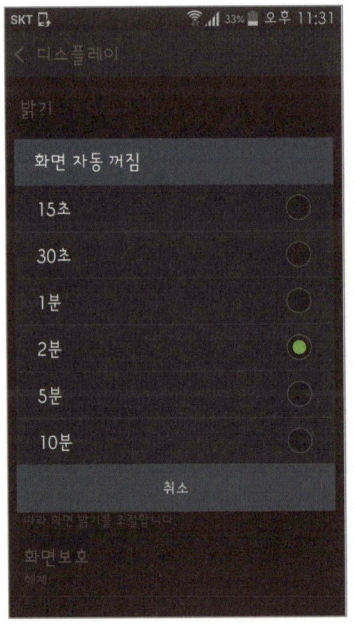

STEP 2 | 패턴과 지문 설정하기

01 '설정' 메뉴의 [잠금화면]을 터치합니다. '잠금화면'에서 [화면 잠금]을 터치한 후 '화면 잠금 선택' 메뉴에서 [패턴]을 선택합니다.

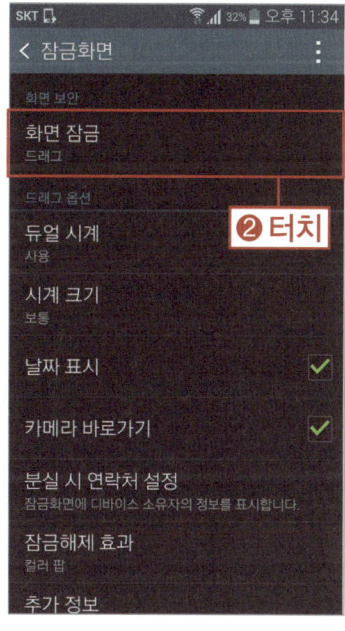

TIP '설정' 메뉴는 홈 화면의 [앱스]를 터치한 후 앱스 화면에서 [설정]을 터치합니다.

02 잠금해제 패턴 화면이 나타나면 잠금해제 패턴을 지정한 후 [계속]을 터치합니다. '새 잠금해제 패턴' 화면이 나타나면 다시 한 번 패턴의 모양을 그려준 후 [확인]을 터치하면 패턴이 완전히 저장됩니다.

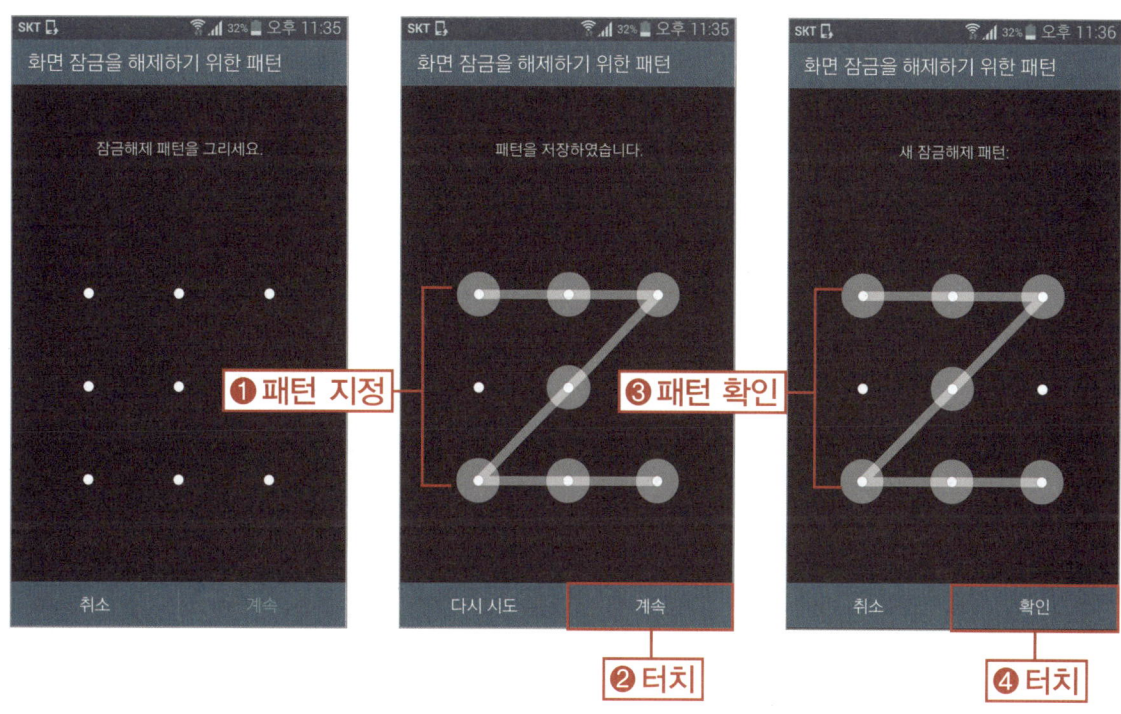

03 패턴 모양을 잊었을 경우 PIN 번호를 입력해 암호를 해제하도록 보조키를 설정합니다. '보조키 설정' 화면이 나타나면 번호를 입력한 후 [계속]을 터치합니다. 암호 설정을 마친 후에는 스마트폰을 켤 때마다 패턴 입력 화면이 나타납니다.

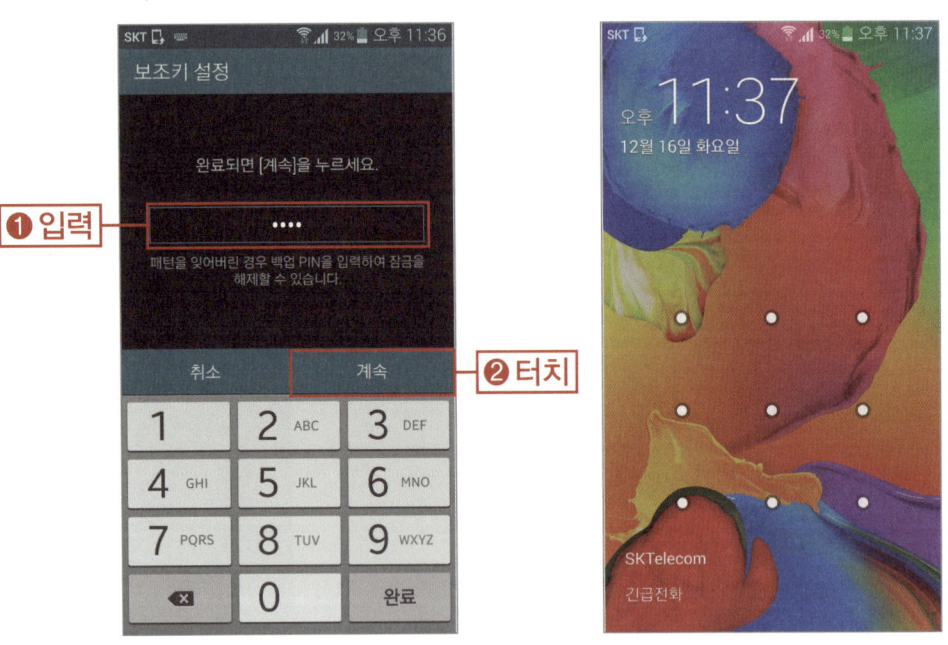

> **TIP** 패턴 설정과 마찬가지로 보조키를 설정할 때도 한 번 더 보조키 번호를 입력해 주어야 합니다.

04 지문을 등록해 스마트폰의 잠금을 해제할 수 있습니다. '설정' 화면의 간편설정 항목에서 [지문 스캐너]를 터치합니다. '지문 스캐너' 화면에서 [지문 관리자]를 터치합니다. '지문 등록' 설정 화면이 나타나면 설명대로 손가락 지문 등록을 시작합니다.

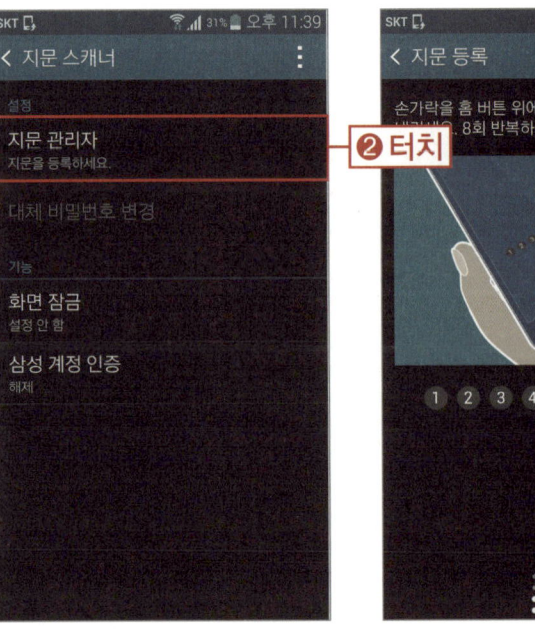

> **TIP** 지문 등록 전 '약관 동의' 화면이 나타나면 [확인]을 터치한 후 지문 등록 작업을 계속 진행합니다.

05 지문 인식에 실패했을 경우 대체할 비밀번호를 등록합니다. 비밀번호를 입력한 후 [계속]을 터치하고 다시 한 번 비밀번호를 입력한 후 [확인]을 터치합니다. 이제 잠금 화면에서 등록한 지문을 홈 버튼에 드래그하면 잠금 화면이 해제됩니다.

TIP
- 등록한 지문을 삭제할 때는 '설정' 화면에서 [지문 스캐너]-[지문 관리자]를 차례로 터치합니다. 그 후 (▤)를 터치하여 [등록 해제]를 선택합니다. 삭제할 지문을 선택한 후 (🗑)를 터치하면 등록했던 지문을 삭제할 수 있습니다.

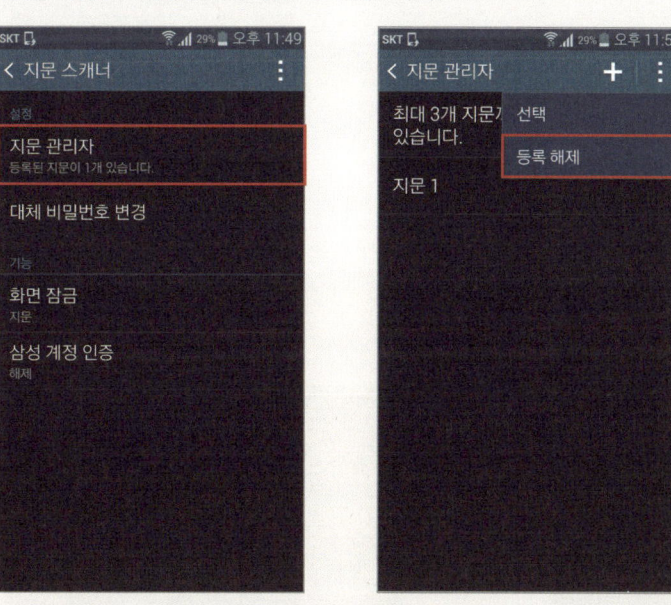

- '설정'에서 '프라이빗' 모드를 지정하면 [갤러리], [비디오], [뮤직], [음성 녹음], [내 파일] 앱의 자료를 안전하게 보호하고 스마트폰에서 안보이도록 숨길 수 있습니다. 프라이빗 모드는 앞에서 설명했던 패턴이나 지문 등으로 지정해줄 수 있습니다.

STEP 3 | Wi-Fi, 4G(LTE) 연결하기

01 인터넷에 접속하려면 Wi-Fi나 LTE, 3G, 4G(LTE) 등에 연결해야 합니다. '설정' 화면에서 [Wi-Fi]를 터치합니다. 'Wi-Fi'를 [켜짐]으로 설정하면 화면 아래에 현재 연결된 무선 공유기의 목록이 나타납니다. 연결할 Wi-Fi 목록 중 하나를 터치한 후 비밀번호를 입력하고 [연결]을 터치합니다.

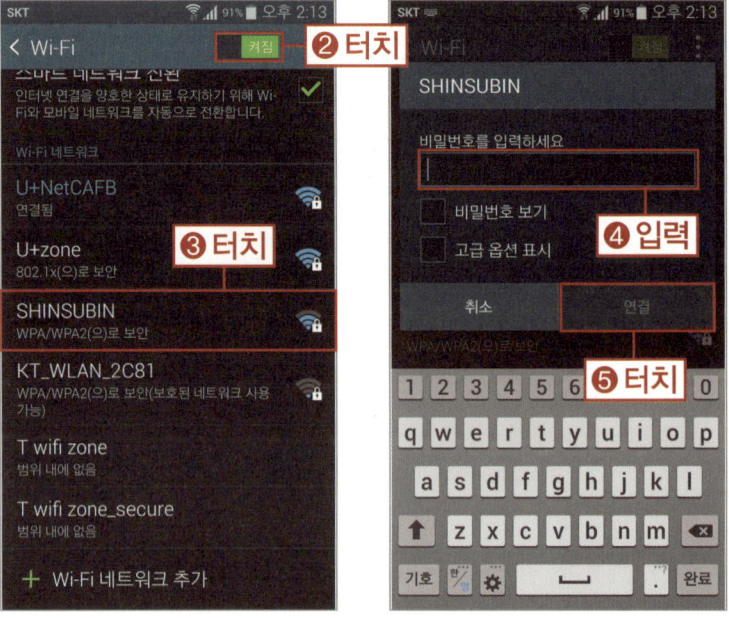

TIP [스마트 네트워크 전환]을 선택하면 Wi-Fi의 연결 상태가 좋지 않을 경우 자동으로 모바일 네트워크에 연결됩니다. 모바일 네트워크는 통신사 요금제에 포함되는 데이터를 사용해 인터넷에 연결시키는 기능으로 데이터량을 초과하면 요금이 추가로 부과될 수 있습니다.

02 Wi-Fi 연결이 안 될 경우 LTE, 3G, 4G(LTE) 등에 연결하기 위해 '설정' 화면의 [데이터 사용]을 터치합니다. 이후 [데이터 네트워크]를 선택하면 와이파이가 아닌 LTE, 3G, 4G(LTE) 등에 연결됩니다.

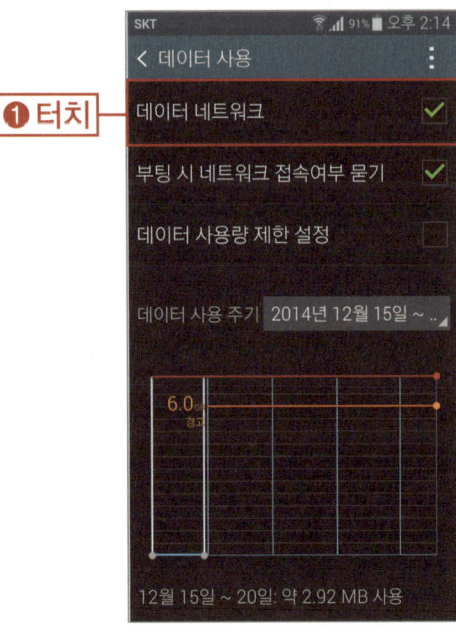
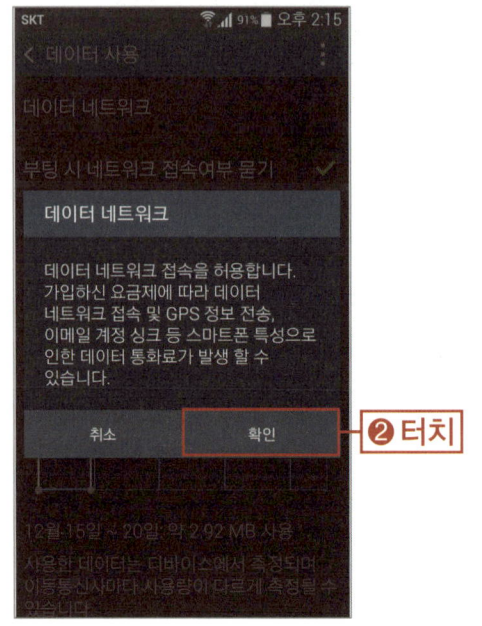

연습문제 >> 문제를 풀며 확인해보세요.

01 '설정' 화면에서 다음과 같이 스마트폰의 서체를 '애플 민트' 서체로 변경해 보세요.

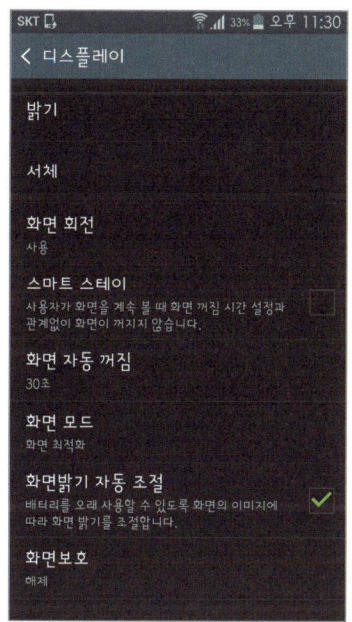

 홈 화면에서 [앱스] 터치 → [설정] 터치 → '소리 및 화면' 항목에서 [디스플레이] 터치 → [서체] 터치 → [서체 종류] 터치 → 서체 목록에서 [애플 민트] 선택

02 간단한 홈 화면과 큰 글씨체로 화면을 구성해주는 '이지 모드'를 '설정'에서 지정해 보세요.

 홈 화면에서 [앱스] 터치 → [설정] 터치 - '사용자 설정' 항목에서 [이지 모드] 터치 → [이지 모드] 선택

04 스마트폰 화면 편집하기

스마트폰을 처음 구입하면 기본적인 앱 아이콘과 위젯이 설정되어 있습니다. 앱 아이콘이나 배경화면은 사용자가 원하는 대로 배치하고 꾸밀 수 있습니다. 배경화면을 변경하고 비슷한 종류의 앱을 폴더로 구분하는 방법 등에 대해 알아봅니다.

| 이런 걸 배워요! | 배경화면 지정, 화면과 위젯 추가, 앱 폴더 추가

미리보기

STEP 1 배경화면 변경하기

01 '설정' 메뉴의 소리 및 화면 항목에서 [배경화면]을 터치합니다. '배경화면'에서 [홈 화면]을 터치합니다. 현재 설정되어 있는 배경화면 아래에 배경 목록이 나타나면 왼쪽으로 목록을 밀어 [페이즈 빔]을 선택합니다.

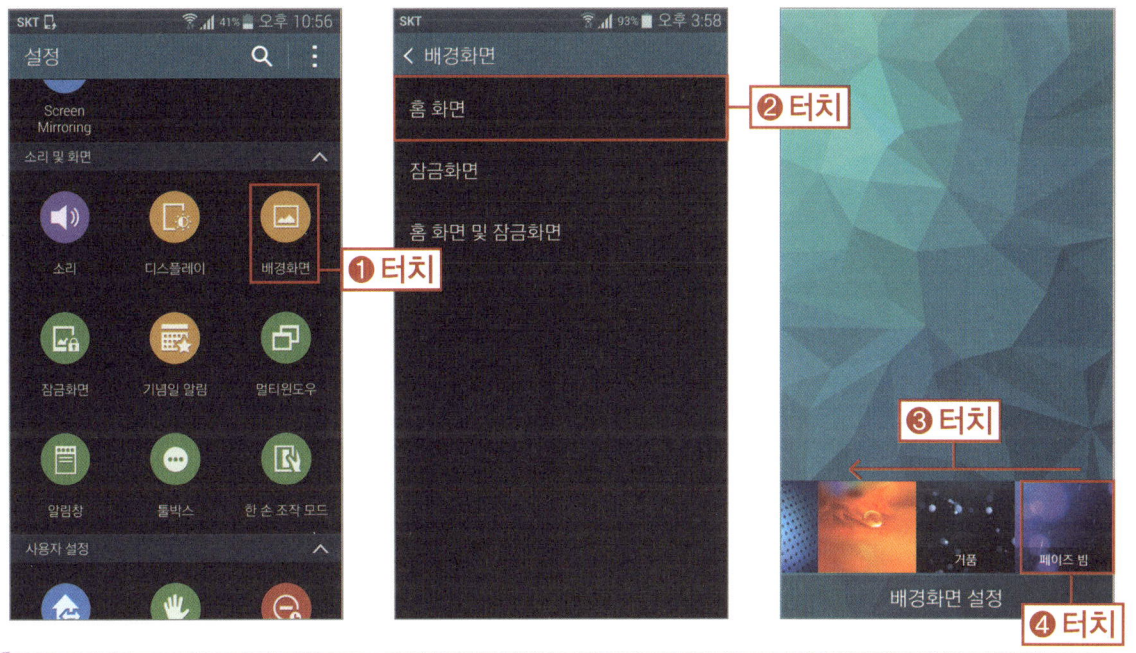

> **TIP** 홈 화면의 빈 공간을 길게 터치한 후 화면 아래에 나타나는 메뉴 중 [배경화면]을 터치해도 됩니다.

02 선택한 배경화면이 전체 화면으로 표시되면 [배경화면 설정]을 터치합니다. 홈 화면으로 돌아오면 선택한 배경으로 화면이 변경된 것을 확인할 수 있습니다.

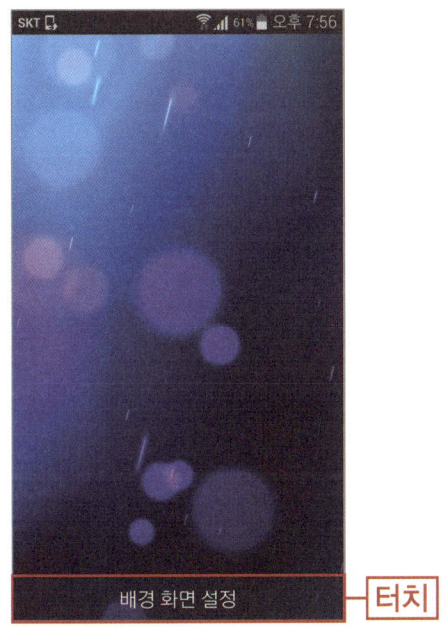

> **TIP** 스마트폰의 배경화면은 '홈 화면'과 '잠금 화면'을 각기 다른 배경으로 지정하거나 '홈 화면'과 '잠금 화면'을 동일한 배경으로 지정할 수 있습니다.

| STEP 2 | 화면과 위젯 추가하기 |

01 스마트폰에 화면을 추가하고 사용자가 원하는 위젯과 앱을 화면에 배치할 수 있습니다. 화면을 추가하기 위해 홈 화면의 빈곳을 길게 터치하면 편집 화면이 나타납니다.

> **TIP** 홈 화면의 빈 영역을 길게 터치하면 내 스마트폰의 모든 화면이 편집 가능하도록 나열됩니다. 화면을 왼쪽으로 밀면 나머지 화면들을 볼 수 있습니다.

02 화면을 왼쪽으로 밀어 마지막에 화면 추가 버튼(+)이 나타나면 터치합니다. 새로운 화면이 추가되면 하단의 [위젯]을 터치합니다.

03 '위젯' 화면이 나타나면 추가할 위젯을 길게 터치합니다. 스마트폰 화면에 선택한 위젯이 추가된 것을 확인할 수 있습니다.

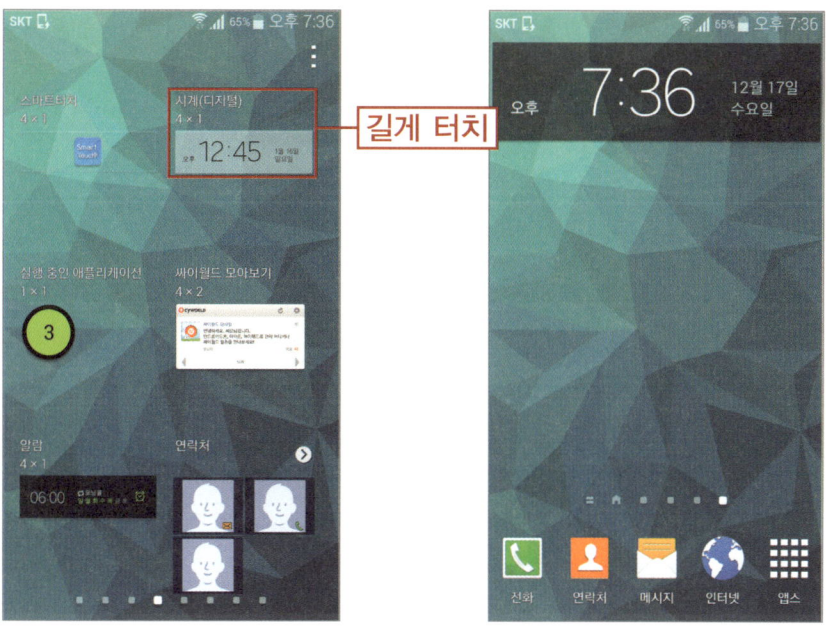

길게 터치

- 위젯 화면을 오른쪽으로 밀거나 왼쪽으로 밀면서 화면에 추가할 위젯을 선택합니다.
- 위젯을 길게 터치한 후 추가된 새로운 화면 위를 드래그하면서 원하는 위치에 위젯을 배치할 수 있습니다.

04 같은 방법으로 '위젯' 화면에서 [뮤직]을 길게 터치하여 화면에 음악 위젯을 추가하도록 합니다.

길게 터치

위젯은 해당 애플리케이션(앱)을 실행해 확인하는 것이 아니라 위젯 자체가 해당 앱의 전체 또는 일부를 화면에 표시함으로써 스마트폰 사용자에게 정보를 보여주는 형태입니다. 날씨, 증권 소식, 뉴스 등이 많이 사용됩니다.

04장. 스마트폰 화면 편집하기

TIP 추가된 화면을 삭제할 때는 화면을 길게 터치하여 편집 화면으로 변경되면 삭제할 화면을 [제거]로 끌어 삭제합니다. '페이지 제거' 창이 나타나면 [확인]을 터치하여 삭제를 완료합니다.

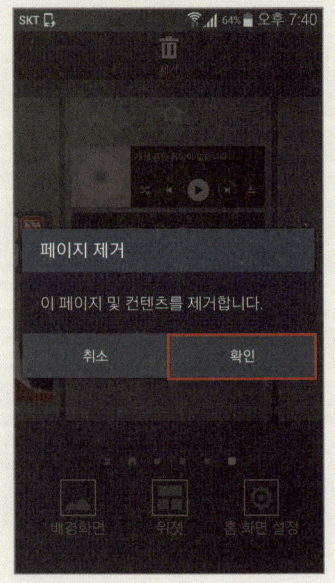

05 홈 화면에 바로가기 아이콘을 만들 수 있습니다. 홈 화면에서 [앱스]를 터치한 후 설치된 앱 중 하나를 길게 터치합니다. 편집 화면이 나타나면 이동하고자 하는 위치에 놓습니다.

❶ 길게 터치

❷ 원하는 위치에 놓기

TIP 앱 아이콘을 길게 터치해 다른 화면에 놓아도 원래 위치의 앱은 사라지지 않습니다. 홈 화면에 바로가기 아이콘을 만드는 것이므로 바로가기 앱 아이콘을 삭제해도 앱은 삭제되지 않습니다.

06 선택한 앱 아이콘이 홈 화면에 배치됩니다. 선택한 앱 아이콘을 길게 터치한 상태에서 다른 화면으로 끌어 위치를 이동시킵니다. 아이콘을 다른 화면으로 언제든 이동, 배치할 수 있습니다.

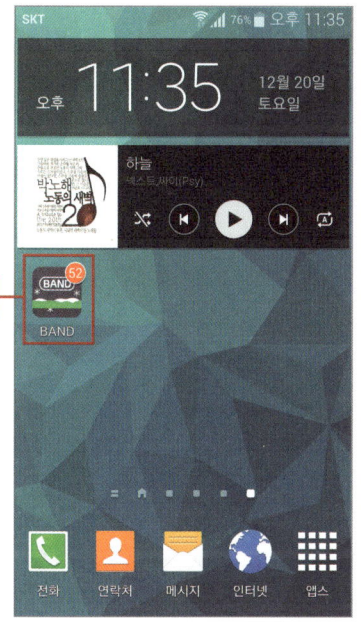

TIP 길게 터치한 앱을 다른 화면으로 이동시킬 때 스마트폰 화면의 왼쪽이나 오른쪽 끝으로 앱 아이콘을 가져가면 다른 화면으로 화면이 전환됩니다.

07 바로 가기로 등록한 앱 아이콘을 제거할 때는 아이콘을 길게 터치한 후 [제거] 위로 끌어 놓으면 해당 아이콘이 삭제됩니다.

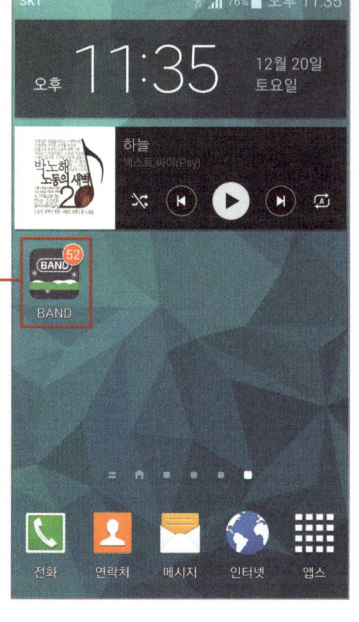

TIP 앱스 화면에 등록된 앱을 숨길 수 있습니다. 앱스 화면의 (▤)를 터치한 후 메뉴 목록에서 [앱 숨기기]를 선택합니다. 앱스 화면에서 숨긴 앱을 다시 표시할 때는 (▤)를 터치한 후 목록에서 [숨긴 앱 표시]를 선택합니다.

STEP 3 | 폴더에 앱 등록하기

01 홈 화면에서 [앱스]를 터치한 후 앱스 화면이 나타나면 (⋮)를 터치합니다. [새 폴더 추가]를 선택하면 폴더 추가 화면이 나타납니다. 폴더의 이름을 입력한 후 (+)를 터치합니다.

02 폴더에 아이콘을 추가할 수 있도록 앱 아이콘 위에 체크 박스가 나타납니다. 폴더에 추가할 앱을 선택한 후 [완료]를 터치합니다. 화면에 폴더가 생성됩니다. 폴더 안의 앱을 실행할 때는 폴더를 터치한 후 앱 목록이 나타나면 실행할 앱을 터치합니다.

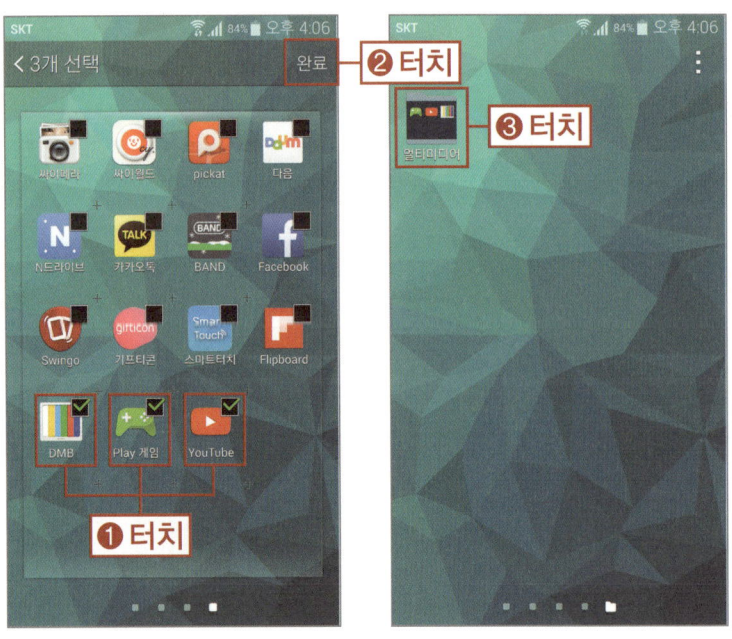

연습문제 >> 문제를 풀며 확인해보세요.

01 홈 화면에서 스마트폰 제조사에서 기본적으로 제공하고 있는 위젯을 삭제해 보세요.

HINT 홈 화면을 왼쪽으로 밀기 → 필요 없는 위젯이 있는 홈 화면 선택 → 삭제할 위젯 길게 터치 → [제거] 위로 끌어 놓기

02 '개인일정'이라는 이름의 앱 폴더를 새롭게 만들고 '알람/시간, S헬스, S플래너, 이메일, 메모' 앱을 폴더에 포함시켜 보세요.

HINT 홈 화면에서 [앱스] 터치 → 앱스 화면에서 (■) 터치 → [새 폴더 추가] 선택 → '개인일정' 입력 후 (+) 터치 → 추가할 앱 선택하고 [완료] 터치

04장. 스마트폰 화면 편집하기

05 계정 추가하고 인터넷 사용하기

안드로이드 운영체제의 스마트폰을 사용하려면 구글 계정이 필요합니다. 구글 계정을 가지고 있다면 기존 계정을 스마트폰에 등록할 수 있으며 없다면 새로 계정을 만들 수도 있습니다. 구글 계정을 등록하고 스마트폰에서 인터넷을 사용하는 방법에 대해 알아봅니다.

| 이런 걸 배워요! | 구글 계정 등록, 인터넷 실행, 북마크 추가, 음성 검색

미리보기

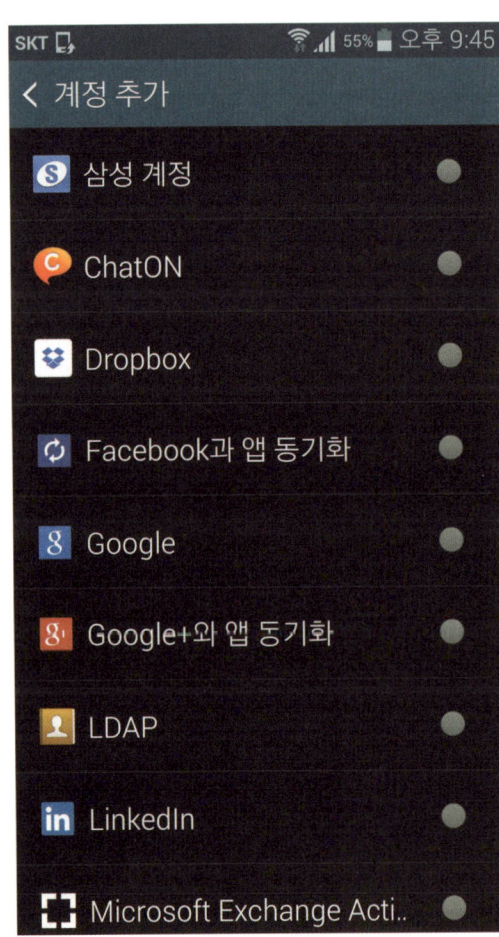
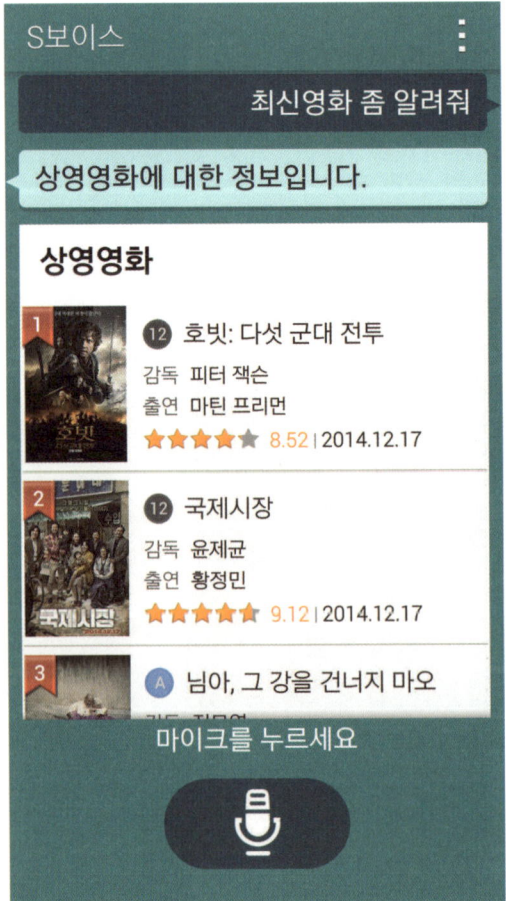

STEP 1 | 구글 계정 등록하기

01 홈 화면에서 [앱스]를 터치한 후 앱스 화면에서 [설정]을 터치합니다. '설정' 메뉴의 사용자 및 백업 항목에서 [계정]을 터치합니다. '계정' 화면으로 이동하면 [계정 추가]를 터치합니다.

02 '계정 추가'의 계정 목록에서 [Google]을 터치합니다. 구글의 계정을 추가할 수 있는 화면으로 이동하면 [새 계정]을 터치합니다.

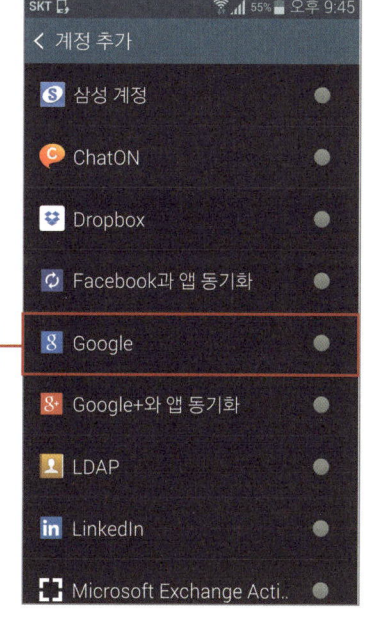 

TIP 구글 계정(***@gmail.com의 이메일 주소)이 있다면 [새 계정] 대신 [기존 계정]을 터치합니다.

03 이름을 입력한 후 [다음](▶)을 터치합니다. 다음 등록 화면으로 이동하면 이메일 주소를 입력하고 [다음](▶)을 터치합니다.

04 이메일 주소 사용이 가능하다면 '비밀번호 만들기' 화면으로 이동합니다. 비밀번호를 연속 두 번 입력한 후 [다음](▶)을 터치합니다. 비밀번호를 잊었을 경우를 대비해 [복구 옵션 설정]을 터치합니다.

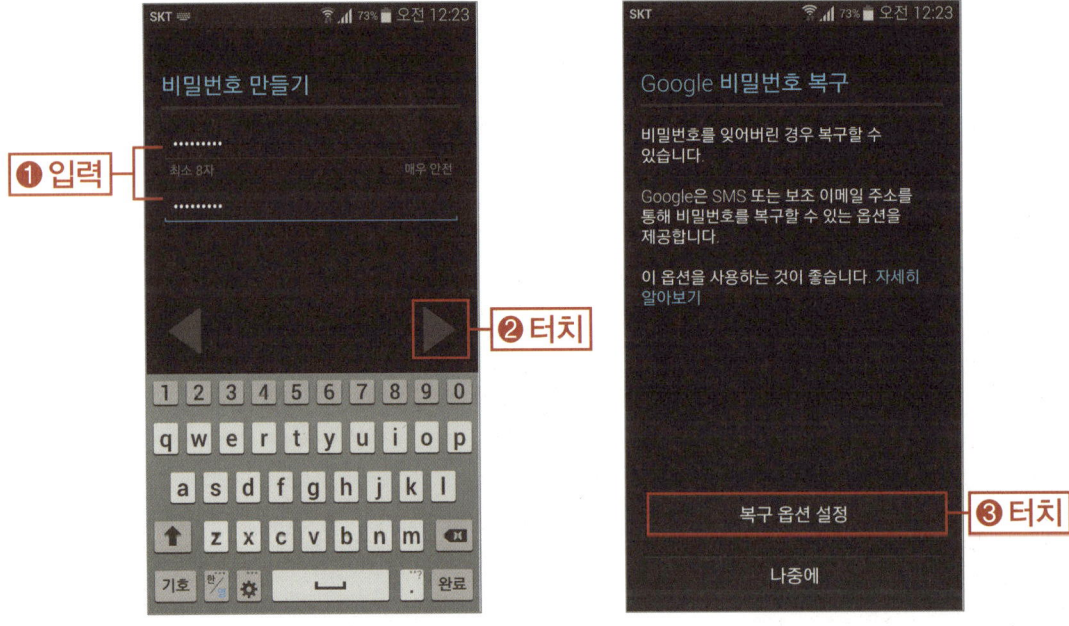

> **TIP** 비밀번호는 문자, 숫자 등을 혼합하여 '매우 안전' 이라는 메시지가 나타날 수 있도록 지정하는 것이 좋습니다.

05 비밀번호 복구를 위해 보조 이메일 주소를 입력하고 [다음](▶)을 터치합니다. 'Google 서비스' 화면에서 뉴스와 정보를 받을지 결정한 후 [다음](▶)을 터치합니다. 계정 추가 완료가 되면 [동의함]을 터치합니다.

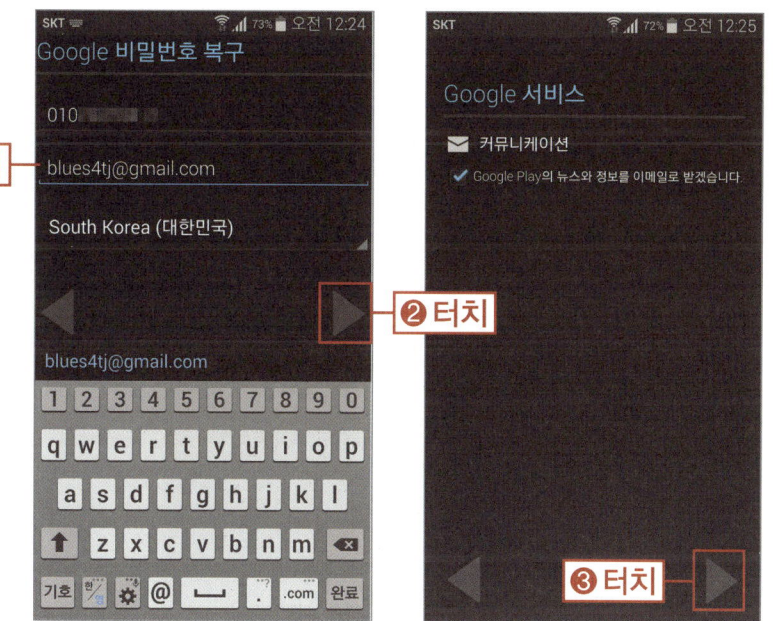
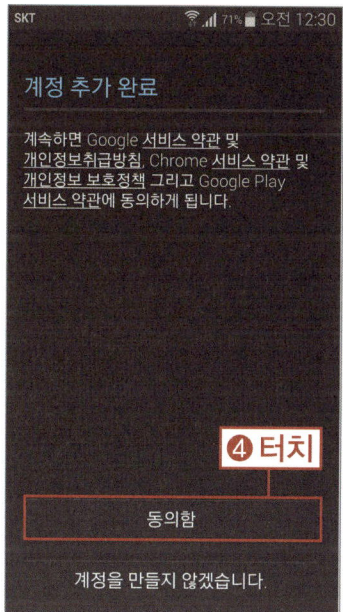

06 '인증' 화면이 나타나면 화면에 보이는 문자를 입력한 후 [다음](▶)을 터치합니다. 앱 결제를 위한 결제 화면이 나타나지만 [건너뛰기]를 터치하여 과정을 생략합니다.

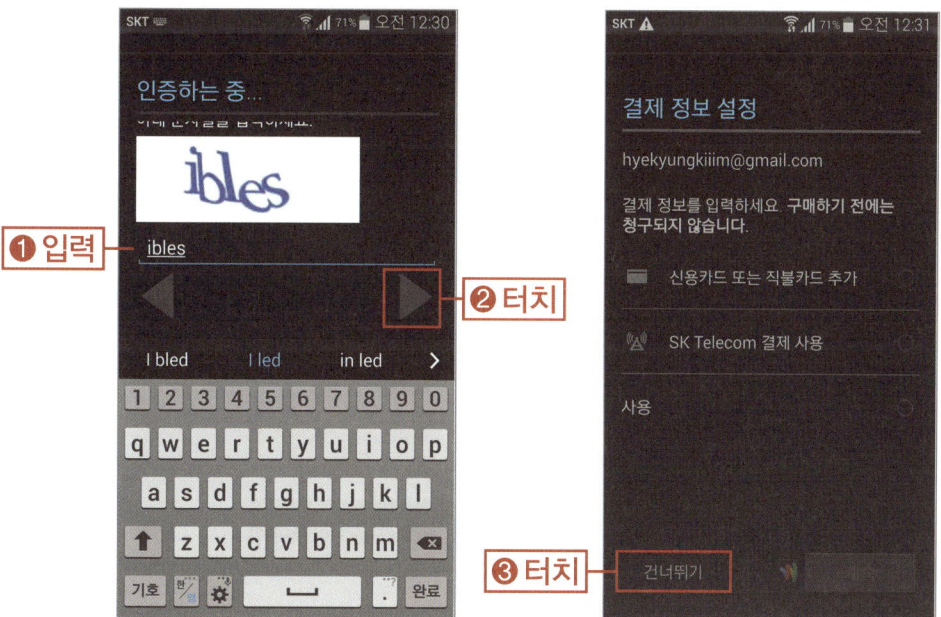

> **TIP** 갤럭시 S5에는 구글에서 만든 많은 앱을 기본적으로 제공하고 있습니다. 관련 앱을 사용하려면 구글 계정부터 등록해야 합니다. [Play 스토어]에서 앱을 검색하고 설치하기 위해서도 구글 계정 등록은 필수입니다.

07 구글 계정 로그인이 완료됩니다. 동기화 목록이 선택된 상태에서 [다음](▶)을 터치합니다. '계정' 화면으로 돌아오면 구글 계정이 추가된 것을 확인할 수 있습니다.

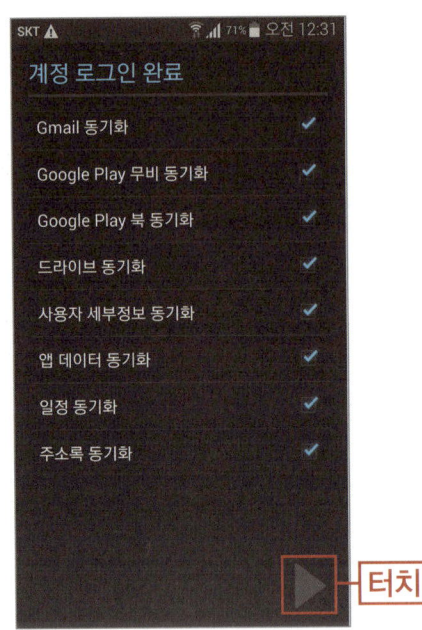

STEP 2 | 인터넷 사용하기

01 홈 화면에서 [인터넷]을 터치합니다. 구글(Google) 화면의 주소 입력 상자를 터치한 후 'www.daum.net'을 입력하고 키패드의 [이동]을 터치합니다.

02 '다음' 사이트에 접속됩니다. 주소 입력 상자의 창 관리자 버튼(🗖)을 터치하면 화면에 현재 페이지가 나타납니다. 새로운 창을 열기 위해 (➕)를 터치합니다.

TIP 창 관리자 버튼의 숫자는 웹브라우저 창의 개수를 표시합니다. (🗖)는 현재 웹브라우저 창의 개수가 하나라는 의미입니다.

03 새로운 창이 나타납니다. 새로운 창에 표시할 웹 주소를 입력하거나 '빠른 실행' 항목에 표시되어 있는 웹사이트 목록 중 하나를 터치합니다. 여기서는 목록 중 [네이버]를 터치합니다. 네이버 웹 사이트가 새로운 창에 표시됩니다. 창 관리자 버튼(🗖)을 터치하면 아래 그림과 같이 창 관리자에서 실행 중인 두 개의 창을 확인할 수 있습니다.

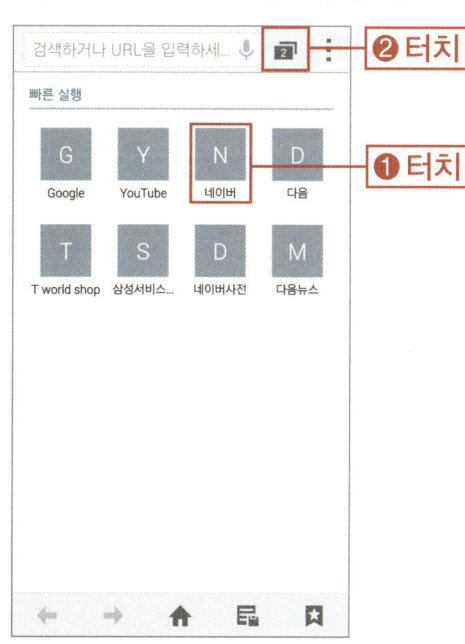

TIP 실행 중인 창을 닫을 때는 '창 관리자' 화면에서 작은 그림의 창 목록 위에 있는 (➖)를 터치합니다.

STEP 3 | 북마크 추가하기

01 접속했던 웹 사이트를 나중에 다시 접속하고자 할 때 북마크에 추가하면 편리합니다. 현재 보고 있는 화면을 위나 아래로 밀면 화면 하단에 웹 사이트 메뉴가 표시됩니다. 그 중 (★)를 터치합니다. 이후 '북마크' 화면의 (+)를 터치합니다.

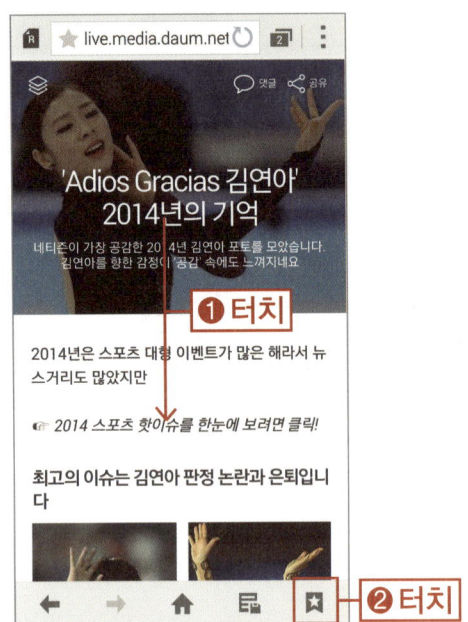 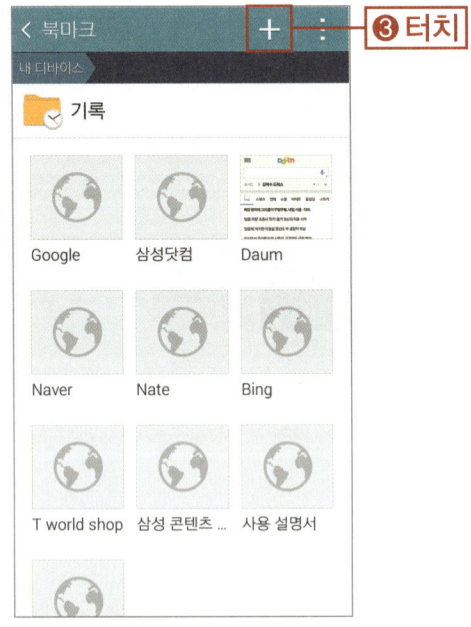

02 북마크 제목을 입력한 후 [저장]을 터치합니다. '북마크' 화면에 선택한 웹 사이트가 추가됩니다.

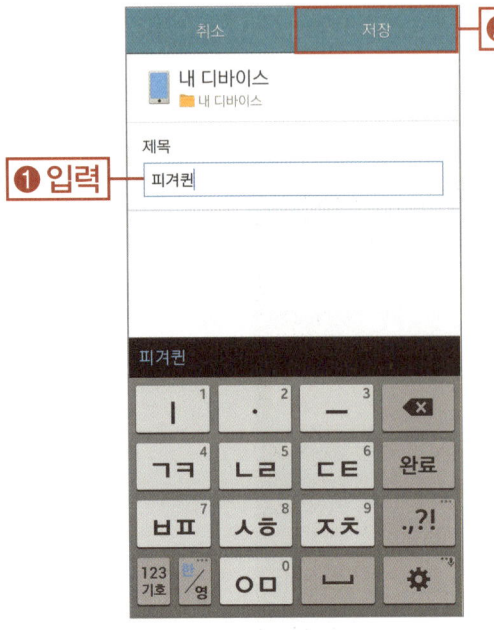 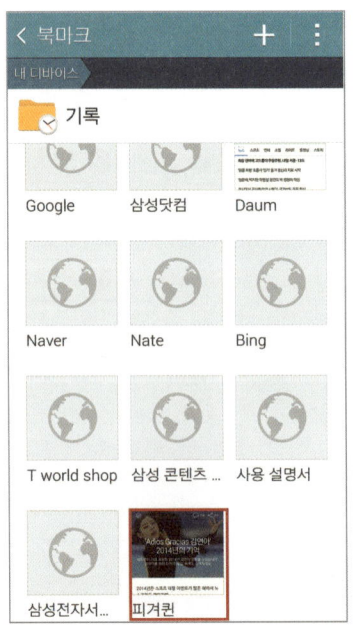

> **TIP** 북마크에 추가한 웹 사이트에 다시 접속할 때는 북마크를 추가할 때와 같은 방법으로 '북마크' 화면을 표시한 후 추가된 웹 사이트를 터치하면 됩니다.

STEP 4 음성으로 검색하기

01 음성으로 인터넷 검색을 할 수 있습니다. 인터넷 검색 창에서 (🎤)를 터치하여 검색 종류를 표시한 후 [음성](🎤)을 선택합니다. 스마트폰을 향해 검색어를 말하면 해당 단어의 검색을 시작합니다.

 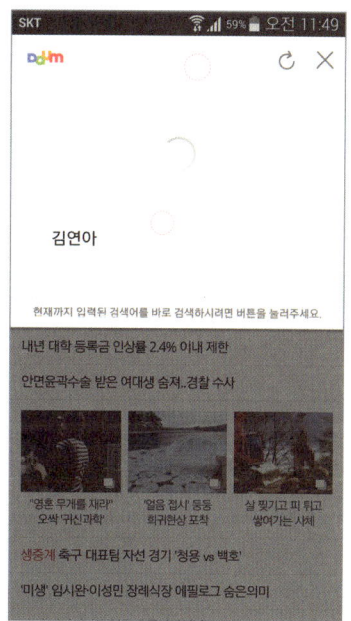

TIP [다음] 앱이 스마트폰에 설치되어 있지 않다면 [음성](🎤)을 터치했을 때 [Play 스토어]로 자동 연결됩니다. 다음이나 네이버 등의 포털사이트 앱이 설치되지 않았다면 스토어에서 다운로드받아 먼저 설치하도록 합니다.

02 음성 검색 결과가 나타납니다. 음성 검색은 [음성 검색] 앱을 통해서도 할 수 있습니다. 홈 화면에서 [앱스]를 터치한 후 앱스 화면에서 [음성 검색]을 터치합니다.

 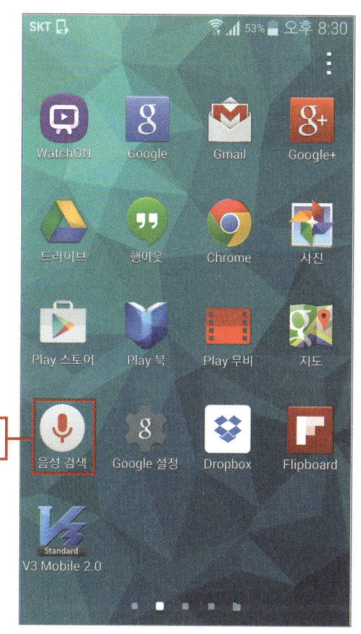

05장. 계정 추가하고 인터넷 사용하기

03 스마트폰을 향해 검색어를 말합니다. '마카다미아' 라는 단어를 말하면 해당 단어에 대한 검색 결과가 나타납니다.

> **TIP** 화면 상단의 빨간색 마이크 아이콘을 터치하면 [음성 검색] 앱이 종료됩니다.

04 [S보이스] 앱을 사용하면 스마트폰을 음성으로 조작할 수 있습니다. 홈 화면에서 [앱스]를 터치한 후 앱스 화면에서 [S보이스]를 터치합니다. [시작하기]를 터치해 S보이스를 시작합니다.

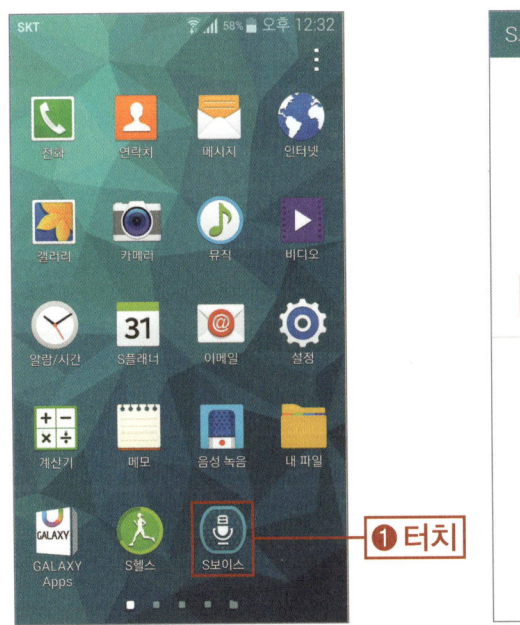 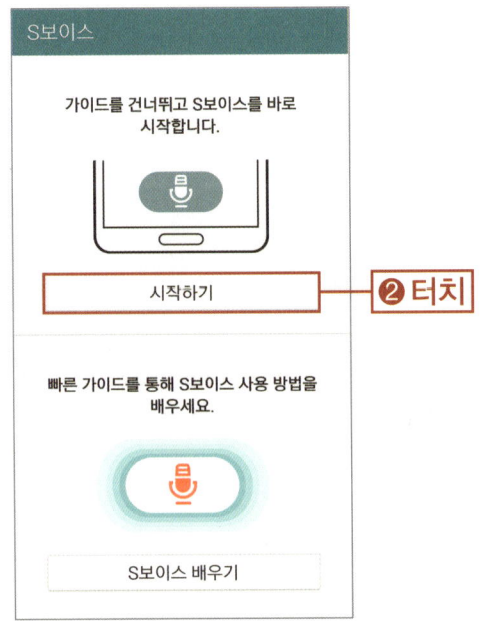

> **TIP**
> - [S보이스]를 처음 실행할 때 이용약관에 동의하는 과정을 거쳐야 합니다. 이용약관 화면이 나타나면 [동의함]을 선택하여 앱을 실행합니다.
> - [S보이스]를 처음 시작할 경우 [S보이스 배우기]를 터치하여 해당 앱의 도움말을 볼 수 있습니다.

05 실제 음성 검색을 위해 '마이크를 누르세요' 아래에 있는 아이콘을 터치합니다. '지금 말하세요'로 아이콘이 변경되면 스마트폰을 향해 '최신 영화 좀 알려줘'를 말합니다.

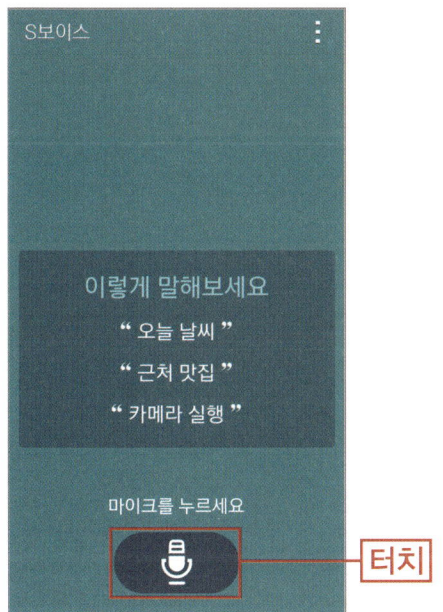 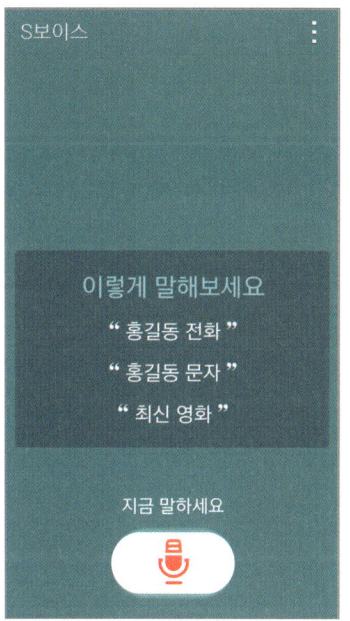

06 질문에 대한 답변이 말풍선으로 표시되고 최신 영화에 대한 검색 결과가 표시됩니다. 다시 '마이크를 누르세요' 아래의 아이콘을 터치한 후 스마트폰에 저장된 연락처를 검색하기 위해 '*** 연락처'라고 질문합니다. 검색한 연락처가 화면에 표시됩니다.

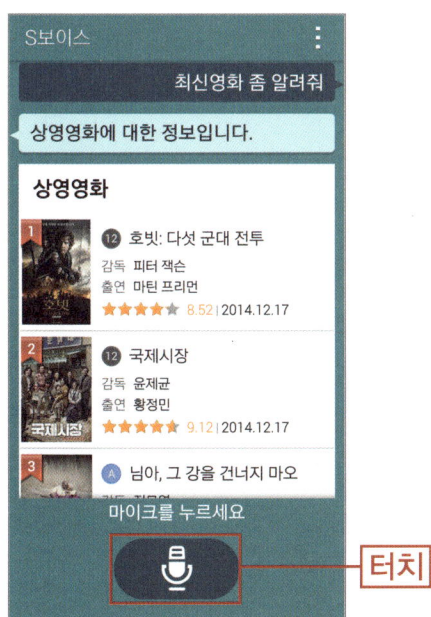 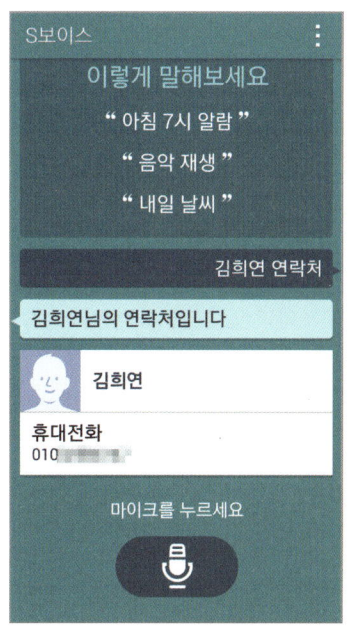

> **TIP** '카메라 실행', '음악 실행' 등의 앱을 실행하거나 맛집, 날씨 등의 인터넷 검색 등을 다양하게 해줄 수 있습니다.

연습문제 》 문제를 풀며 확인해보세요.

01 인터넷을 실행한 후 북마크 폴더를 만드세요. '포털사이트'라는 이름으로 폴더 이름을 지정한 후 '기록' 페이지에 기본적으로 표시되는 포털 사이트를 폴더로 이동시켜 보세요.

> **HINT** 인터넷 실행 → 화면 아래로 밀기 → (★) 터치하고 (▤) 터치 후 [새 폴더 추가] 선택 → 폴더 이름 지정 → (▤) 터치 후 [선택] 선택 → 폴더로 이동시킬 사이트 선택 → (▤) 터치 후 [폴더로 이동] 선택

02 [S보이스] 앱을 실행하고 음성으로 친구에게 전화를 걸어 보세요.

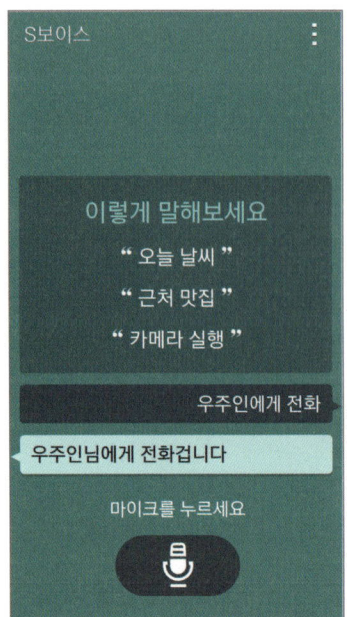

> **HINT** 홈 화면에서 [앱스] 터치 → [S보이스] 앱 터치 → '***에게 전화' 말하기 → 전화 통화

06 앱 검색하고 설치하기

내 스마트폰에 앱을 설치할 때는 구글의 Play 스토어나 통신사 전용 앱 스토어 등에서 검색한 후 설치를 진행합니다. GALAXY Apps 앱 스토어에서는 갤럭시 폰에 특화된 앱을 설치해 사용할 수도 있습니다. 설치한 앱은 언제든 업데이트와 삭제가 가능합니다. 앱을 검색하고 설치한 후 다시 삭제하는 방법에 대해 알아봅니다.

| 이런 걸 배워요! | Play 스토어 사용하기, GALAXY Apps 스토어 사용하기, 앱 설치하고 삭제하기

미리보기

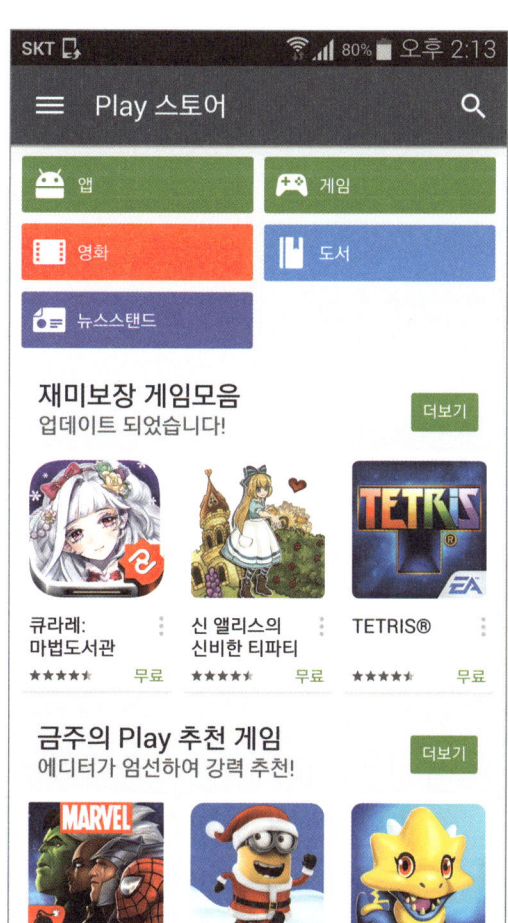
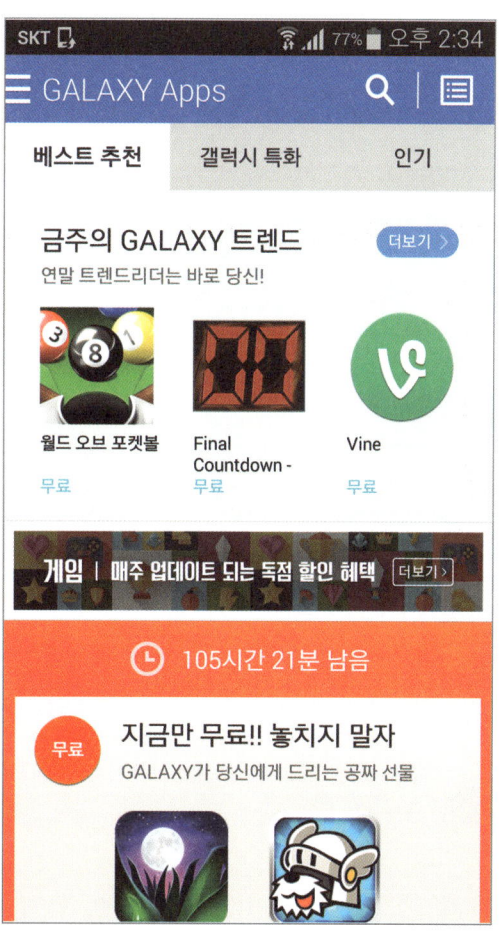

| STEP 1 | Play 스토어 실행하고 앱 설치하기 |

01 홈 화면에서 [Play 스토어]를 터치합니다. [Play 스토어] 앱이 실행되면 [앱]을 터치합니다.

02 손가락으로 화면을 좌우로 밀면 '홈', '인기 유료', '인기 무료' 등의 앱 정보를 차례로 볼 수 있습니다. 이중 '인기 무료'를 선택한 후 위쪽으로 화면을 밀어 원하는 앱을 찾으면 터치합니다.

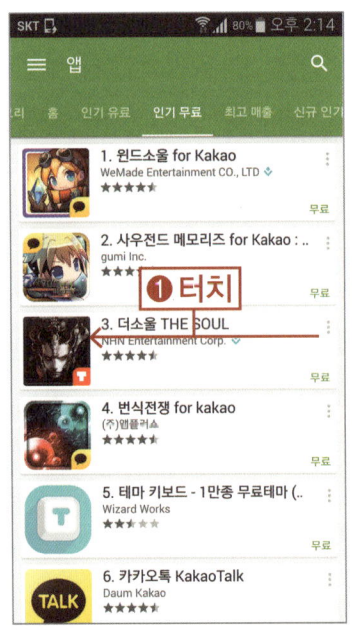 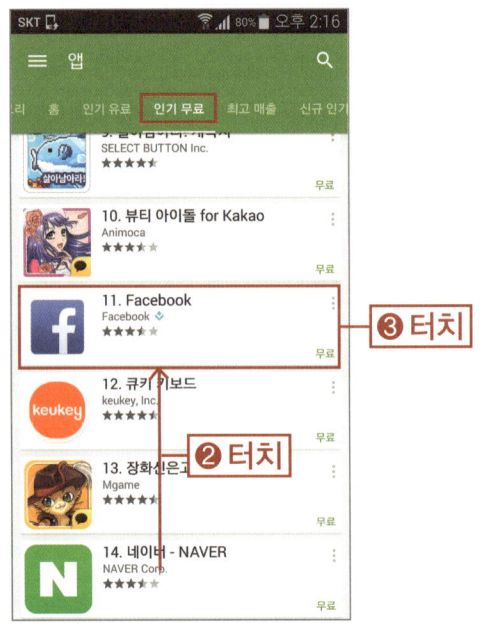

> **TIP** [Play 스토어]의 홈 화면에서 (≡)를 터치하면 'Play 스토어'의 메뉴를 볼 수 있습니다. 이중 [내 앱]을 터치하면 스마트폰에 설치된 모든 앱의 목록이 나타납니다.

03 선택한 앱의 정보가 표시되면 [설치]를 터치합니다. 앱 설치를 위해 필요한 액세스 대상 목록이 나타나면 [동의]를 터치합니다.

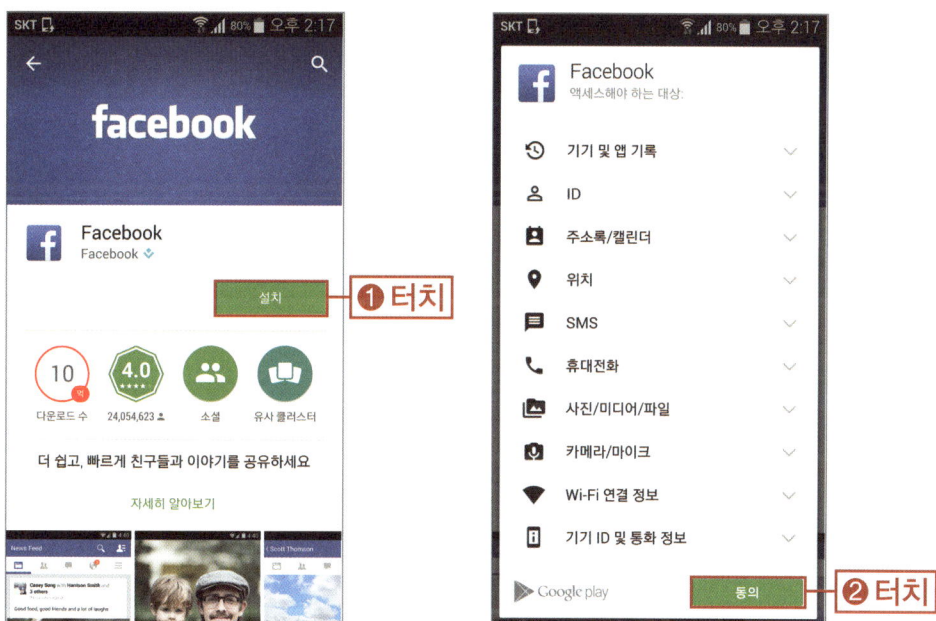

> **TIP** 앱 정보 화면을 위쪽으로 밀어 앱의 자세한 정보를 확인합니다.

04 앱이 다운로드되기 시작합니다. 다운로드가 완료된 후 [열기] 버튼을 터치하면 앱이 실행됩니다.

> **TIP** [제거] 버튼을 터치하면 다운로드받은 앱을 삭제할 수 있습니다.

06장. 앱 검색하고 설치하기 53

TIP 각 통신사에서 제공하는 앱 스토어는 SKT의 'T Store', KT의 'Olleh 마켓', LG U+의 'U+ 스토어'가 있습니다.

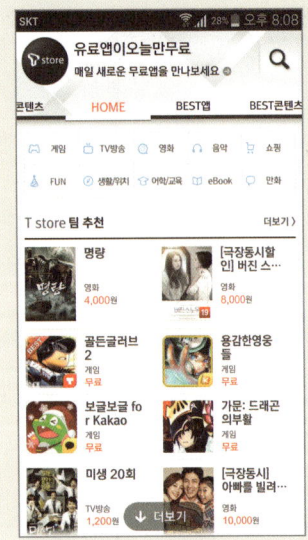  

STEP 2 | 앱의 업데이트와 삭제 방법 알아보기

01 이미 설치되어 있는 앱을 업데이트하기 위해 'Play 스토어'의 홈 화면에서 [검색](🔍)을 터치한 후 설치되어 있는 앱의 이름을 입력하여 검색합니다. 검색한 앱이 표시되면 [업데이트]를 터치합니다.

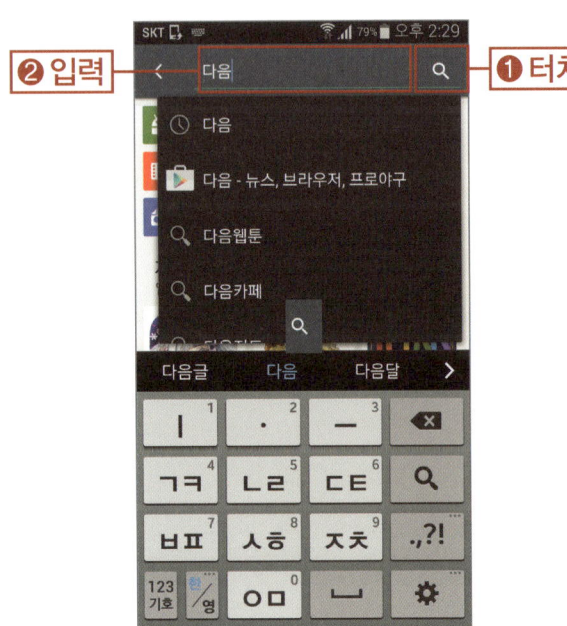 

TIP 'Play 스토어'에서 (☰)를 터치한 후 메뉴의 [내 앱]을 터치하여 설치된 앱을 업데이트할 수도 있습니다. 상단의 [모두 업데이트]를 선택하거나 업데이트할 앱을 터치한 후 위의 따라하기와 같이 [업데이트]를 선택하면 됩니다.

02 [동의]를 터치하여 업데이트를 진행합니다. 업데이트가 완료되면 [열기]를 터치하여 앱을 실행합니다.

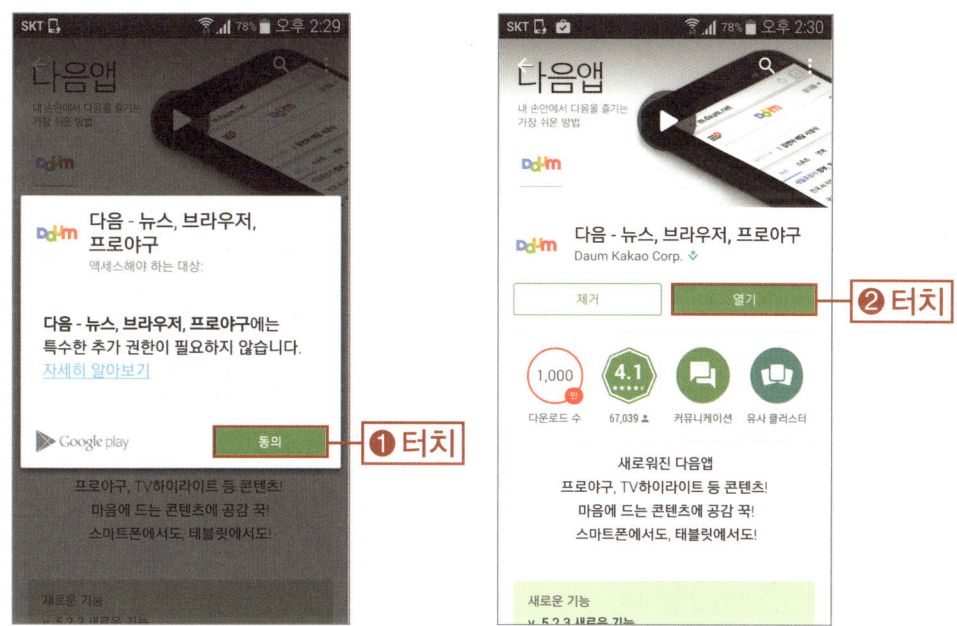

> **TIP** 앱을 설치할 때 이미 액세스 대상 목록에 모두 동의했으므로 업데이트에는 목록이 표시되지 않습니다.

03 앱 스토어가 아닌 '환경설정'에서 설치한 앱 목록을 살핀 후 삭제할 수 있습니다. 홈 화면의 상단을 아래로 끌어 알림 창을 표시한 후 [설정](⚙)을 터치합니다. '설정' 화면에서 [애플리케이션 관리자]를 터치합니다.

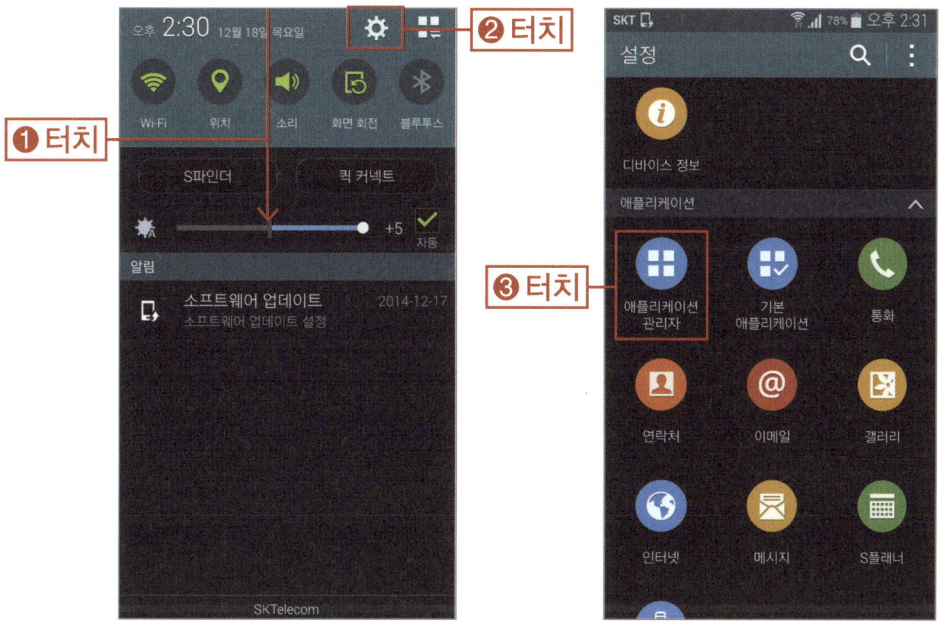

> **TIP** 홈 화면에서 [앱스]를 터치한 후 앱스 화면에서 [설정]을 터치해도 됩니다.

06장. 앱 검색하고 설치하기 **55**

04 설치한 앱 목록이 나타나면 삭제를 원하는 앱을 터치합니다. 애플리케이션 정보에서 [삭제]를 터치하면 선택한 앱의 삭제가 진행됩니다.

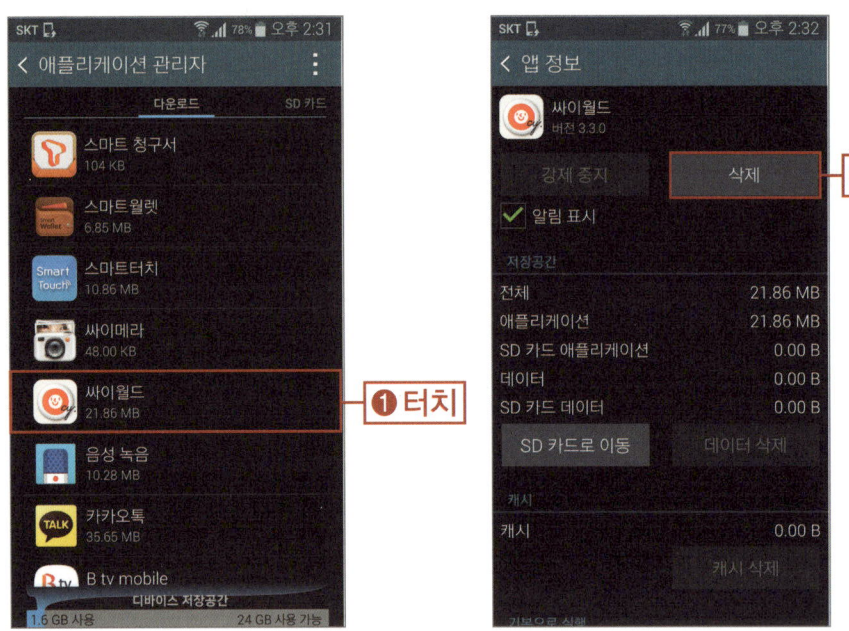

STEP 3 | GALAXY Apps 스토어 사용하기

01 홈 화면에서 [앱스]를 터치한 후 [GALAXY Apps]를 터치합니다. 갤럭시 앱 스토어가 실행되면 갤럭시 폰에 특화된 앱을 찾기 위해 [갤럭시 특화]를 터치합니다.

> **TIP** 앱스 화면에 [GALAXY Apps] 대신 [Samsung Apps]( ) 아이콘으로 나타날 수 있습니다. [Samsung Apps]를 터치하면 자동 업데이트를 통해 [GALAXY Apps] 아이콘으로 변경됩니다.

02 특화된 갤럭시 앱 중 대표 앱이 표시되면 [더보기]를 터치합니다. 앱 목록이 나타나면 설치를 원하는 갤럭시 앱을 터치합니다.

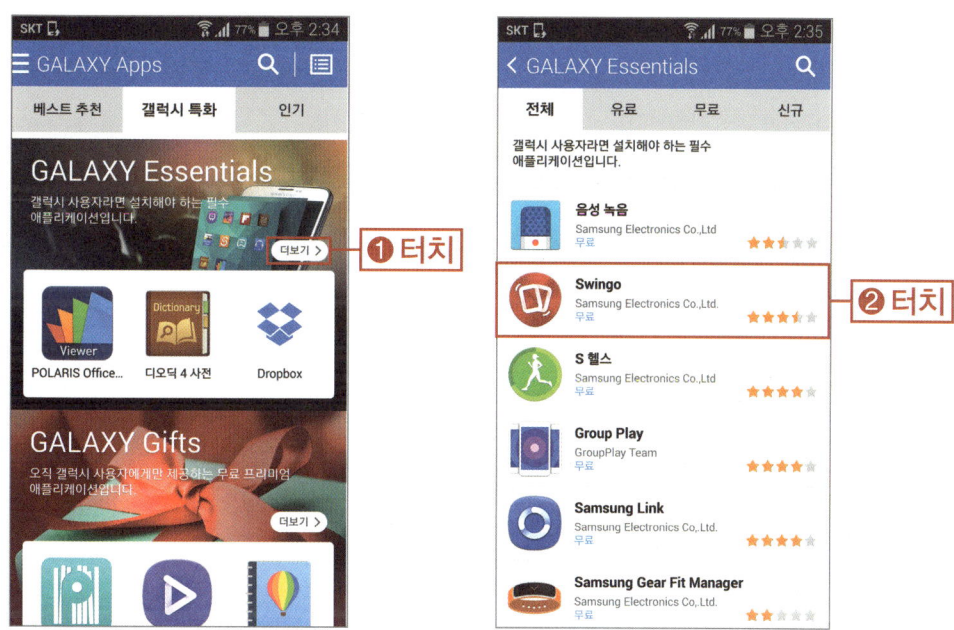

> **TIP** 'GALAXY Apps' 화면의 (🔍)를 터치하여 앱을 검색할 수 있습니다.

03 선택한 앱의 정보가 표시됩니다. [설치]를 터치하면 앱 권한 목록이 나타납니다. [동의 및 다운로드]를 터치합니다. 설치가 완료되면 [실행]을 터치하여 설치한 앱을 사용합니다.

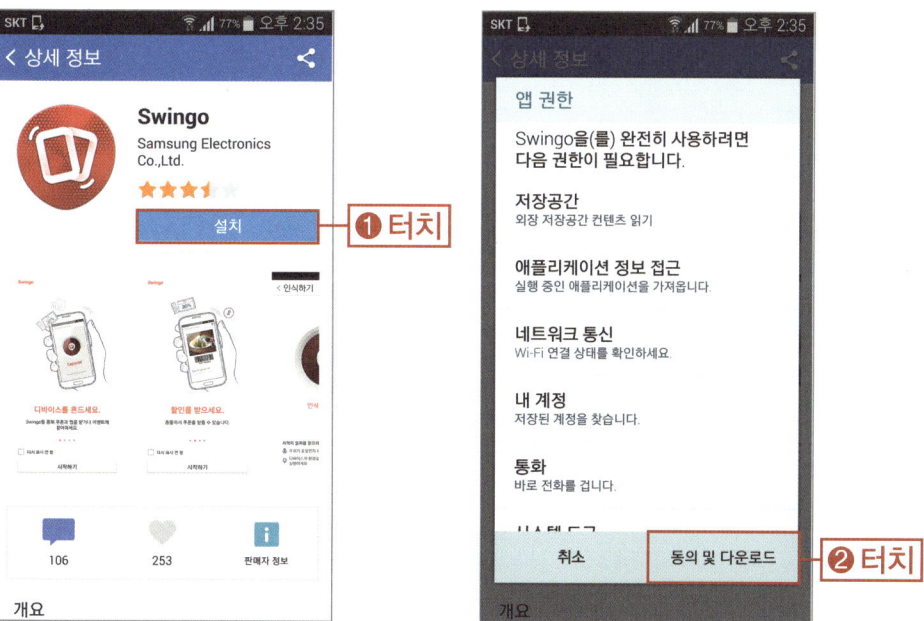

> **TIP** Galaxy Apps에서 앱을 설치할 때 삼성 계정을 추가해야 할 경우가 있습니다. 계정 추가 과정을 따라하면 쉽게 삼성 계정을 등록할 수 있습니다.

연습문제 >> 문제를 풀며 확인해보세요.

01 [Play 스토어]에서 '레시피'로 앱을 검색하여 '요리백과-만개의레시피' 앱을 설치해 보세요.

HINT 홈 화면에서 [Play 스토어] 앱 실행 → (🔍) 터치 후 '레시피' 검색 → [요리백과-만개의레시피] 터치 → [설치] 터치하고 [동의] 선택 → 설치 완료 후 [실행] 터치

02 [GALAXY Apps] 스토어에서 '멀티 계산기'를 검색해 설치한 후 환율 계산기를 표시해 보세요.

HINT 홈 화면에서 [앱스] 터치 → 앱스 화면에서 [GALAXY Apps] 앱 터치 → [인기] 탭 터치 → 앱 목록에서 [멀티 계산기] 터치 → [설치] 터치하고 [동의 및 다운로드] 선택 → 설치 완료 후 [실행] 터치

07 카메라와 갤러리 활용하기

스마트폰의 카메라 앱은 고화질과 손떨림 보정, 다양한 촬영 모드 지원 등 디지털 카메라 못지 않은 기능을 제공합니다. 사진뿐 아니라 동영상 촬영도 가능한 카메라 앱을 실행해 촬영한 후 갤러리 앱에서 사진을 보정하는 방법에 대해 알아봅니다.

| 이런 걸 배워요! | 사진과 비디오 촬영, 갤러리에서 사진 보정

미리보기

STEP 1 | 사진과 동영상 촬영하기

01 앱스 화면에서 [카메라] 앱을 터치합니다. 카메라가 실행되면 촬영할 대상을 향한 후 카메라 화면을 터치한 상태로 손가락을 벌려 확대합니다. 이후 [사진](📷)을 터치합니다.

> **TIP** 카메라 화면 왼쪽의 [OFF](📷)를 터치하면 너무 어둡거나 밝은 부분을 보정해서 풍부한 색감을 표현할 수 있습니다.

02 촬영이 끝나면 카메라 화면 오른쪽 하단에 있는 작은 그림을 터치합니다. [갤러리] 앱이 실행되어 방금 촬영한 사진이 나타납니다.

> **TIP** 스마트폰의 [취소] 버튼을 터치하면 다시 카메라 앱 화면으로 돌아옵니다.

03 카메라 화면의 [모드]를 터치하면 '자동' 모드 외에 다양한 기법으로 사진을 촬영할 수 있습니다. 화면 아래에 모드 종류가 나열되면 그 중 [듀얼 카메라]를 터치합니다.

TIP 듀얼 카메라를 터치하면 듀얼 카메라의 프레임 모양을 선택할 수 있도록 화면 아래에 목록이 나타납니다. 이중 하트 모양을 터치합니다.

04 [사진](📷)을 터치합니다. 촬영된 사진을 확인하면 촬영한 사진 내부에 선택한 프레임으로 또 다른 사진이 나타납니다.

TIP '듀얼 카메라'는 후면 카메라로 촬영되는 장면과 전면 카메라로 촬영되는 장면을 함께 촬영하는 기법입니다. 사진 속에 또 다른 사진을 표현하고 싶을 때 사용하는 모드입니다. 카메라 화면 안의 또 다른 프레임을 터치하여 크기를 조절하거나 위치를 이동시킬 수 있습니다.

05 카메라 화면의 [동영상](📹)을 터치하면 바로 동영상 촬영이 시작됩니다. 촬영을 중단하려면 [정지](⏹)를 터치합니다. [미리 보기](화면 오른쪽 하단의 작은 그림)를 터치하면 방금 촬영한 동영상이 재생됩니다.

> **TIP** 촬영한 동영상을 확인할 때 재생할 앱을 선택하라는 메시지 창이 나타날 수 있습니다. 재생할 앱을 선택하면 바로 확인할 수 있습니다. 여기서는 [비디오] 앱을 선택합니다.

06 촬영한 동영상을 확인할 때는 앱스 화면에서 [비디오]를 터치합니다. 저장되어 있는 비디오 목록이 나타나면 실행할 비디오를 터치한 후 비디오를 감상합니다.

> **TIP** (🖼)를 터치하면 스마트폰 화면의 오른쪽 상단에 작은 창으로 동영상이 재생됩니다. 다른 앱을 실행하면서 비디오를 감상할 수 있습니다.

STEP 2 갤러리 활용하기

01 촬영한 사진과 동영상은 [갤러리] 앱을 통해 확인하고 다양한 효과를 지정할 수 있습니다. 앱스 화면에서 [갤러리] 앱을 선택합니다. 이후 [카메라]를 터치하고 카메라로 촬영한 사진 중 하나를 터치합니다.

TIP 갤러리에 표시되는 사진이나 비디오는 '보기 방식'이 '앨범' 형태로 지정되어 있습니다. [갤러리] 화면의 (☰)를 터치하면 보기 방식을 '시간' 순으로 변경할 수 있습니다.

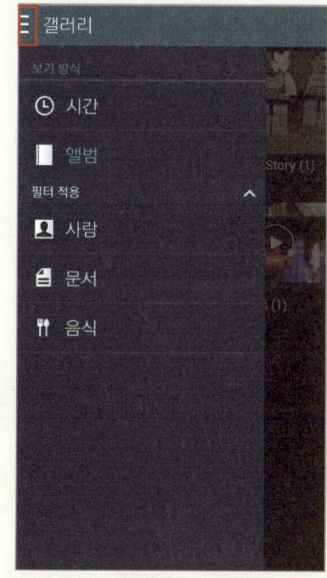

02 사진을 선택한 후 (🖼)를 터치합니다. 촬영한 사진의 크기를 조절하거나 사진에 다양한 효과를 지정해 줄 수 있는 메뉴가 화면 하단에 나타납니다. 여기서는 [장식]을 터치한 후 [그림]을 터치합니다.

> **TIP** [조절]을 터치하면 촬영한 사진을 회전시키거나 원하는 그림만 남기고 잘라내고 사진 파일의 크기를 조절할 수 있는 메뉴가 나타납니다.

03 촬영한 사진 위에 손 글씨를 쓰거나 그림을 그릴 수 있는 화면으로 전환됩니다. 펜의 종류와 색상을 지정한 후 (❌)를 터치합니다. 사진 위를 손가락으로 터치하며 손 글씨를 쓴 후 [완료]를 터치합니다.

> **TIP** 사진에 손 글씨를 쓴 후 스마트폰의 [취소] 버튼을 터치하면 '변경사항 저장' 메시지 창이 나타납니다. 손 글씨가 표시된 사진을 저장하려면 [저장]을 터치합니다.

연습문제 >> 문제를 풀며 확인해보세요.

01 카메라 앱을 실행한 후 풍경을 '가상투어샷' 모드로 촬영해 보세요.

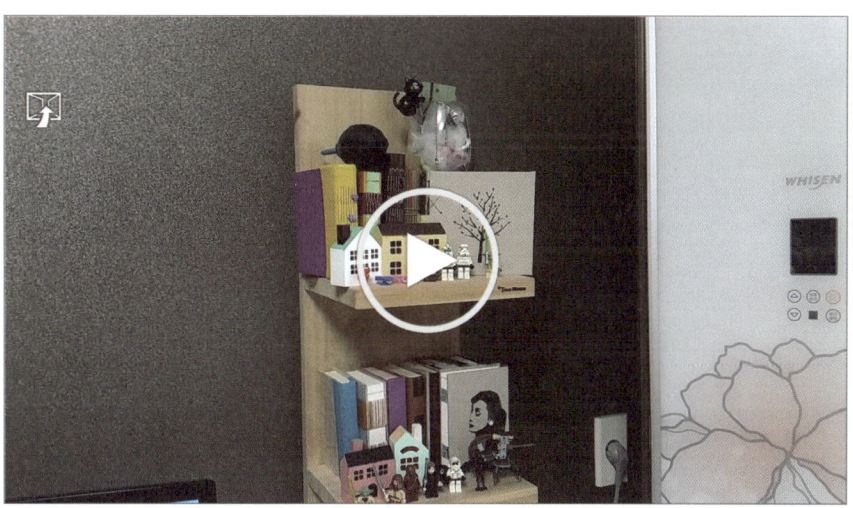

HINT 홈 화면에서 [앱스] 터치 → 앱스 화면에서 [카메라] 앱 터치 → 카메라가 실행되면 [모드] 터치 → 모드 종류에서 [가상투어샷] 터치 → 카메라 화면의 원 안에 초점이 위치하도록 조정한 후 화면의 화살표 방향대로 스마트폰 움직이기 → [정지] 버튼 터치 → [갤러리]에서 비디오로 저장된 사진 확인

02 촬영한 사진을 [갤러리] 앱을 통해 잘라낸 후 '스타더스트' 효과를 적용하고 '폴라로이드' 모양의 액자를 지정해 보세요.

HINT 홈 화면에서 [앱스] 터치 → 앱스 화면에서 [갤러리] 앱 터치 → 효과를 지정할 사진 선택 → (📷) 터치 → [조절]-[잘라내기] 터치 → 사진 자른 후 [완료] 터치 → [효과] 터치 후 목록에서 [스타더스트] 터치 → [장식]-[액자] 터치 후 목록에서 폴라로이드 사진 모양 선택 → [장식]의 [그림] 터치 후 색상과 붓 모양 선택 → 사진에 손 글씨 입력

08 음악과 유튜브, DMB 활용하기

음악과 유튜브 동영상 그리고 TV 방송을 스마트폰에서 손쉽게 감상할 수 있습니다. 뮤직 앱을 통해 음악을 감상하고 재생목록을 관리하는 방법과 유튜브에서 원하는 비디오를 검색한 후 재생하는 방법에 대해 알아봅니다. 또, TV 시청을 위한 DMB 앱 사용법에 대해서도 배워봅니다.

| 이런 걸 배워요! | 음악 재생과 즐겨찾기 목록 관리, DMB TV 시청, 유튜브 비디오 검색과 재생

미리보기

| STEP 1 | 음악 재생하고 즐겨찾기 관리하기 |

01 앱스 화면에서 [뮤직] 앱을 터치합니다. 목록에서 [곡] 탭을 터치한 후 원하는 음악을 선택하면 전체 화면으로 음악이 실행됩니다. 음악 감상 중에는 다른 화면으로 이동하거나 다른 앱을 실행할 수 있습니다.

TIP
- [뮤직] 앱의 재생 화면 기능

❶ 목록에 있는 음악들을 랜덤으로 재생할지 안할지를 결정합니다.
❷ 터치할 때마다 한 번만 반복 재생, 현재 곡만 반복 재생, 전체 목록 반복 재생 등으로 설정이 바뀝니다.

- 스마트폰의 [뮤직] 앱으로 음악을 감상하기 위해서는 저장된 음악이 있어야 합니다. USB 케이블로 스마트폰과 컴퓨터를 연결한 후 윈도우 탐색기에서 음악을 스마트폰으로 복사한 후 음악을 감상할 수 있습니다. 컴퓨터가 스마트폰을 인식하면 탐색기에서 스마트폰의 [Music] 폴더를 선택한 후 컴퓨터의 음악 파일을 드래그하여 스마트폰에 음악을 복사합니다.

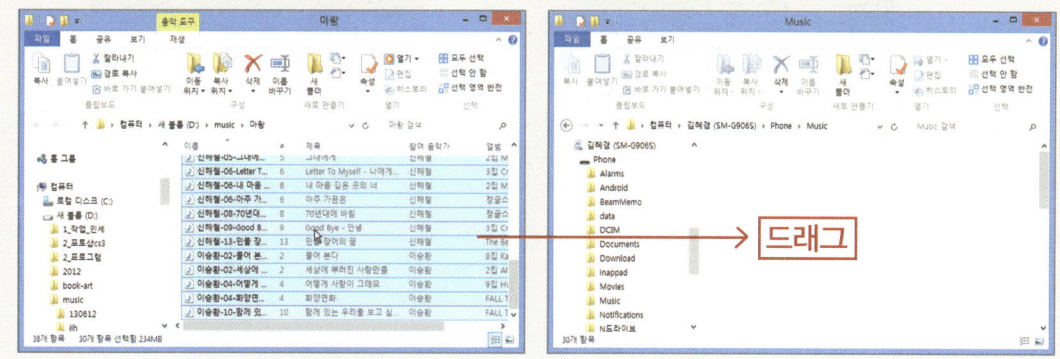

02 뮤직 앱의 즐겨찾기 목록에 음악을 추가하면 원하는 음악만 선택해서 들을 수 있습니다. [재생목록]-[즐겨찾기]를 터치한 후 '즐겨찾기' 화면으로 이동하면 (➕)를 터치합니다.

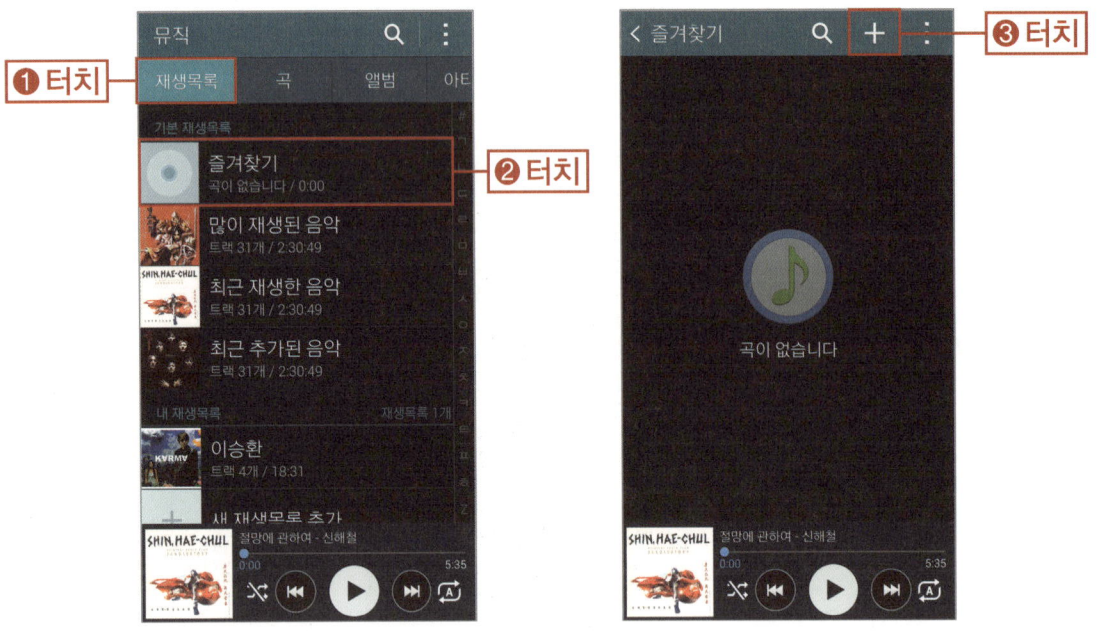

03 즐겨찾기에 추가할 곡을 여러 개 선택한 후 [완료]를 터치합니다. 뮤직 앱에서 [재생목록]을 선택하고 [즐겨찾기]를 터치하면 즐겨찾기 목록에 추가된 음악만 재생됩니다.

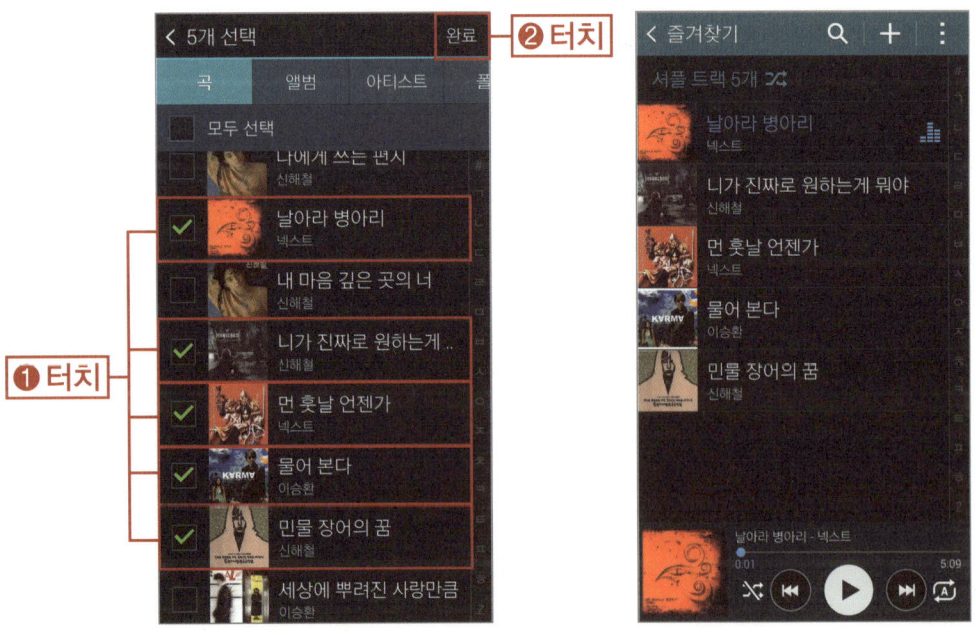

> **TIP** 음악 재생 중에 화면을 잠금 상태로 바꿔도 스마트폰의 잠금 화면에 뮤직 플레이어 화면이 전체 화면으로 표시됩니다. 잠금 화면에서도 음악을 일시 정지하거나 재생시킬 수 있습니다.

STEP 2 | DMB TV 시청하기

01 앱스 화면에서 [DMB]를 터치합니다. 화면에 채널 목록이 나타나고 원하는 채널을 터치하면 방송을 볼 수 있습니다. [채널 검색]을 터치하면 DMB TV 채널을 새롭게 검색한 후 결과를 나타냅니다.

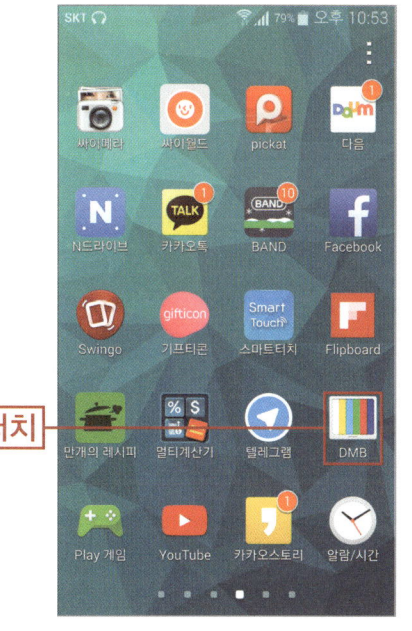
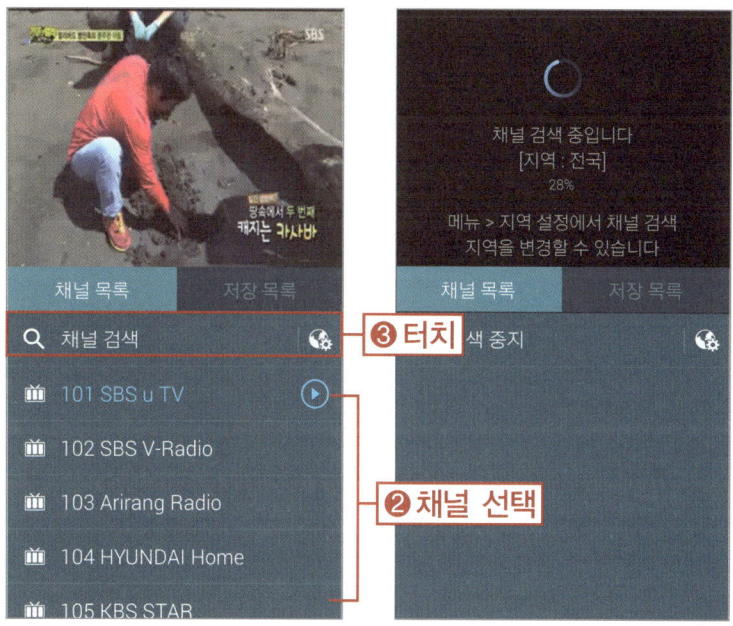

02 화면을 회전시키면 가로로 길게 TV를 시청할 수 있습니다. 화면 왼쪽 상단의 [ch]를 터치하면 화면 왼쪽에 TV 채널 목록이 나타납니다. 채널 목록에서 원하는 채널을 터치하여 채널을 변경합니다.

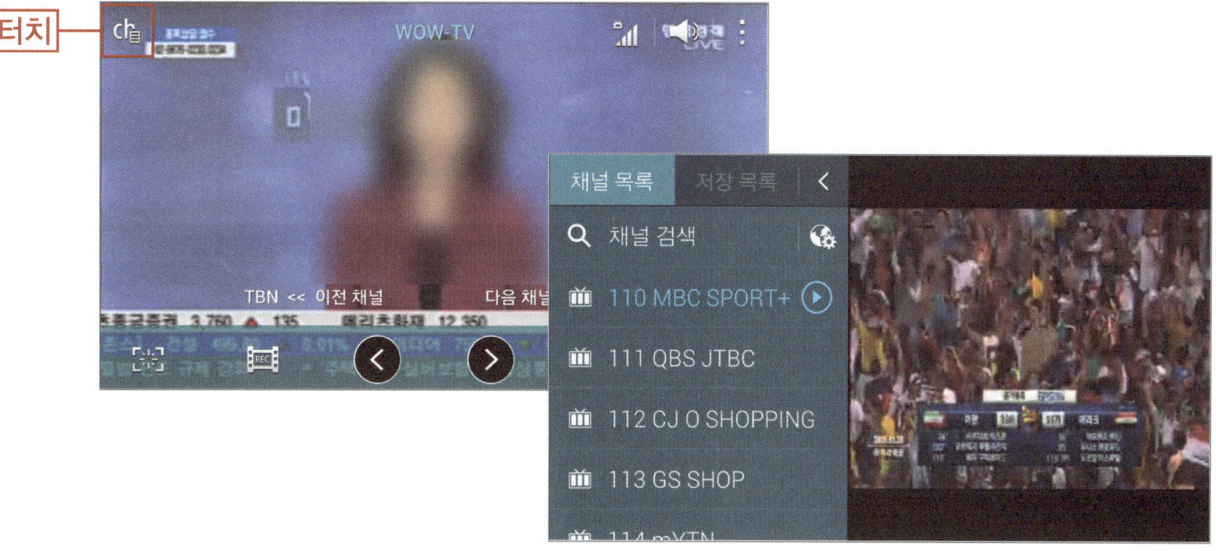

> **TIP** 화면을 왼쪽이나 오른쪽으로 밀면 채널이 변경됩니다. 또, 화면의 왼쪽을 상하로 밀면 화면 밝기를 조절할 수 있고 화면의 오른쪽으로 상하로 밀면 볼륨이 조절됩니다.

STEP 3 | YouTube로 동영상 보기

01 앱스 화면에서 [YouTube]를 터치합니다. 유튜브 앱 화면의 (🔍)를 터치한 후 검색어를 입력합니다. '김연아'라고 입력하면 연관 검색어가 밑으로 나타납니다. 연관 검색어 중 [김연아 레미제라블]을 터치합니다.

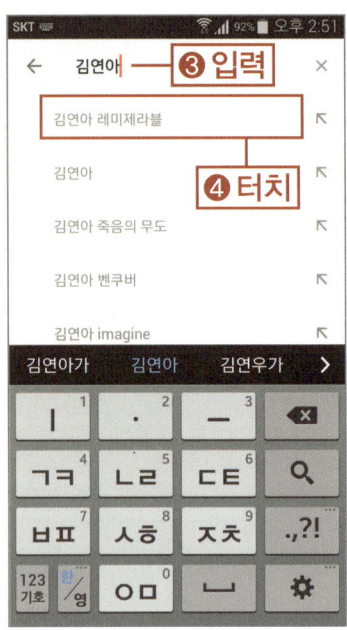

02 관련 유튜브 동영상 검색 결과가 화면에 표시되면 재생할 동영상을 터치합니다. 화면을 가로로 길게 회전시키면 스마트폰 전체 화면으로 유튜브 동영상을 감상할 수 있습니다.

TIP 확대된 유튜브 재생 화면에서 (▭)를 터치하면 화면을 축소시켜 화면 하단에서 재생됩니다.

연습문제 >> 문제를 풀며 확인해보세요.

01 [뮤직] 앱을 실행한 후 저장한 음악 중 좋아하는 가수의 재생목록을 만들어 음악을 추가해 보세요.

> **HINT** 앱스 화면에서 [뮤직] 앱 터치 → [재생목록] 탭의 [새 재생목록 추가] 터치 → '새 재생목록 추가' 창이 나타나면 재생목록의 이름을 입력한 후 [확인] 터치 → (➕) 터치하고 추가할 음악 선택 후 [완료] 터치

02 [YouTube] 앱을 실행한 후 '영국남자'로 검색하여 영어 회화 동영상을 실행해 보세요.

> **HINT** 앱스 화면에서 [YouTube] 앱 터치 → 터치 후 '영국남자' 입력 → 검색 결과 중 보려는 동영상 선택 → 스마트폰을 가로로 길게 회전한 후 동영상 감상

08장. 음악과 유튜브, DMB 활용하기

09 카카오톡 앱 사용하기

무료 문자와 무료 통화로 유명한 카카오톡 앱은 스마트폰을 사용하는 사용자들끼리 문자, 사진, 동영상, 음성 등을 편리하게 주고받을 수 있습니다. 카카오톡을 실행하고 상대방과 대화하며 파일을 주고받는 방법 등에 대해 알아봅니다.

| 이런 걸 배워요! | 카카오톡 앱 설치, 대화(채팅), 사진과 음성 전송

미리보기

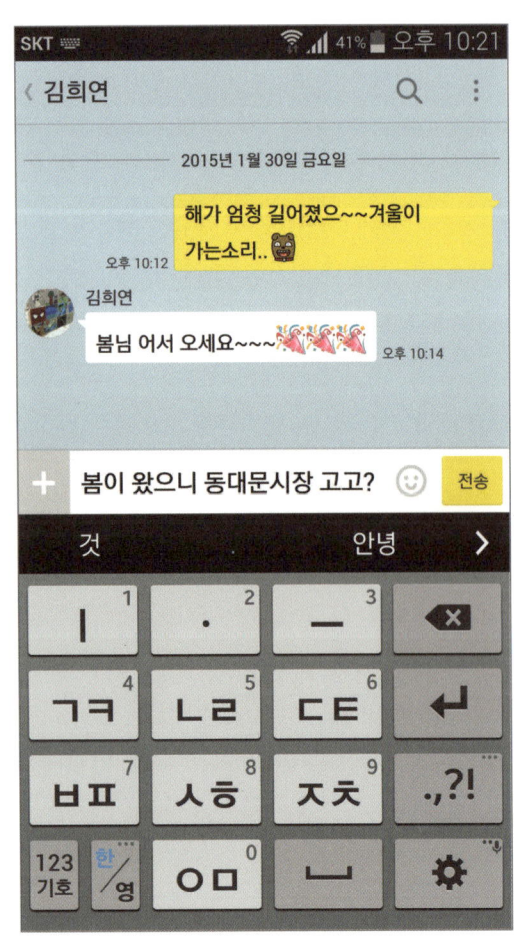
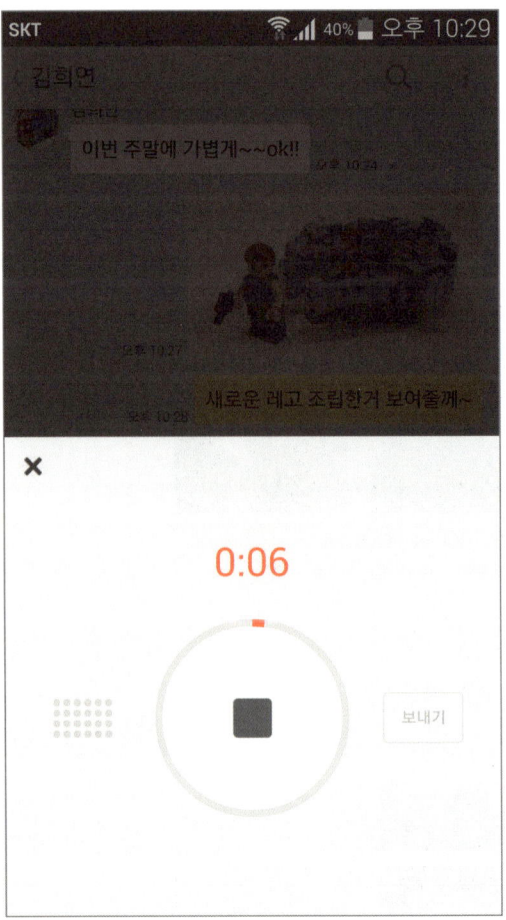

STEP 1 | 카카오톡 시작하기

01 [Play 스토어]에서 '카카오톡'을 검색하여 설치합니다. 카카오톡을 실행하면 자신의 '전화번호'가 자동으로 입력됩니다. [다음]을 터치한 후 '전화번호 인증' 화면이 나타나면 [확인]을 터치합니다.

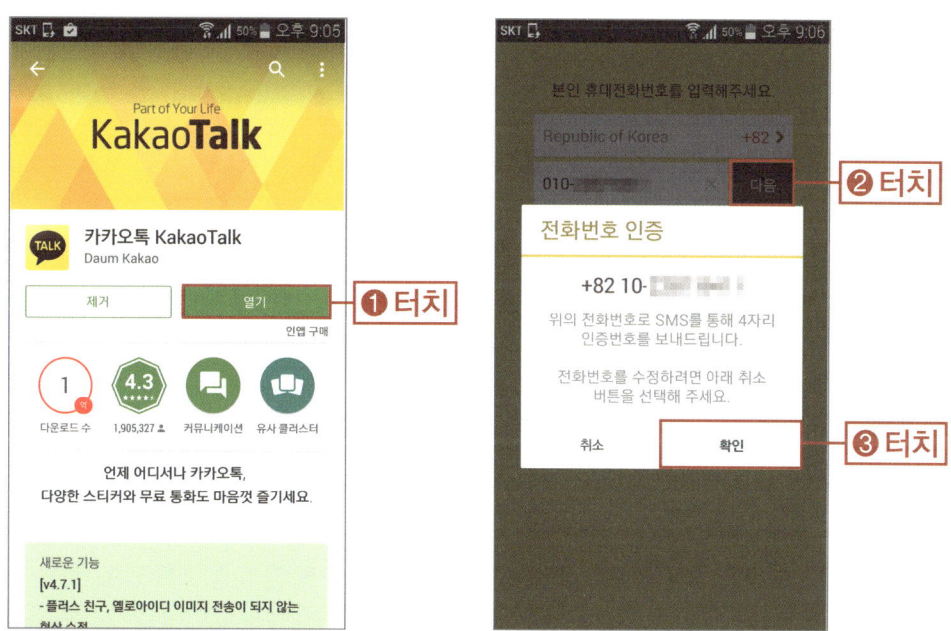

TIP 전화번호 인증을 시작하면 인증번호가 문자로 전송되고 자동으로 인증이 완료됩니다. 이용약관에 동의한 후 [카카오톡 시작하기]를 터치하면 카카오톡 앱이 시작됩니다.

02 카카오톡 메인 화면이 나타납니다. 친구 목록에는 자신의 스마트폰 연락처에 등록되어 있는 사용자 중 카카오톡을 사용하고 있는 사람들이 표시됩니다. '내 프로필' 항목에 있는 내 이름을 터치한 후 [프로필 편집]을 터치합니다.

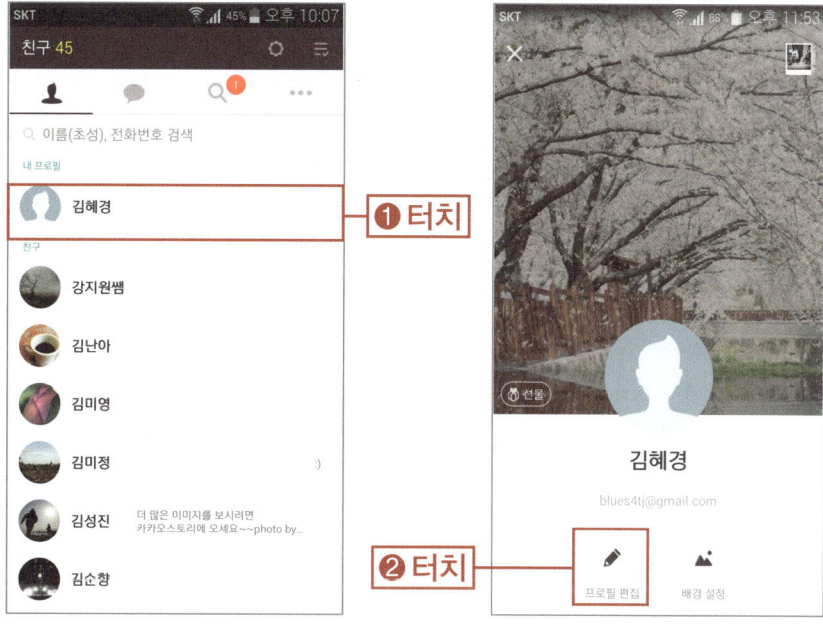

09장. 카카오톡 앱 사용하기

03 '내 프로필' 화면에서 실루엣 사진을 터치합니다. '사진선택' 메시지 창에서 [사진 앨범]을 터치합니다. 사진 앨범에서 저장된 사진 중 하나를 선택합니다.

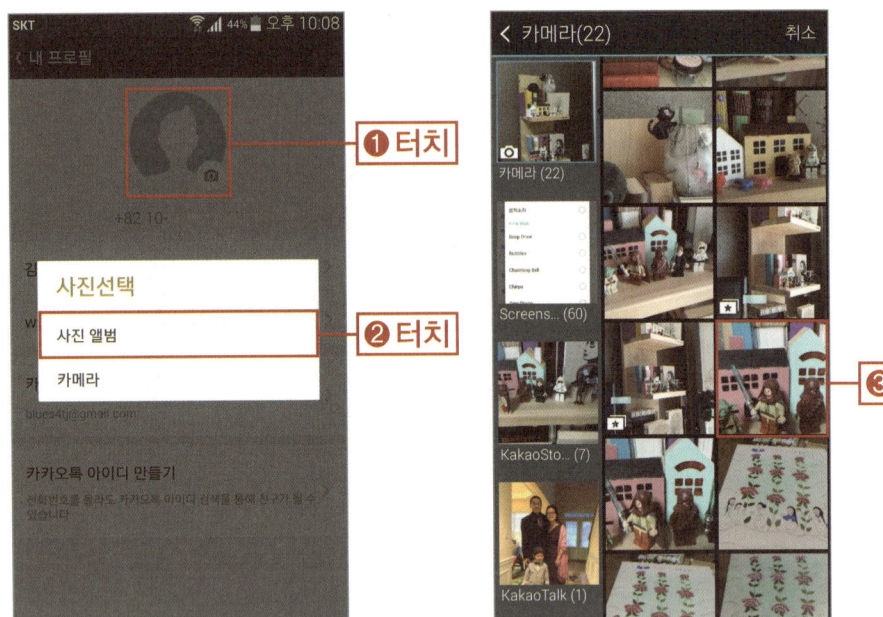

> **TIP** '사진선택' 메시지 창에서 [카메라]를 터치하면 [카메라] 앱이 실행됩니다. 카메라로 직접 대상을 찍은 후 프로필 사진으로 사용할 수 있습니다.

04 카카오톡 화면에 선택한 사진이 나타납니다. 화면 아래의 (⬜) 메뉴를 터치합니다. 사진에 격자 모양이 표시되면 조절점을 드래그해 원하는 크기로 조절합니다. 크기 조절이 완료되면 (✓)를 터치하고 조절한 이미지를 확인한 후 [확인]을 터치합니다.

74 눈이 편한 스마트폰 2nd Edition

STEP 2 대화 주고받기

01 친구 목록에서 대화를 할 친구를 터치하면 상대방의 프로필 화면이 나타납니다. [1:1 채팅]을 터치합니다.

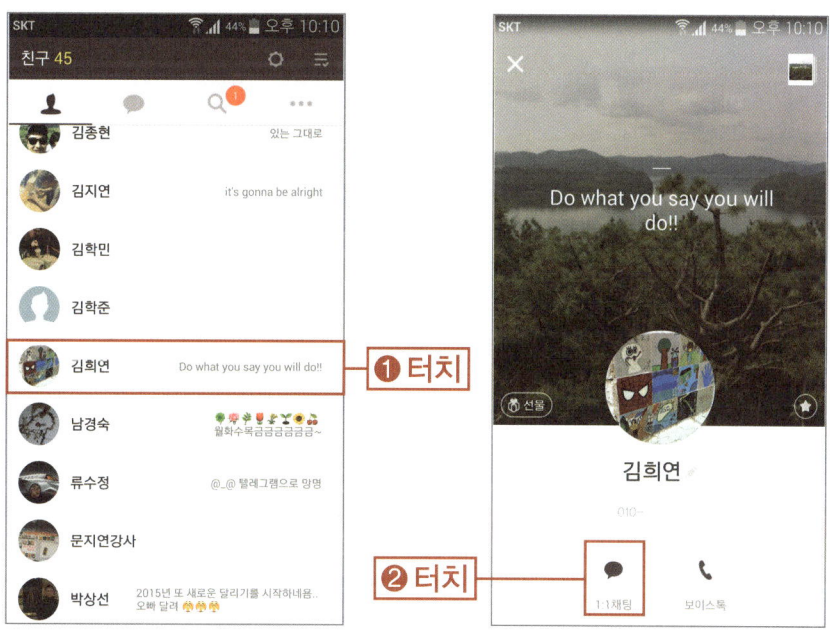

02 대화 내용을 입력한 후 입력 상자의 (☺)를 터치하면 이모티콘이 나타납니다. 이모티콘 중 하나를 터치한 후 [전송]을 터치합니다.

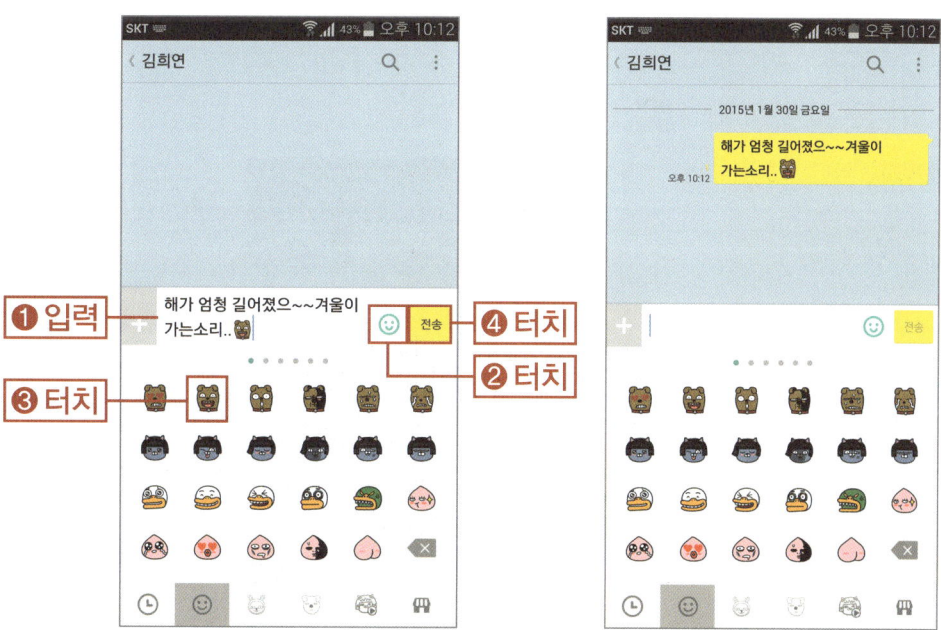

> **TIP**
> - 보낸 메시지 말풍선의 시간 표시 앞에 '1'이 나타나는 것은 상대방이 아직 메시지를 읽지 않았다는 의미입니다. 상대방이 메시지를 확인하면 숫자는 사라집니다.
> - 하단의 이모티콘 목록에서 다양한 이모티콘을 다운로드받아 보세요. 다양한 캐릭터와 움직이는 이모티콘을 사용할 수 있습니다.

03 상대방이 답장을 보내면 바로 아래에 내용이 나타납니다. 계속해서 메시지를 입력하고 전송하면서 대화를 이어나갈 수 있습니다. 앱스 화면의 [카카오톡] 앱 아이콘에 숫자가 표시되는 것은 읽지 않은 메시지가 있다는 의미입니다.

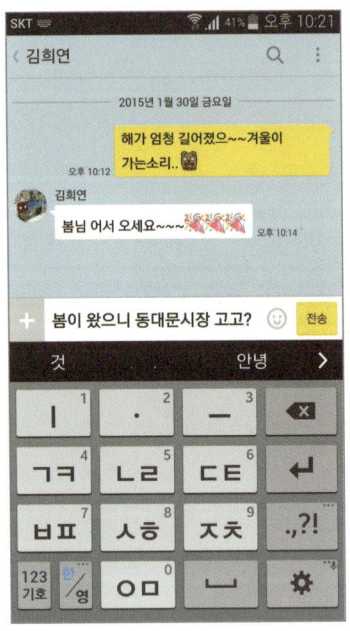

STEP 3 | 사진과 음성 파일 주고받기

01 대화 창의 (＋)를 터치한 후 [사진]을 터치합니다. '앨범' 창이 나타나면 전송할 사진을 선택한 후 (→)를 터치합니다.

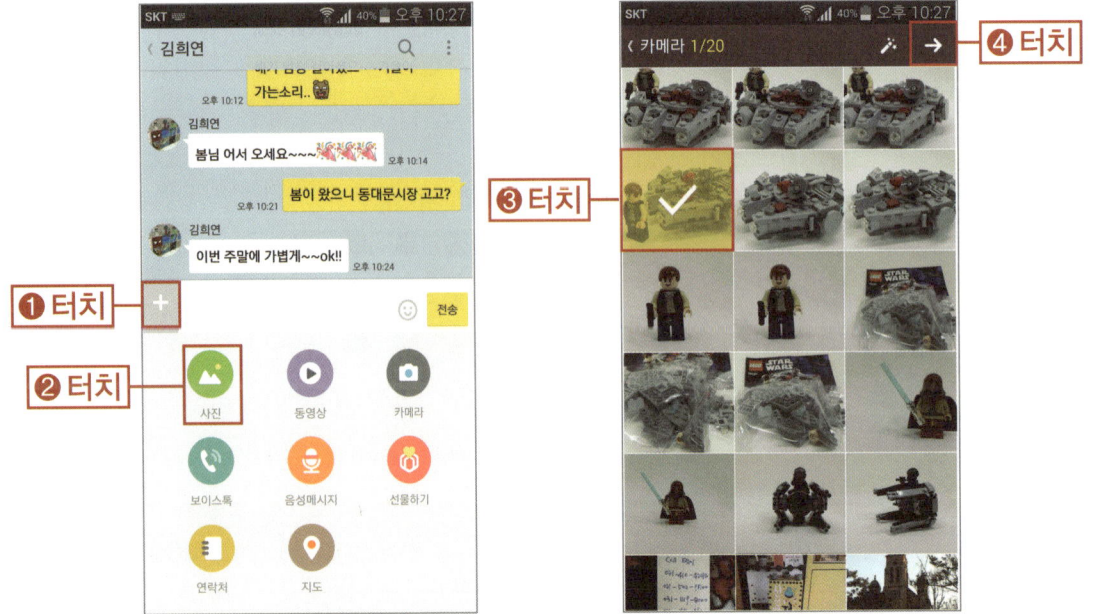

TIP '앨범' 창에서 사진을 여러 개 선택하여 전송할 수 있습니다.

02 전송할 사진이 화면에 표시되면 [전송]을 터치합니다. 상대방에게 전송한 사진을 대화 창에서 확인할 수 있습니다.

TIP
- 카카오톡 대화 창에서 전송하거나 전송받은 사진을 터치하면 크게 볼 수 있습니다.
- 화면 하단의 [일반 화질]을 터치하면 선택한 이미지를 '일반 화질', '고화질', '원본' 등으로 화질을 선택할 수 있습니다.

03 음성 메시지를 녹음하여 전송하기 위해 (＋)를 터치한 후 [음성메시지]를 터치합니다. 대화 창이 어둡게 변하면 화면 하단의 [녹음하기](●)를 터치합니다.

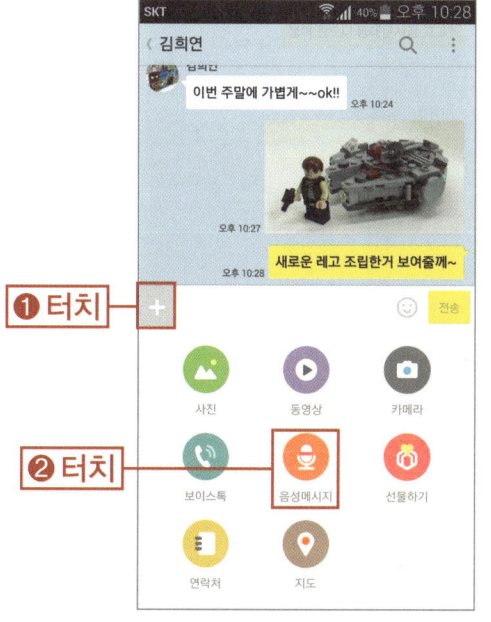 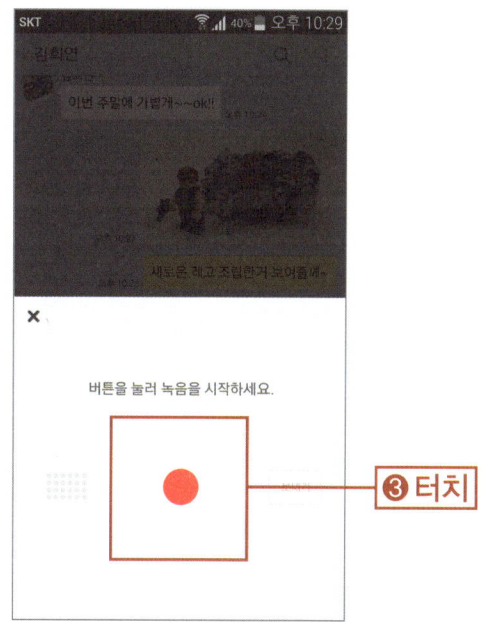

TIP [카메라]를 터치하면 '사진'이나 '동영상'을 직접 촬영한 후 상대방에게 전송할 수 있습니다. '동영상'을 전송할 때는 파일 용량에 제한이 있을 수 있습니다.

04 음성 메시지 녹음을 시작합니다. 음성 메시지의 녹음이 완료되면 [정지]()를 터치합니다. 녹음된 음성 메시지를 상대방에게 보내려면 [보내기]를 터치합니다.

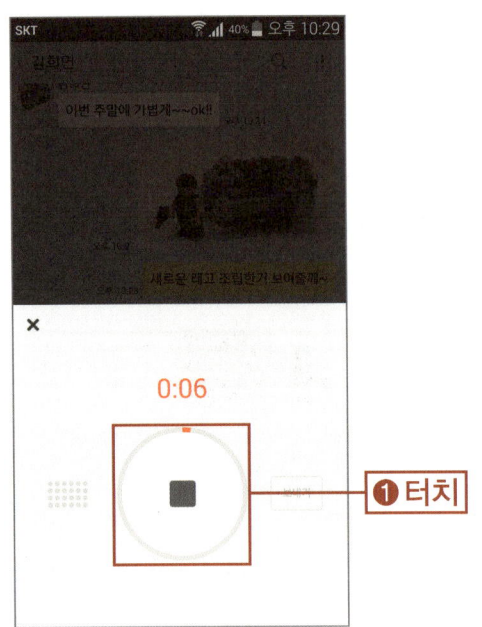
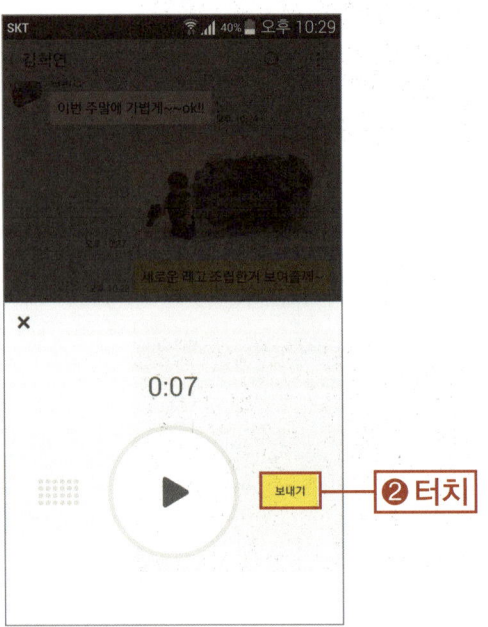

TIP
- 음성 메시지를 보내기 전 [재생](▶)을 터치하면 녹음된 음성 메시지를 전송하기 전에 미리 확인할 수 있습니다.
- 친구 목록에서 친구의 이름을 숨기거나 차단할 수 있습니다. 카카오톡 화면의 (☰)를 터치하면 친구 목록에 [숨김] 단추가 표시됩니다. [숨김]을 터치하면 목록에서 해당 이름이 사라집니다. (⚙)를 터치하면 '친구 관리' 화면으로 이동합니다. [숨김친구 관리]를 터치한 후 [관리]를 터치하면 숨김을 해제하거나 차단할 수 있습니다.

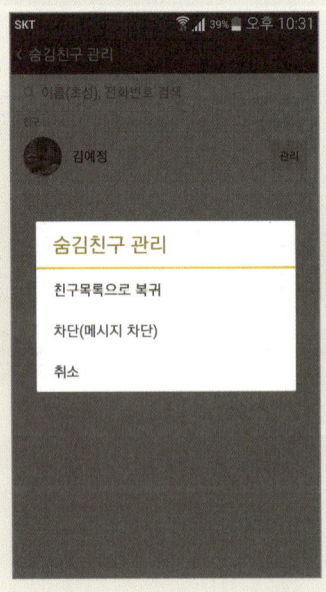

연습문제 >> 문제를 풀며 확인해보세요.

01 카카오톡 채팅방의 배경을 다음과 같이 앱에서 제공하는 일러스트 배경으로 변경해 보세요.

HINT 홈 화면에서 [앱스] 터치 → 앱스 화면에서 [카카오톡] 앱 터치 → (⋯) 터치 → (⚙) 터치 후 [배경화면] 터치 → [일러스트 배경] 터치 후 배경 그림 선택 –[모든 채팅방에 적용하기] 터치

02 카카오톡 메시지가 도착했을 때 알려주는 알림을 변경해 보세요.

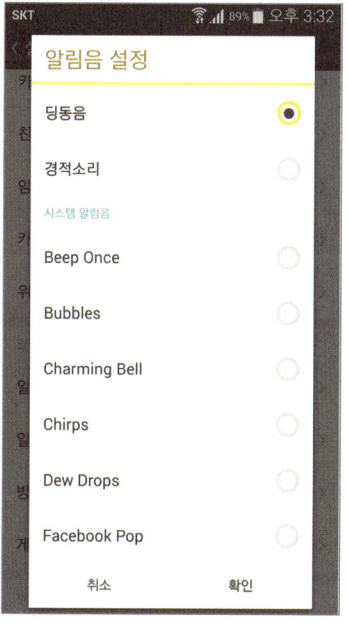

HINT [카카오톡] 앱 실행 → (⋯) 터치 후 (⚙) 선택– [알림음] 터치 후 '알림음 설정' 화면에서 [딩동음] 선택 → [확인] 터치

09장. 카카오톡 앱 사용하기 **79**

10 카카오톡 부가 기능 활용하기

카카오톡 앱에는 보이스톡이라는 무료 통화 기능이 있습니다. 카카오스토리는 사진이나 글을 업로드하여 친구로 등록된 사람들과 서로 소통하게 해주는 카카오톡의 부가 서비스입니다. 카카오스토리 앱을 설치한 후 다양한 카카오스토리 사용법에 대해 알아봅니다.

| 이런 걸 배워요! | 보이스톡 무료 통화, 카카오스토리 가입하고 관리하기

미리보기

STEP 1 　보이스톡 사용하기

01 '보이스톡'은 카카오톡에서 제공하는 무료 통화 기능입니다. 카카오톡 화면의 친구 목록에서 통화할 친구를 터치한 후 [보이스톡]을 터치합니다.

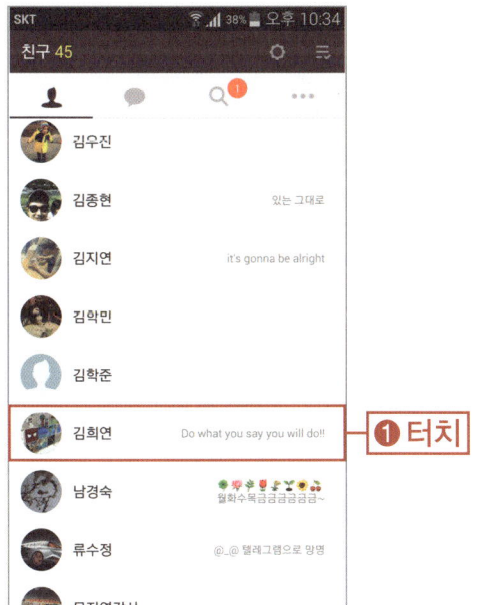

02 [통화하기]를 터치하면 상대방과 보이스톡으로 연결됩니다. 상대방이 보이스톡을 연결하기 전까지 '연결중' 메시지가 화면에 나타납니다.

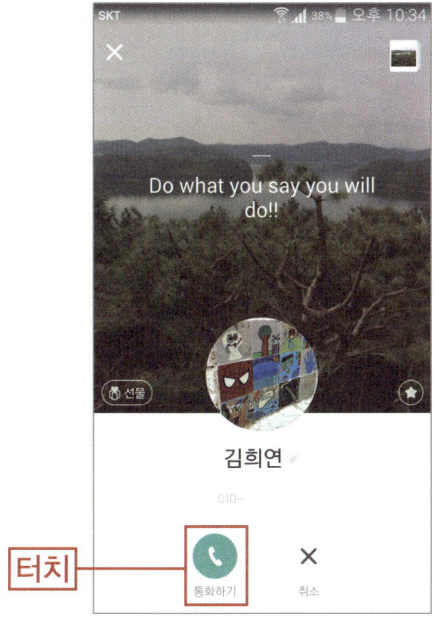

> **TIP**
> - 보이스톡 화면에 나타나는 친구 프로필 중에서 친구의 전화번호를 터치하면 보이스톡이 아닌 일반 전화로 통화 연결이 됩니다.
> - 보이스톡 연결 화면의 (🎤)를 터치하면 음소거, (🔊)를 터치하면 스피커폰으로 보이스톡이 진행됩니다.

STEP 2 | 카카오스토리 실행하기

01 카카오톡 화면의 [⋯]를 터치한 후 '카카오앱' 항목에서 [카카오스토리]를 터치합니다. [Play 스토어]에 연결되면 [설치]를 터치하여 설치를 진행합니다.

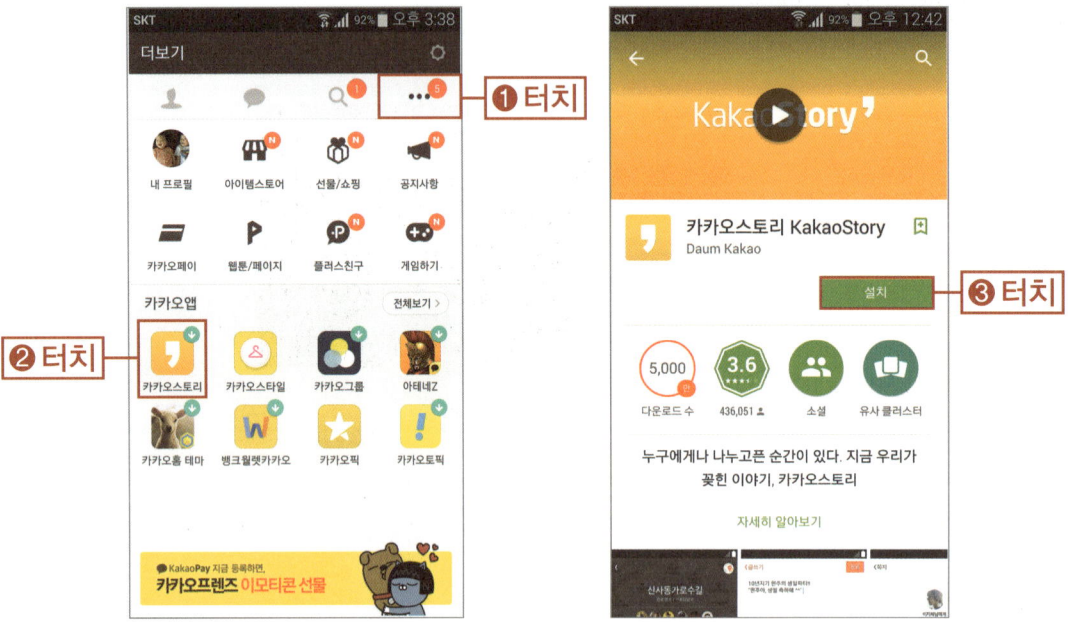

> **TIP**
> - 홈 화면의 [Play 스토어]를 터치한 후 앱 스토어에서 '카카오스토리'를 검색하여 설치할 수도 있습니다.
> - [카카오스토리] 앱을 설치하는 중 약관에 대한 동의 과정을 거칠 수 있습니다.

02 [카카오톡으로 시작하기]를 터치합니다. '카카오계정' 화면에서 자신의 이메일 주소를 입력하고 [동의하고 시작하기]를 터치합니다.

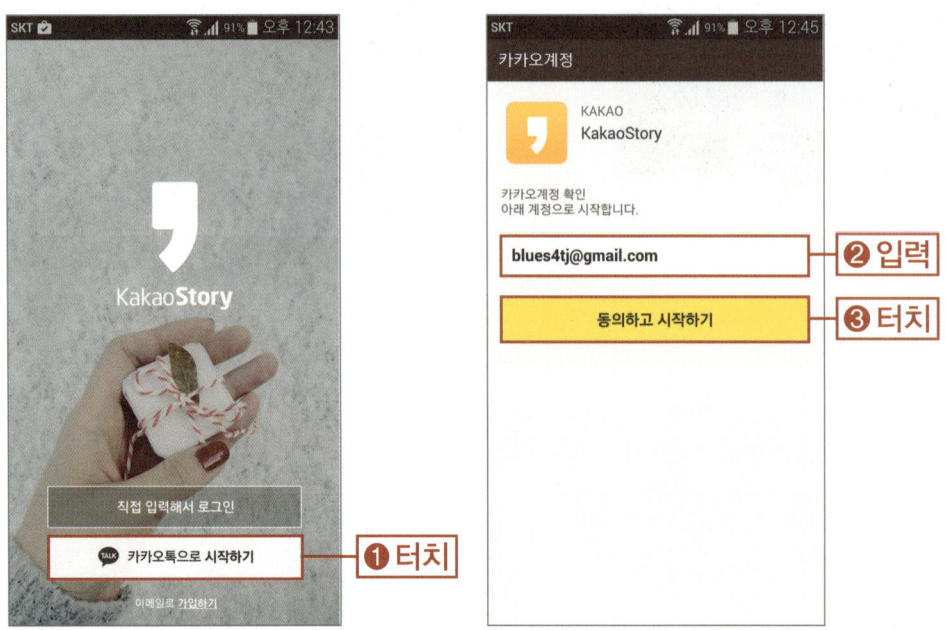

STEP 3 | 카카오스토리 관리하기

01 [소식] 탭이 선택된 상태로 카카오스토리 홈 화면이 나타나면 하단의 [글쓰기](✏)를 터치합니다. '글쓰기' 화면으로 이동하면 내용을 입력한 후 [완료]를 터치합니다.

TIP
❶ '사진, 동영상, 링크'를 추가할 수 있습니다.
❷ 친구를 태그할 수 있습니다.
❸ 이모티콘을 함께 올릴 수 있습니다.
❹ 현재 위치 정보를 함께 올릴 수 있습니다.

02 [소식] 탭에 작성한 글이 등록된 것을 확인합니다. 화면 하단의 [사진](📷)을 터치합니다. 사진 목록에서 카카오스토리에 등록할 사진을 선택한 후 [다음]을 터치합니다.

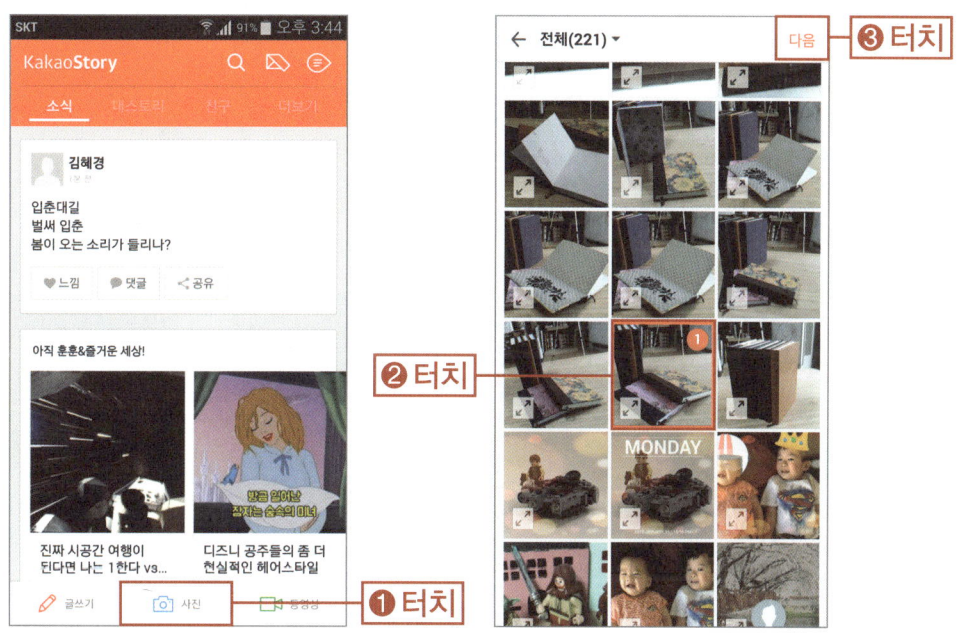

10장. 카카오톡 부가 기능 활용하기

03 선택한 사진에 다양한 효과를 줄 수 있습니다. 화면 아래에 있는 효과를 좌우로 밀어 [아련한]을 선택한 후 [다음]을 터치합니다. '글쓰기' 화면에 사진이 등록된 것을 확인한 후 내용을 입력하고 [완료]를 터치합니다.

TIP 카카오스토리에 등록하려는 사진의 보정 작업을 하고 싶지 않을 때는 사진이 나타나면 [다음]을 터치하여 다음 과정으로 넘어가면 됩니다.

04 프로필 사진을 등록하기 위해 [내스토리] 탭을 터치한 후 실루엣 사진을 터치합니다. 팝업 메뉴 중 [프로필 편집]을 터치합니다. '프로필 편집' 화면으로 이동하면 실루엣 사진을 다시 터치합니다. 메뉴 중 [촬영]을 터치합니다.

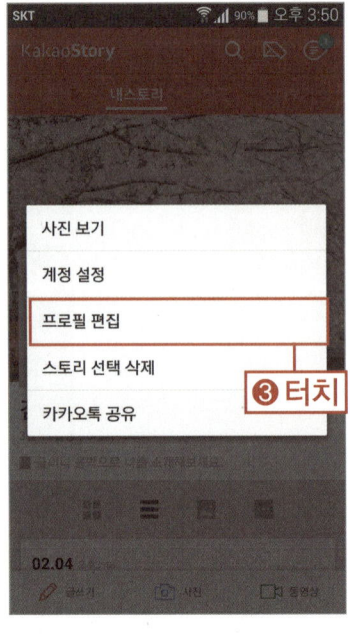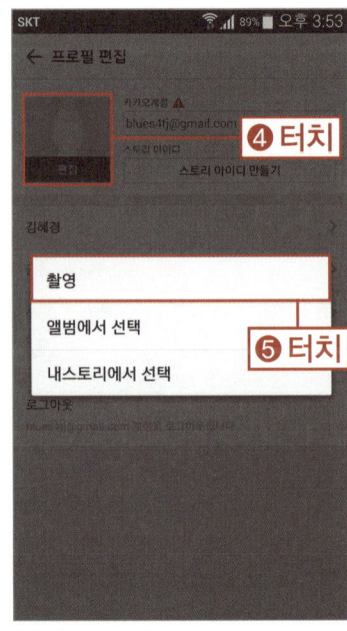

TIP 스마트폰에 저장되어 있는 사진을 선택할 때는 [앨범에서 선택]을 터치합니다.

05 [카메라] 앱이 실행되면 사진을 촬영한 후 [확인]을 터치합니다. 사진을 수정하거나 효과를 줄 수 있는 화면이 나타나면 [완료]를 터치합니다. '프로필 편집' 화면에서 등록된 프로필 사진을 확인할 수 있습니다.

  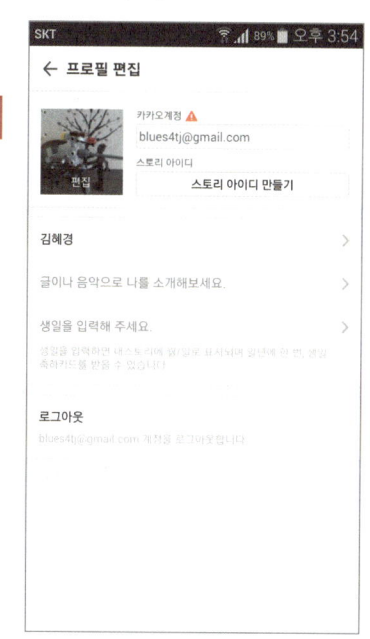

TIP
- 화면 상단에 회전, 자르기, 효과 등을 지정할 수 있는 메뉴가 표시됩니다. 원본과 다르게 사진을 수정할 수 있습니다.
- [내스토리] 탭을 보면 프로필 사진이 등록된 것을 확인할 수 있습니다.

06 [친구] 탭을 터치한 후 친구 목록에서 친구로 추가하고 싶은 상대방의 [친구 신청](📷)을 터치합니다. 친구 신청을 터치하면 친구 신청 이미지가 (📷)로 변경됩니다. 상대방이 친구 요청을 수락하면 [친구] 탭의 친구 목록에 나타납니다. 추가된 친구 이름을 터치합니다.

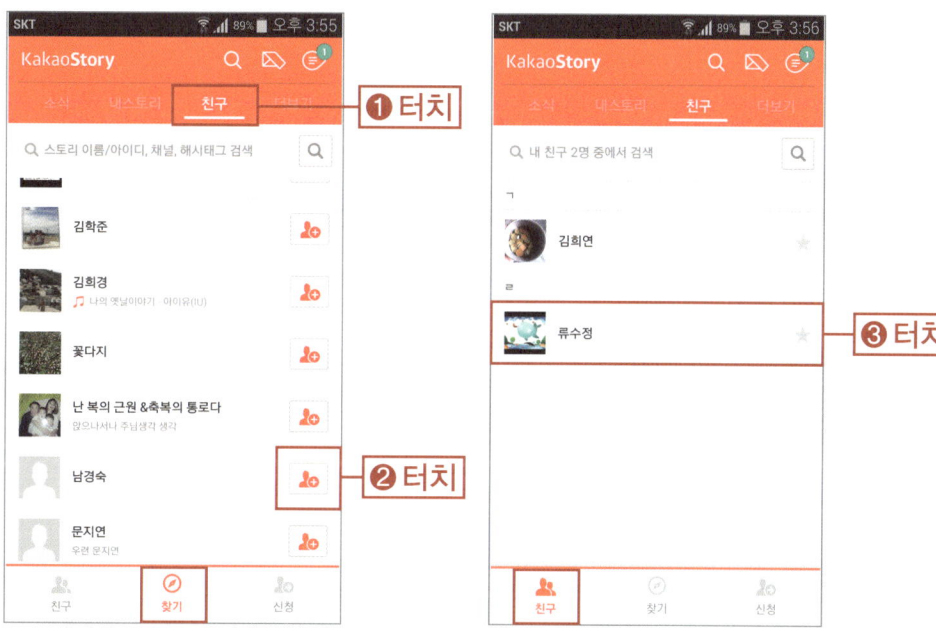

10장. 카카오톡 부가 기능 활용하기 85

07 친구의 카카오스토리가 나옵니다. 친구가 올린 사진이나 글의 하단에 있는 [댓글]을 터치합니다. 댓글을 입력한 후 [전송]을 터치하여 공감을 표시할 수 있습니다.

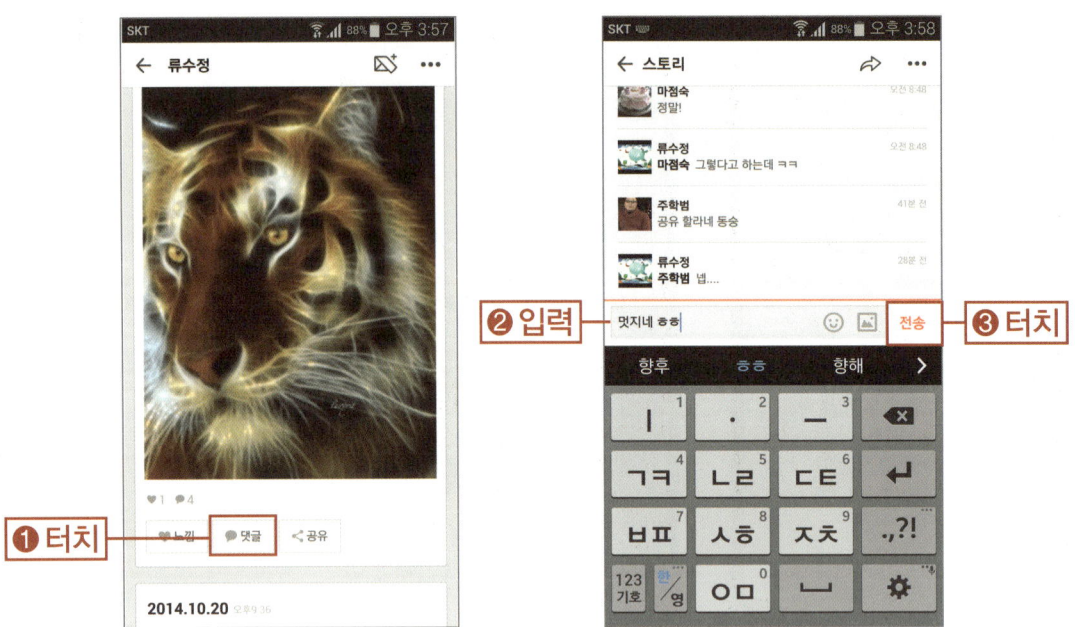

> **TIP** [느낌]을 터치하면 '좋아요', '멋져요' 등의 감정을 표시할 수 있는 아이콘을 달아줄 수 있습니다.

08 내 게시물을 '친구'가 된 사람에게만 공개할 수 있습니다. 카카오스토리의 [내스토리] 탭에서 내가 올린 게시물을 선택합니다. 화면 상단의 (⋯)를 터치한 후 [친구공개]를 선택합니다.

> **TIP** [전체 공개]는 서로 '친구'가 되지 않아도 카카오스토리의 게시물을 볼 수 있습니다. [나만보기]는 게시물을 나만 볼 수 있도록 설정하는 것입니다. [수정하기]를 터치하면 올린 게시물을 수정할 수 있으며 [삭제하기]를 터치하면 게시물을 삭제할 수 있습니다.

연습문제 >> 문제를 풀며 확인해보세요.

01 카카오스토리의 내 스토리 배경화면을 촬영한 사진으로 변경해 보세요.

 [카카오스토리] 앱 실행 → [내스토리] 탭 터치 후 배경 그림 터치 → [촬영] 선택 → [카메라] 앱 실행되면 사진 촬영 → 촬영한 사진 확인 후 [확인] 터치 → [흑백] 효과 지정 후 [완료] 터치

02 카카오스토리에 동영상을 업로드한 후 삭제해 보세요.

[카카오스토리] 앱 실행 → 하단의 [동영상] 선택 → 동영상 목록에서 추가할 동영상 터치 → '동영상 편집' 화면에서 [완료] 터치 → '글쓰기' 화면에서 [완료] 터치 → 업로드된 게시물 선택 → [⋯] 터치 후 [삭제하기] 터치

11 이메일 보기와 관리하기

많은 사람들이 컴퓨터에서 사용하고 있는 이메일을 스마트폰에서 받고 보낼 수 있습니다. 사용 중인 이메일 계정을 추가한 후 스마트폰에서 확인할 수 있으며 자료를 첨부해 상대방에게 보내거나 메일에 첨부된 자료를 다운로드받아 내 스마트폰에서 볼 수도 있습니다. 이메일 계정을 추가하고 메일을 관리하는 방법에 대해 알아봅니다.

| 이런 걸 배워요! | 다음 이메일 계정 추가, 이메일에 첨부 파일 추가, 이메일 삭제

미리보기

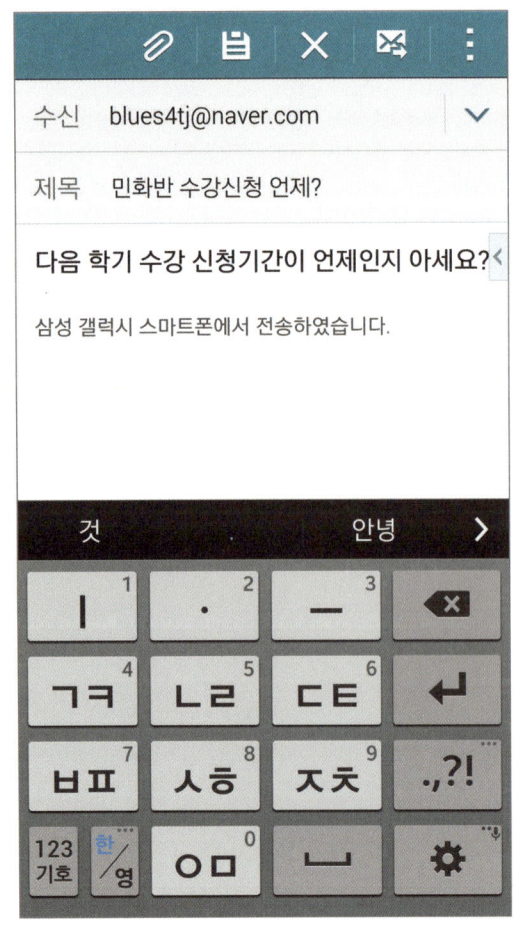 

STEP 1 　이메일 계정 추가하기

01 앱스 화면에서 [이메일] 앱을 터치합니다. 추가할 이메일 계정 종류를 선택합니다. 여기서는 [Daum]을 터치합니다. '이메일 설정' 화면에서 이메일 아이디와 비밀번호를 입력한 후 [다음]을 터치합니다.

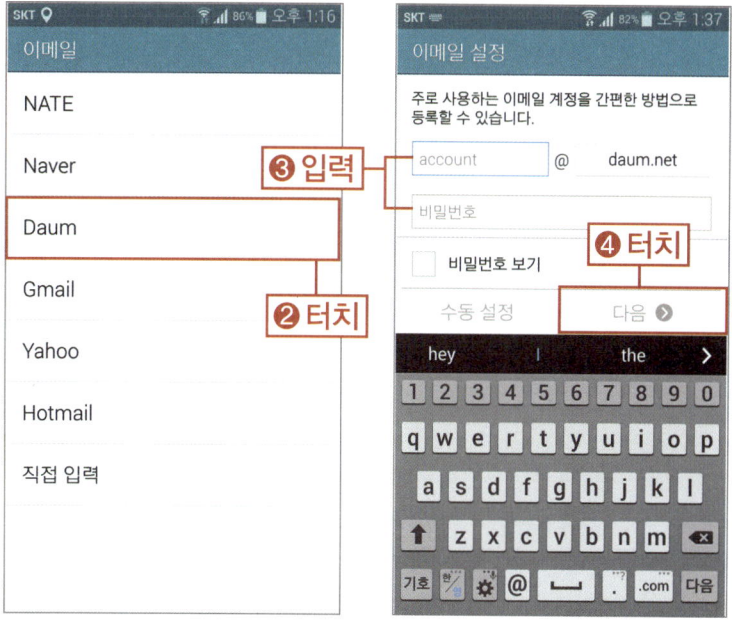

TIP 스마트폰에 이메일 계정을 추가할 때는 먼저 다음 메일 사이트에서 'IMAP/POP3' 설정을 '사용함'으로 변경해 주어야 합니다. 다음 메일(mail.daum.net) 사이트에 로그인한 후 [환경설정]을 클릭하고 '환경설정' 창에서 [IMAP/POP3 설정]을 클릭합니다. 'IMAP/POP3 설정' 화면의 '메일 받기' 항목에서 [IMAP 사용하기]를 선택한 후 [저장하기]를 클릭합니다. 'IMAP 사용하기'를 선택해 주어야 스마트폰에서 이메일을 주고받을 수 있습니다.

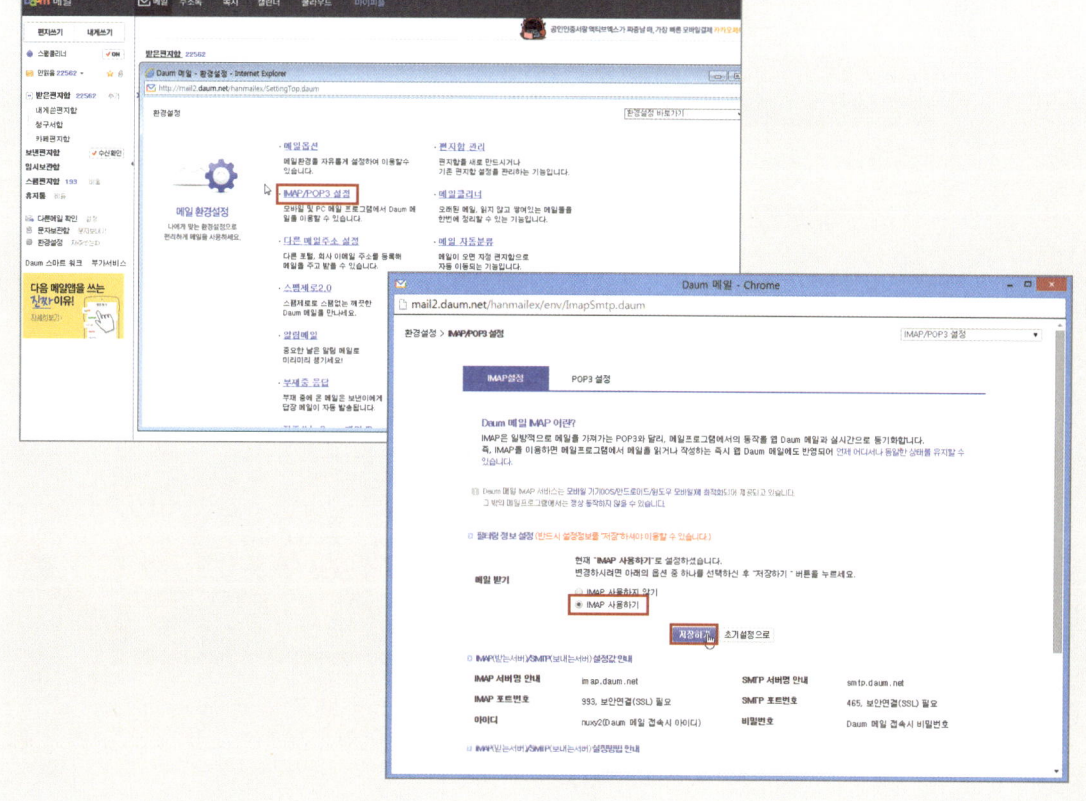

02 계정 옵션을 지정한 후 [다음]을 터치합니다. 계정이 등록되면 계정 이름과 내 이름을 입력한 후 [완료]를 터치합니다.

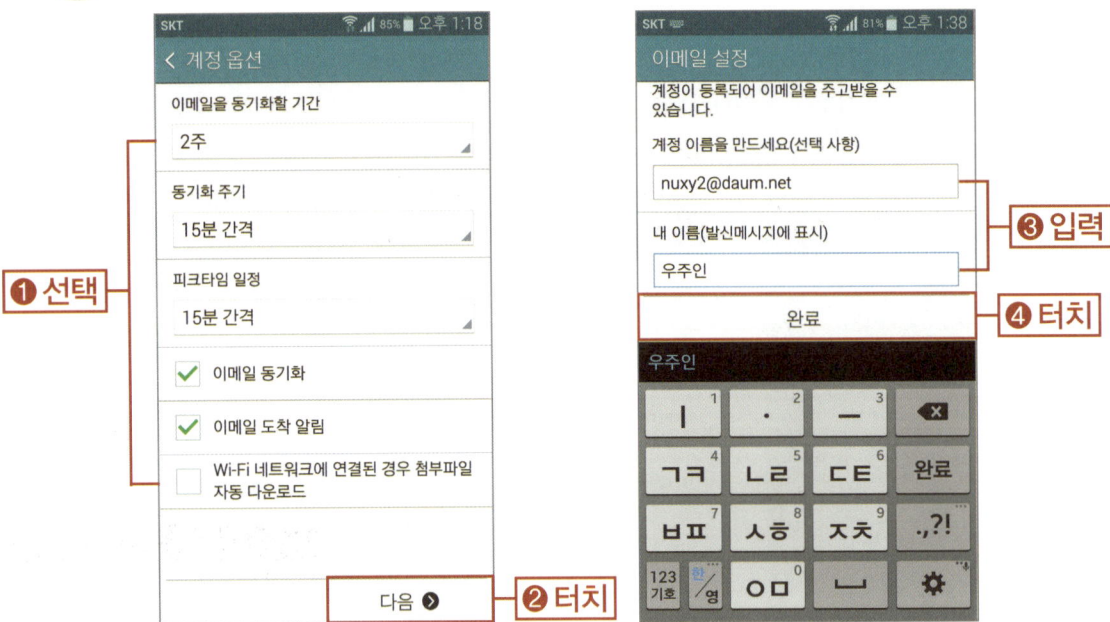

> **TIP** '동기화'는 스마트폰에서 메일을 확인하거나 삭제한 경우 컴퓨터에서도 똑같이 적용된다는 것입니다. '이메일 동기화'를 선택하면 동기화 주기를 원하는 대로 지정할 수 있습니다. '이메일 도착 알림'은 이메일이 도착했을 때 알림 창에 메일 도착 알림 아이콘이 나타날 수 있도록 표시합니다.

03 추가한 이메일 계정의 수신함이 나타납니다. 도착한 이메일을 터치하여 이메일을 확인할 수 있습니다. 새 메일을 쓰기 위해 화면 하단의 (✎)를 터치합니다. '수신'에 받는 사람의 이메일 주소를 입력하고 제목과 내용을 입력한 후 (✉)를 터치합니다.

> **TIP** 다음 계정 외에도 Gmail 계정이 있고 자신의 스마트폰에 지메일 계정을 추가했다면 앱스 화면의 [Gmail] 앱을 터치하여 지메일을 사용할 수도 있습니다.

STEP 2 | 첨부 파일 주고받기

01 (📝)를 터치하여 새 메일 창이 나타나면 수신, 제목, 내용을 입력한 후 (📎)를 터치합니다. 첨부 목록이 나타나면 [이미지]를 터치합니다.

02 첨부할 이미지를 선택한 후 [완료]를 터치합니다. 선택한 이미지의 크기 조절을 위한 창이 나타나면 원하는 크기를 선택합니다. 여기서는 [중간]을 터치한 후 (✉)를 터치하여 메일을 발송합니다.

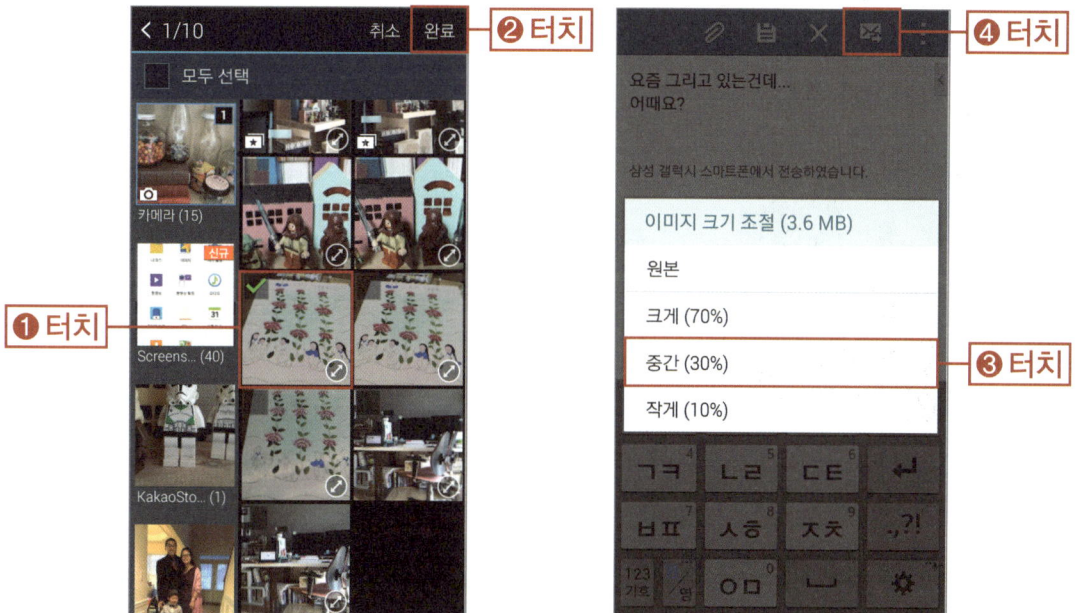

> **TIP** 이메일 메인 화면의 왼쪽 상단에 있는 (≡)를 터치한 후 [발신함]을 선택하면 보낸 메일의 목록이 나타납니다. 첨부 파일을 함께 보낸 메일에는 (📎)가 표시됩니다.

03 자신에게 온 이메일의 첨부파일을 확인할 때는 첨부파일이 표시된 항목의 (📎)를 터치합니다. '첨부파일' 화면에서 [미리보기]를 터치합니다. 이메일에 첨부된 이미지 파일을 확인할 수 있습니다.

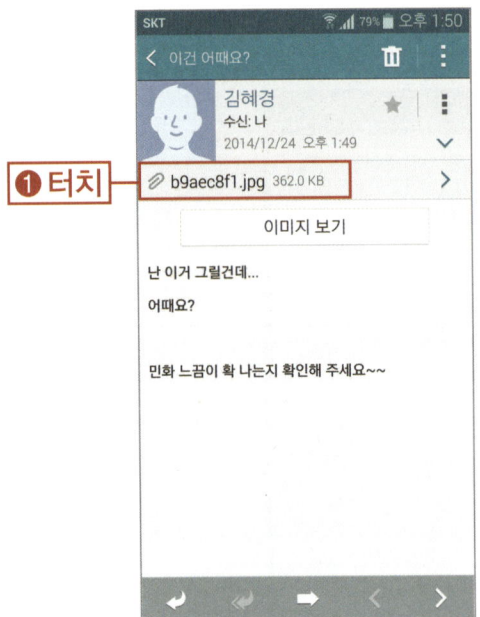  

TIP [다운로드]를 터치하면 기기에 이미지 파일이 저장됩니다. [갤러리] 앱을 실행하면 'Download' 폴더에서 다운로드된 이미지를 확인할 수 있습니다.

STEP 3 이메일 삭제하기

01 필요 없는 이메일을 삭제할 때는 '수신함'에 있는 이메일을 터치하여 확인한 후 화면 상단의 (🗑)를 터치합니다. 이메일 메인 화면의 (☰)를 터치하고 [모든 폴더 보기]를 선택하여 모든 폴더가 보이도록 설정한 후 [휴지통]을 터치합니다.

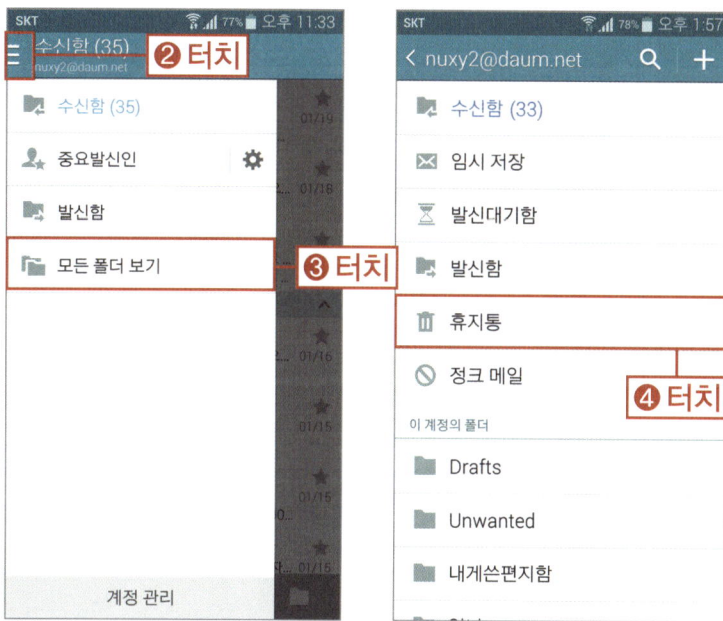

TIP 이메일을 삭제하면 '휴지통' 폴더로 삭제한 이메일이 이동합니다. 이메일을 완전히 삭제하려면 '휴지통' 폴더를 열어 이동한 이메일을 선택한 후 삭제 과정을 다시 거쳐야 합니다. (☰)를 터치했을 때 폴더 목록에 '휴지통'이 보이지 않을 경우 [모든 폴더 보기]를 터치하면 됩니다.

02 '휴지통' 폴더 화면이 나타나면 (⋮)를 터치한 후 [삭제]를 선택합니다. 삭제할 이메일을 선택한 후 화면 하단의 [휴지통](🗑)을 터치하면 이메일이 완전히 삭제됩니다.

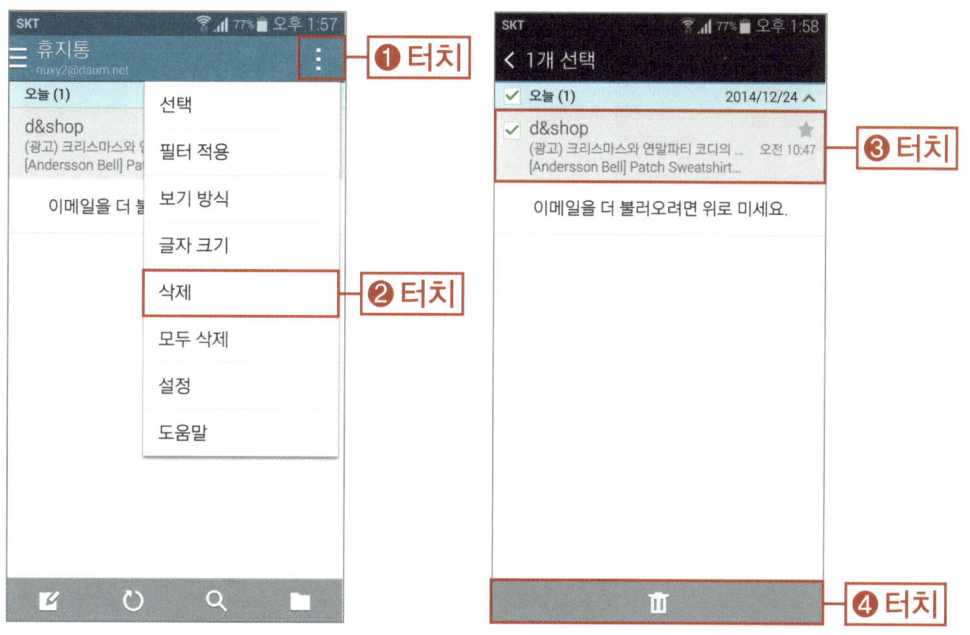

연습문제 >> 문제를 풀며 확인해보세요.

01 이메일에 내용을 작성한 후 스마트폰에 저장되어 있는 동영상 파일을 첨부해서 보내세요.

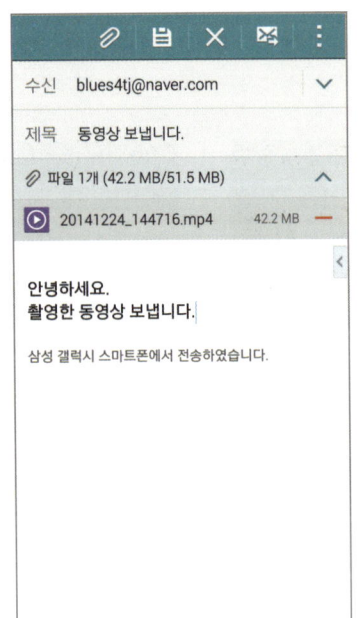

HINT 앱스 화면에서 [이메일] 앱 실행 → (📝) 터치 → 보낼 주소와 내용 입력 후 (📎) 터치 → 첨부 목록에서 [동영상] 터치 → 동영상 파일 선택 후 (✉) 터치

02 스마트폰에 '네이버 메일' 계정을 추가해 보세요.

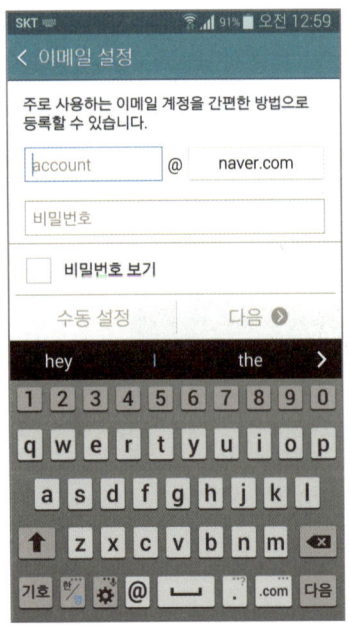

HINT 네이버 메일 사이트(mail.naver.com)에 로그인한 후 'IMAP/POP3' 사용 설정- [이메일] 앱 실행 → 화면 상단의 [수신함] 터치 → [계정 관리] 터치 → '계정 관리' 화면에서 [추가] 터치 → '이메일' 서비스 종류에서 [Naver] 터치 → 이메일 아이디와 비밀번호 입력 → 계정 옵션 지정 후 [완료] 터치

12 지도와 길 안내 앱 사용하기

스마트폰의 GPS 기능은 현재의 위치를 활용해 다양한 지도 서비스를 제공하고 있습니다. 구글 지도 앱을 사용해 현재 위치에서 가고자 하는 목적지의 경로를 검색할 수 있고 스마트폰 사용이 일상화되면서 차량용 내비게이션도 스마트폰 앱으로 대체할 수 있게 되었습니다. 지도와 길 안내 앱의 사용법에 대해 알아봅니다.

| 이런 걸 배워요! | 현재 위치 확인, 위치 검색, 경로 검색, 길 안내 앱 사용

미리보기

 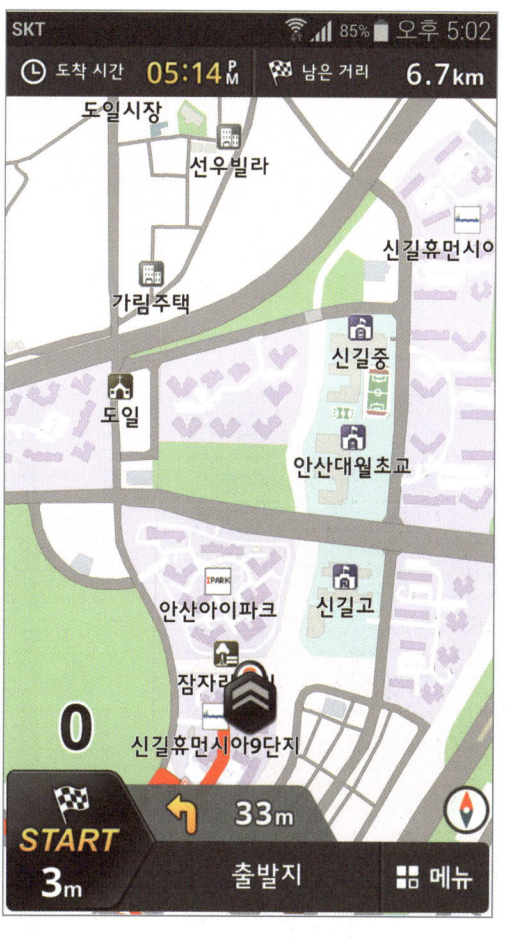

STEP 1 현재 위치 확인하고 위치 검색하기

01 앱스 화면에서 [지도] 앱을 터치한 후 '구글 지도'가 실행되면 [동의 및 계속]을 터치합니다. 구글 지도의 (◉)를 터치한 후 팝업 창의 [설정]을 터치합니다.

> **TIP** 구글 지도를 사용하려면 '위치(GPS)' 항목이 켜져 있어야 합니다. 지도 및 위치를 찾는 앱에서 자신의 위치를 파악할 수 있기 때문입니다. '위치' 항목을 켤 때는 스마트폰 화면의 상단을 아래로 끌어 알림 창이 나타나면 [위치]를 선택해 활성화시키거나 앱스 화면에서 [설정]을 선택하고 [위치]를 터치한 후 '위치' 화면에서 위치 서비스를 [켜짐]으로 변경합니다.

02 '위치' 화면으로 이동하면 [모드]를 터치합니다. '위치 인식 방법' 화면에서 [높은 정확도]를 터치합니다.

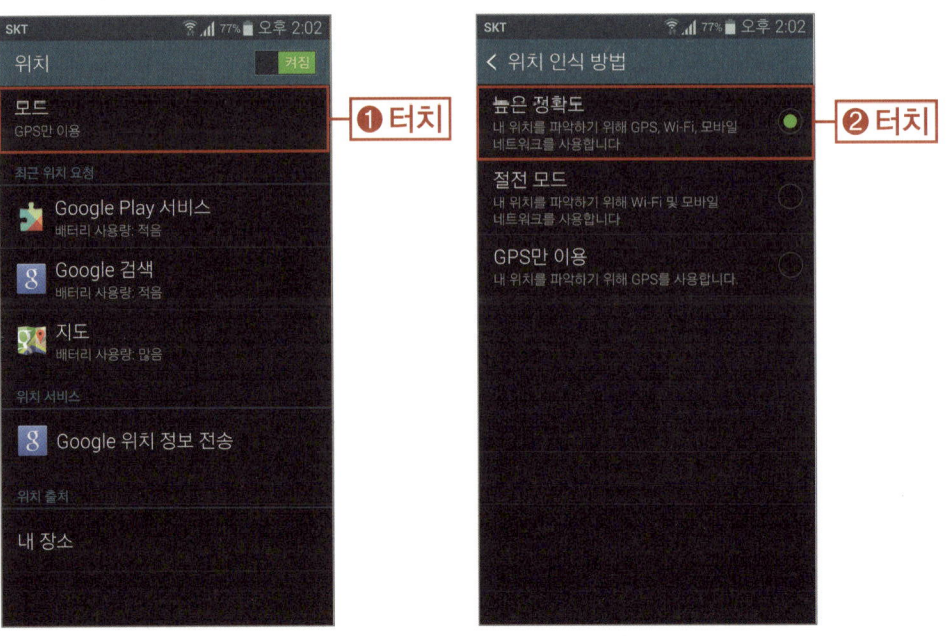

> **TIP** 위치 인식 방법을 선택한 후에는 스마트폰의 [취소] 버튼을 눌러 원래 화면으로 돌아옵니다.

03 지도 화면으로 돌아오면 좀 더 정확한 현재 위치가 화면에 표시됩니다. 지도 화면의 검색 란을 터치한 후 검색할 위치를 입력하면 연관 검색어가 아래에 표시됩니다. 원하는 검색어를 터치합니다.

> **TIP** 검색어를 입력한 후 키패드의 (🔍)를 터치하여 검색을 시작하기도 합니다.

04 검색 결과가 지도에 표시됩니다. 화면 아래쪽의 해당 이름을 터치하면 좀 더 상세한 정보가 표시됩니다.

 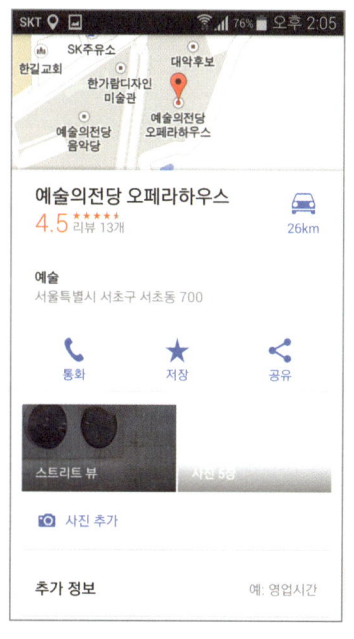

> **TIP** 결과 화면의 [사진]이나 [스트리트 뷰]를 터치하면 검색한 장소의 사진이 크게 나타납니다. 검색한 장소의 주변을 좀 더 자세히 살필 때 사용하면 편리합니다.

12장. 지도와 길 안내 앱 사용하기 **97**

STEP 2 | 경로 검색하기

01 메인 화면에서 [길찾기](🇾) 버튼을 터치합니다. 길 찾기 화면이 나타나면 [목적지 선택]을 터치합니다. 목적지를 입력한 후 [대중교통](🚌)을 선택하면 목적지까지의 대중교통 검색 결과가 나타납니다. 그 중 하나를 터치합니다.

TIP
- 이전에 검색했던 목적지가 있다면 '목적지 선택' 아래에 표시됩니다. 목적지가 같다면 터치합니다.
- 결과 화면의 [옵션]을 터치하면 대중교통의 종류를 선택할 수 있는 화면이 나타납니다.

02 해당 경로가 지도에 표시됩니다. 화면 아래쪽의 경로를 터치하면 자세한 이동 경로가 나타납니다.

 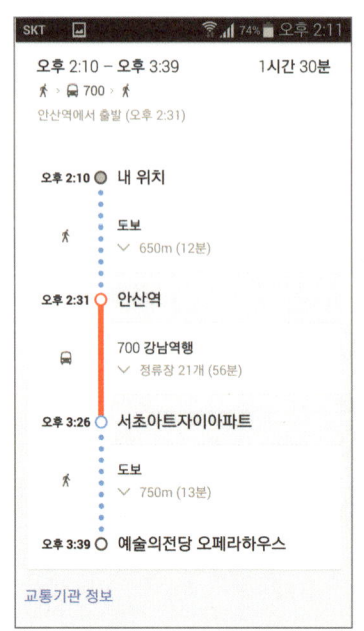

TIP 화면 하단의 경로를 위로 밀어도 자세한 이동 경로가 표시됩니다.

98 눈이 편한 **스마트폰 2nd Edition**

STEP 3 길 안내 앱 사용하기

01 [Play 스토어]에서 [국민내비 김기사] 길 안내 앱을 설치한 후 실행합니다. 길 안내 앱의 첫 화면에서 검색 란에 장소명을 입력하고 (🔍)를 터치합니다.

TIP 길 안내 앱은 계정 로그인 화면과 정보 사용에 대한 동의, 그리고 다운로드받을 지도를 선택하는 과정을 거친 후 사용합니다.

02 장소에 대한 검색 결과가 나타나면 가고자 하는 장소를 터치합니다. 장소에 대한 간단 정보가 표시되면 [빠른 길안내]를 터치합니다.

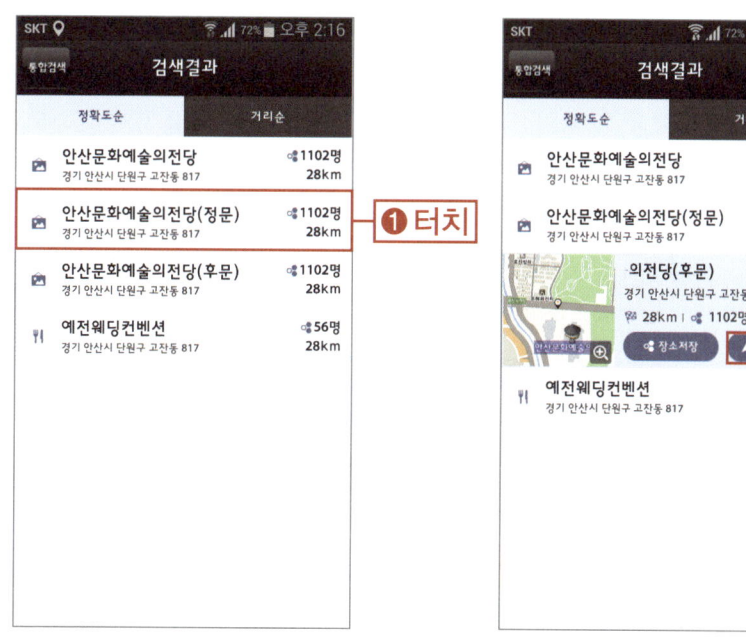

12장. 지도와 길 안내 앱 사용하기

03 길 안내가 시작됩니다. [메뉴]를 터치하면 '모의주행'이나 '경로취소' 등을 실행할 수 있습니다.

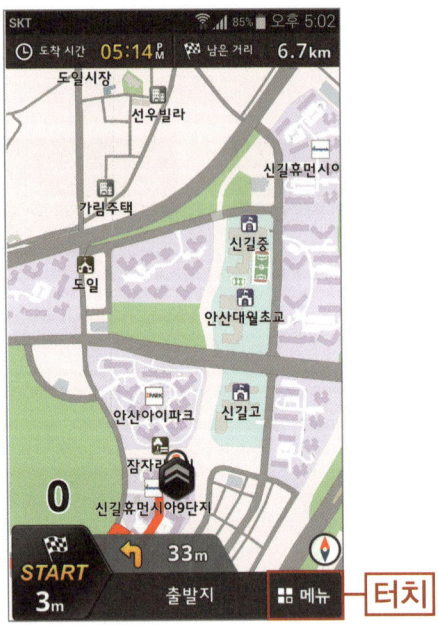 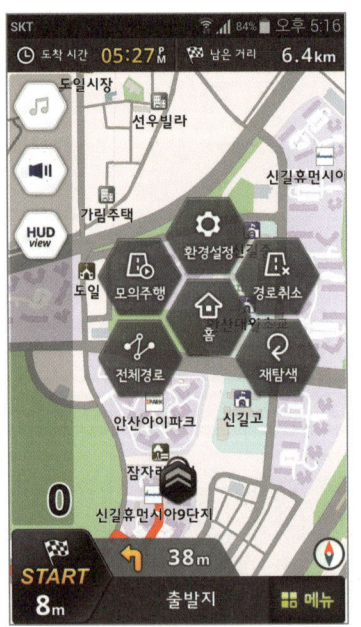

TIP
- 앱을 종료할 때는 스마트폰의 [취소] 버튼을 터치한 후 종료할 것인지 묻는 팝업 창이 나타나면 [예]를 터치합니다.

- 각 통신사에서 기본으로 제공하는 길 안내 앱
  별도의 길 안내 앱을 설치하지 않고 통신사에서 기본으로 제공하는 앱을 사용할 수도 있습니다. SK의 'T map'과 KT의 '올레 내비' 그리고 LG 유플러스의 'U+Navi LTE' 등이 있습니다.

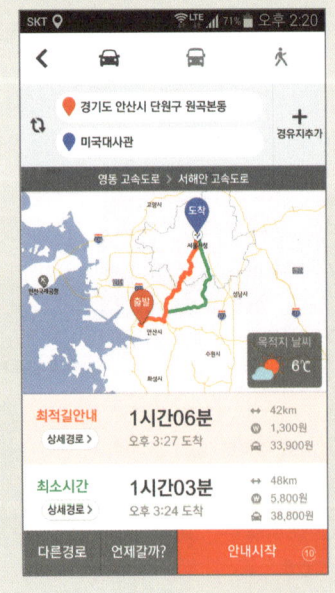 

연습문제 >> 문제를 풀며 확인해보세요.

01 [지도] 앱에서 '경복궁'이라는 단어로 음성 검색을 진행한 후 검색 결과의 '스트리트뷰'를 확인해 보세요.

> **HINT** [지도] 앱 실행 → 지도 앱 검색 창의 (🎤) 아이콘 터치 → '경복궁'이란 단어로 음성 검색 시작 → 결과 화면에서 [스트리트 뷰] 터치 → 스트리트 뷰 화면의 화살표 터치

02 [김기사] 앱을 실행하여 '전주한지박물관'을 목적지로 설정한 후 모의주행을 실행해 보세요.

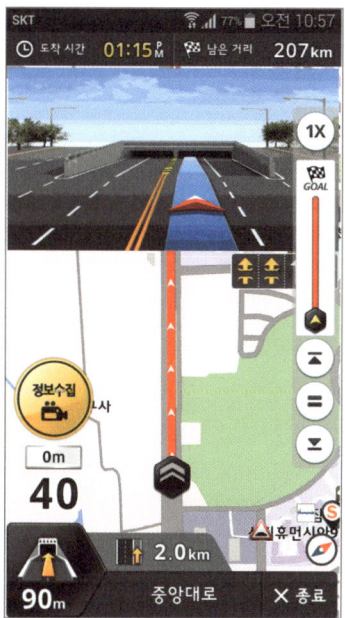

> **HINT** [김기사] 길 안내 앱 실행 → 검색 란에 '전주한지박물관' 입력 후 검색 → 검색 결과에서 원하는 목적지 터치 → [빠른 길안내] 터치 → [메뉴]-[모의주행] 터치

12장. 지도와 길 안내 앱 사용하기

13 일정 관리하기

S플래너 앱을 사용하면 중요한 일정이나 할 일을 잊지 않고 챙길 수 있으며 '구글 캘린더'와 서로 연동되어 PC와 스마트폰에서 동시에 일정이 표시됩니다. S플래너를 이용해 일정과 할 일을 저장하고 관리하는 방법에 대해 알아봅니다.

I 이런 걸 배워요! I 일정 추가, 할 일 추가, 구글 캘린더와 연동

미리보기

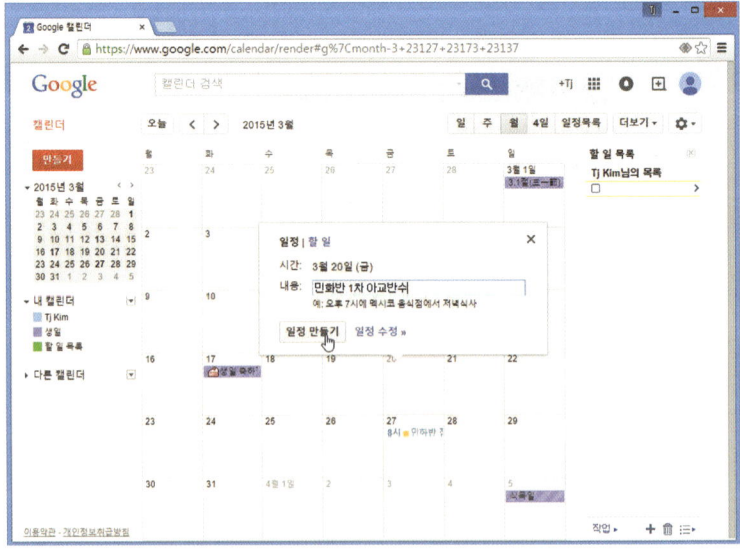

STEP 1 S플래너에 일정과 할 일 추가하기

01 앱스 화면에서 [S플래너] 앱을 터치합니다. 오늘 날짜가 선택된 상태로, S플래너가 달력 형식으로 나타납니다. 일정을 추가할 날짜를 터치하여 선택한 후 다시 터치하면 '일정 추가' 화면으로 이동합니다. 내용을 입력한 후 (📍)를 터치합니다.

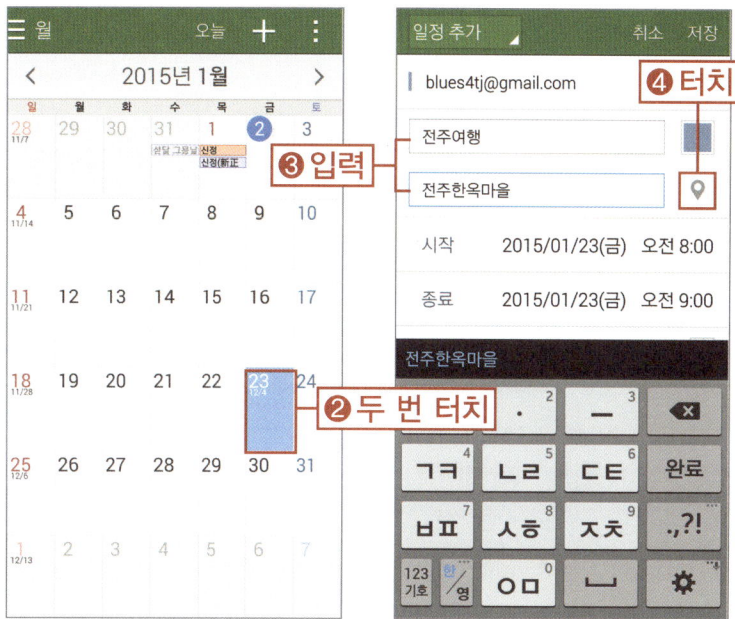

02 지도 화면에서 빨간색으로 표시된 위치점을 터치합니다. 일정에 지도가 추가된 것을 확인할 수 있습니다.

03 화면을 위로 밀면 '시작'과 '종료' 시간이 나타납니다. [하루 종일]을 선택한 후 [저장]을 터치합니다. 선택한 날짜에 일정이 기록됩니다.

> **TIP** S플래너의 '스티커'는 일정을 눈에 띄기 쉽도록 표시하기 위해 사용됩니다. 스티커가 보이지 않을 때는 [추가 항목 보기] 버튼을 터치합니다.

04 일정이 표시된 날짜를 터치하면 내용이 적힌 말풍선이 나타납니다. 말풍선을 터치하면 상세 정보가 표시됩니다.

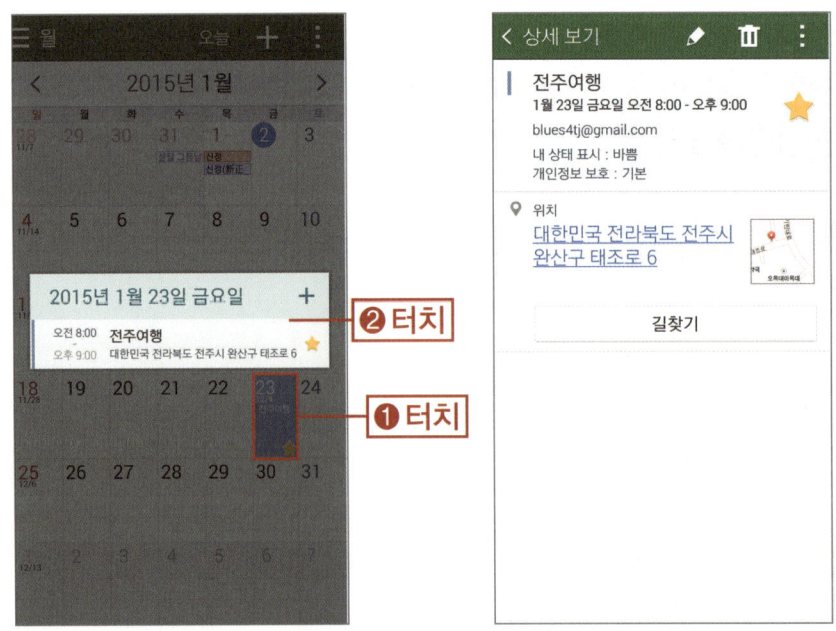

> **TIP**
> - 나의 일정을 다른 사람들과 공유할 때는 화면 상단의 (█)를 터치한 후 [공유]를 터치합니다. 공유 목록에서 이메일이나 SNS 앱 등을 선택합니다.
> - 추가된 지도 이미지 아래의 [길찾기] 버튼을 터치하면 [지도] 앱이 실행됩니다. 목적지의 자세한 지도와 이동 경로 등을 확인할 수 있습니다.

05 '할 일'을 추가할 때는 날짜를 터치한 후 (＋)를 터치합니다. '일정 추가' 화면이 나타나면 [일정 추가] 버튼을 터치한 후 [할 일 추가]를 선택합니다.

06 '할 일 추가' 화면에서 내용을 입력한 후 [추가 항목 보기]를 터치합니다. [알림]을 터치한 후 [완료일]을 선택합니다.

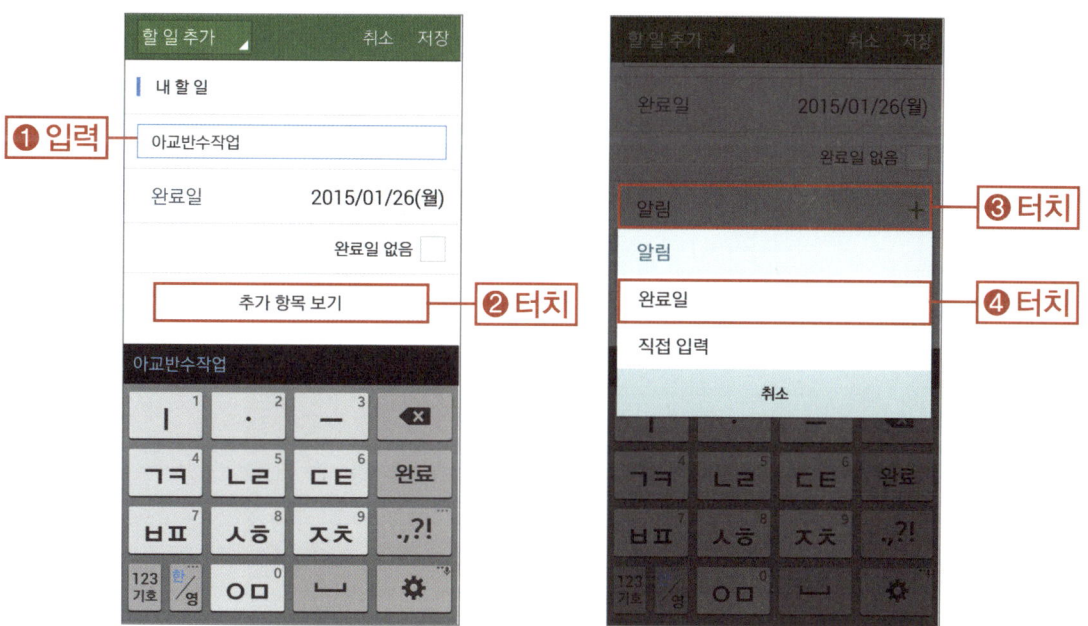

> **TIP**
> - '알림' 창의 [직접 입력]을 선택하면 원하는 완료일의 날짜를 달력에서 선택할 수 있습니다.
> - (▤)를 터치한 후 [검색]을 선택하면 일정과 할 일을 검색하여 따로 표시할 수 있습니다.

07 '시간 설정' 창이 나타나면 '알림' 시간을 지정한 후 [설정]을 터치합니다. [중요도]를 터치한 후 '높음' 으로 선택하고 [저장]을 터치하여 할 일을 저장합니다.

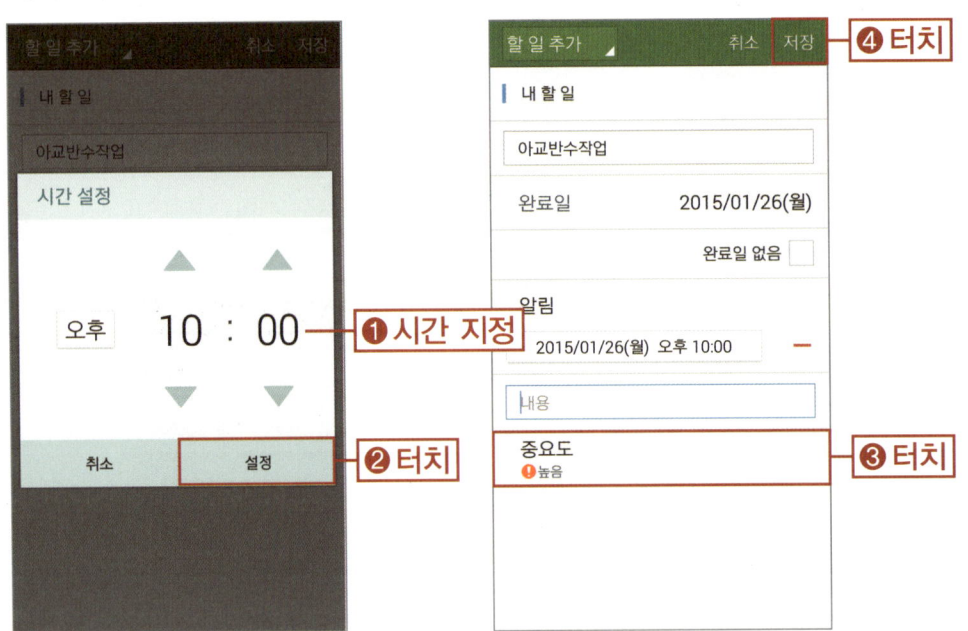

TIP '알림' 시간을 지정하면 그 시간에 알림음과 함께 스마트폰 알림 창에 할 일이 표시됩니다.

08 달력 날짜에 할 일이 표시됩니다. 해당 날짜를 터치하면 팝업 창으로 할 일의 정보가 표시됩니다.

TIP 일정 달력에 날씨를 표시할 때는 (▤)를 터치한 후 [설정]을 터치합니다. '설정' 화면에서 [날씨]를 선택합니다.

STEP 2   S플래너 보기 설정하기

01 S플래너 화면에서 (≡)를 터치한 후 목록에서 [년]을 선택합니다. 12개월 달력을 한 화면에서 확인할 수 있습니다.

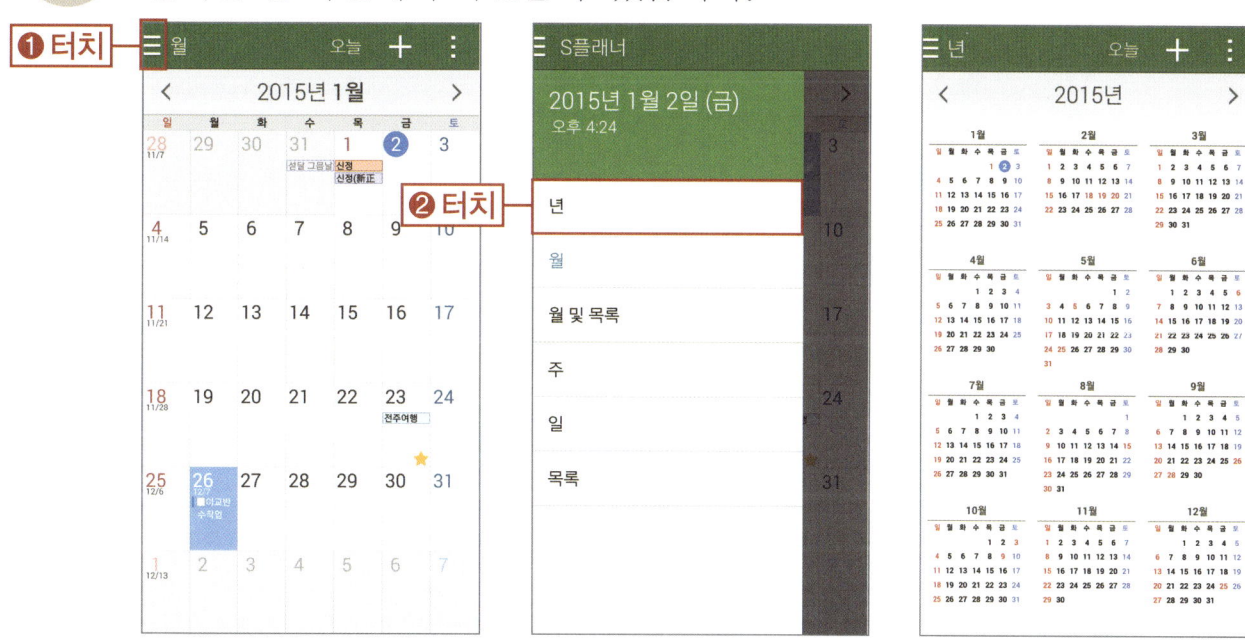

> **TIP** 스마트폰 화면을 좌우로 밀면 이전 해와 다음 해의 12개월 달력을 확인할 수 있습니다.

02 나의 전체 일정을 확인할 때는 (≡)를 터치한 후 [목록]을 터치합니다. '목록' 화면의 [전체] 단추를 터치하면 S플래너에 저장된 일정과 할 일, 기념일을 선택해서 표시할 수 있습니다.

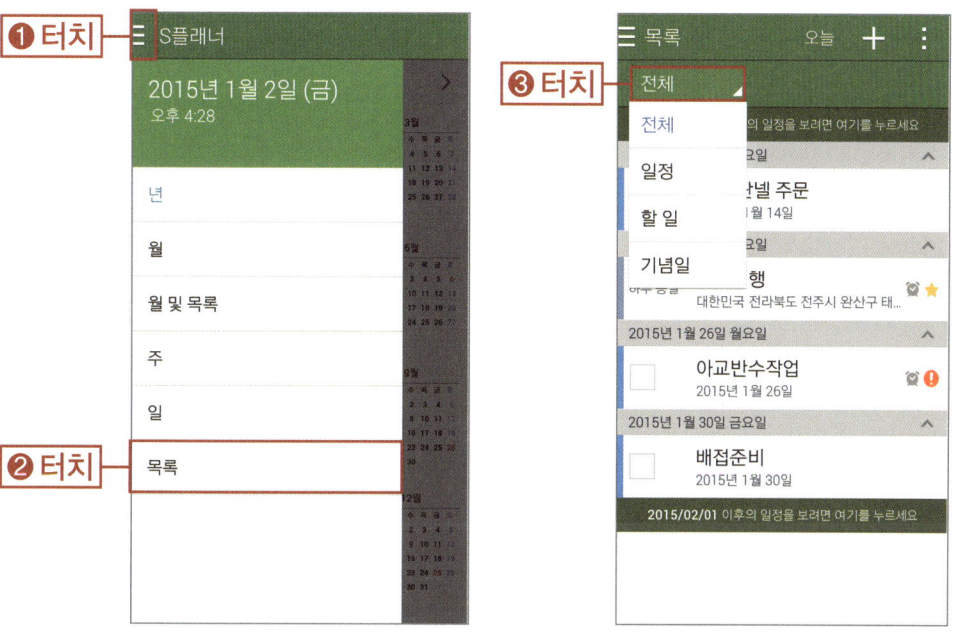

13장. 일정 관리하기 **107**

STEP 3 | 구글 캘린더에서 일정 확인하기

01 스마트폰에 저장한 일정을 컴퓨터에서도 확인할 수 있습니다. 구글 캘린더(www.google.com/calendar/)에 접속한 후 스마트폰에서 추가했던 구글 계정으로 로그인합니다. S캘린더에서 추가한 일정이 표시됩니다.

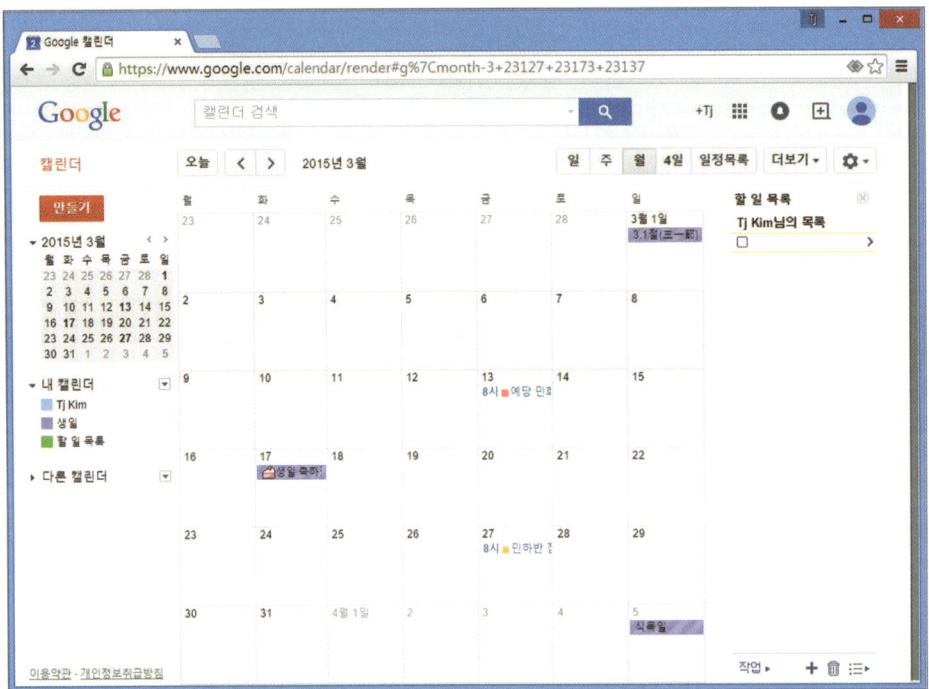

> **TIP** 앱스 화면에서 [설정]을 터치한 후 [계정]에서 [Google]을 선택합니다. 동기화 목록에서 '일정 동기화'가 선택되어 있어야 구글 캘린더와 S캘린더의 일정이 동시에 표시됩니다.

02 구글 캘린더의 날짜를 클릭한 후 일정을 입력합니다. [일정 만들기]를 클릭하면 내용이 구글 캘린더에 저장됩니다.

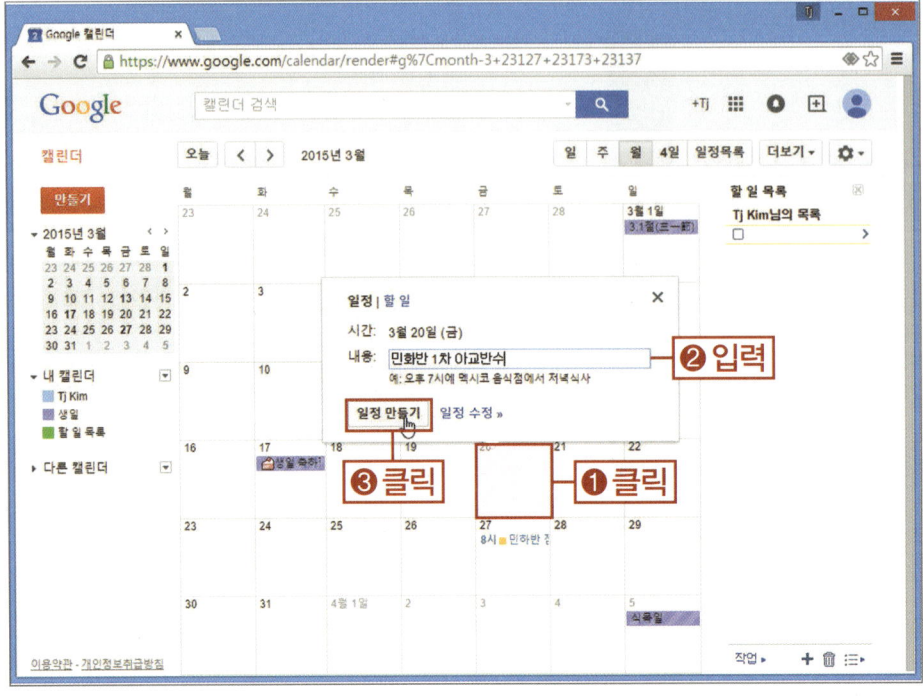

03 스마트폰에서 [S캘린더] 앱을 실행하면 구글 캘린더에서 작성했던 일정이 동일하게 나타납니다.

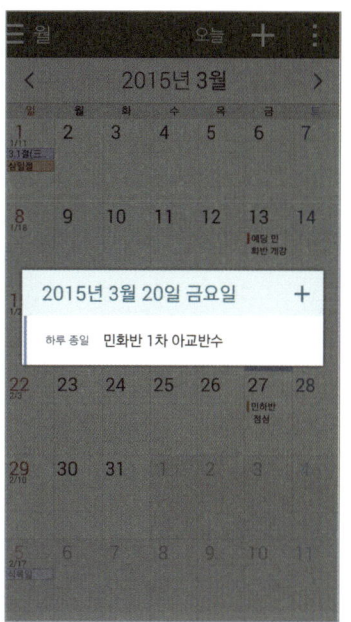

> **TIP** [S캘린더] 이외에 많이 사용되는 스케줄 앱으로 [에버노트(Evernote)]가 있습니다. [Play 스토어]나 [GALAXY Apps]에서 '에버노트'로 검색하여 설치할 수 있습니다.

04 일정을 삭제할 때는 S캘린더 화면의 (⋮)를 터치한 후 [삭제]를 선택합니다. 삭제할 일정을 선택한 후 [완료]를 터치합니다.

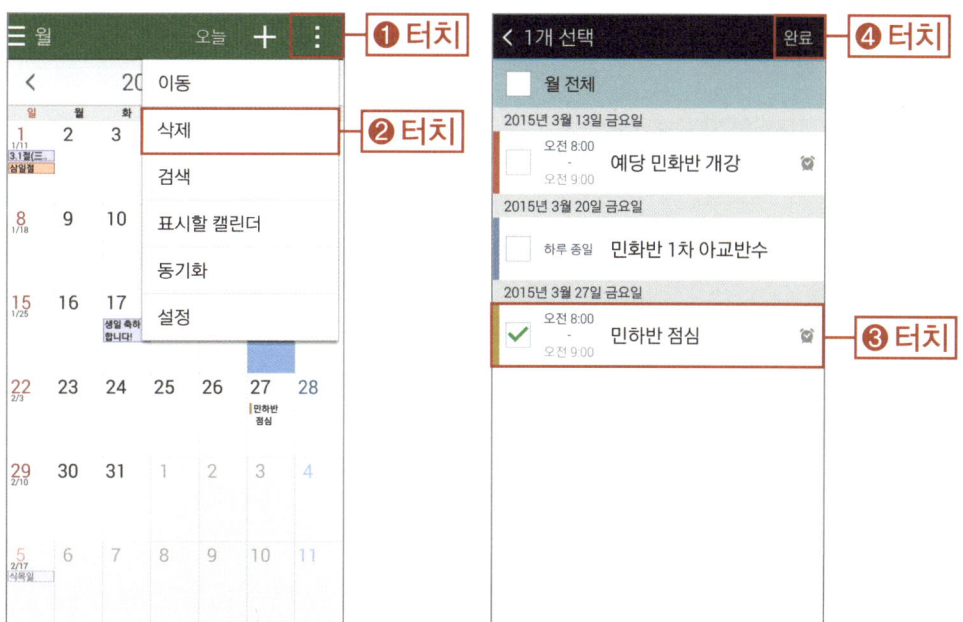

> **TIP** 구글 캘린더 사이트에서 일정을 삭제하면 스마트폰의 [S캘린더] 앱에서도 일정이 삭제됩니다.

연습문제 >> 문제를 풀며 확인해보세요.

01 달력의 날짜를 선택한 후 아래와 같이 일정을 입력합니다. 이후 일정의 색상을 변경하고 스티커를 추가해 보세요.

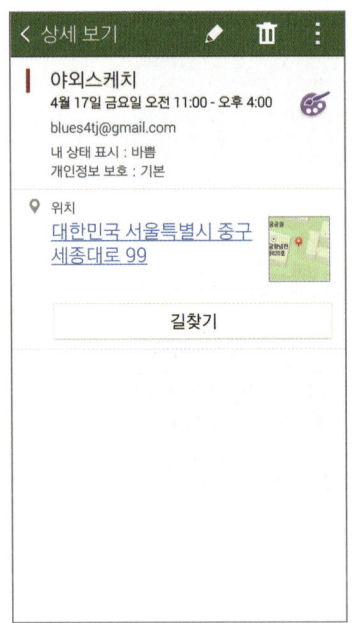

HINT [S플래너] 앱 실행 → 달력에서 날짜 선택 후 다시 날짜 터치 → '일정 추가' 화면에서 일정 제목 입력 → 색상 터치 후 일정 색상 선택 → 위치 입력 → [시작] 터치 후 시작 시간 변경 → [종료] 터치 후 종료 시간 변경 → [추가 항목 보기] 터치 → 스티커 [더보기](⋯) 터치 → 원하는 스티커 선택 → [저장] 터치

02 구글 캘린더에서 일정을 추가한 후 스마트폰에서 확인해 보세요.

HINT 구글 캘린더((www.google.com/calendar/)에 접속 → 날짜 선택 후 일정 입력 → [일정 만들기] 클릭 → 저장한 일정 다시 클릭 → [일정 수정] 클릭 → 일정 색상 변경 후 [저장] 클릭 → 스마트폰에서 일정 추가 확인

14 스마트폰 관리하고 200% 활용하기

휴대용 컴퓨터라고 할 수 있는 스마트폰도 컴퓨터와 마찬가지로 바이러스나 악성 앱의 감염여부를 항상 살펴야 합니다. 스마트폰을 안전하게 관리하고 블루투스나 번역기, 음성 녹음 기능 등으로 스마트폰을 200% 활용할 수 있는 다양한 방법에 대해 알아봅니다.

| 이런 걸 배워요! | 바이러스 검사, 스마트폰 관리 앱, 블루투스 기기 연결, 음성 녹음, S번역기 사용

미리보기

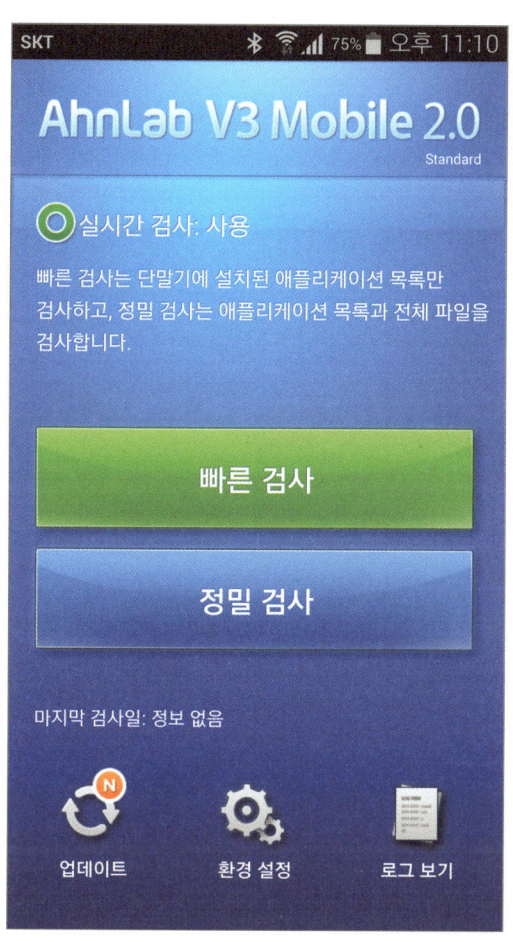 

STEP 1 바이러스 검사하기

01 앱스 화면에서 [V3 Mobile 2.0] 앱을 터치합니다. 바이러스 검사 화면에서 [빠른 검사]나 [정밀 검사] 중 하나를 터치합니다. 검사가 완료되면 팝업 창으로 검사 결과가 나타납니다. 이후 [환경 설정]을 터치합니다.

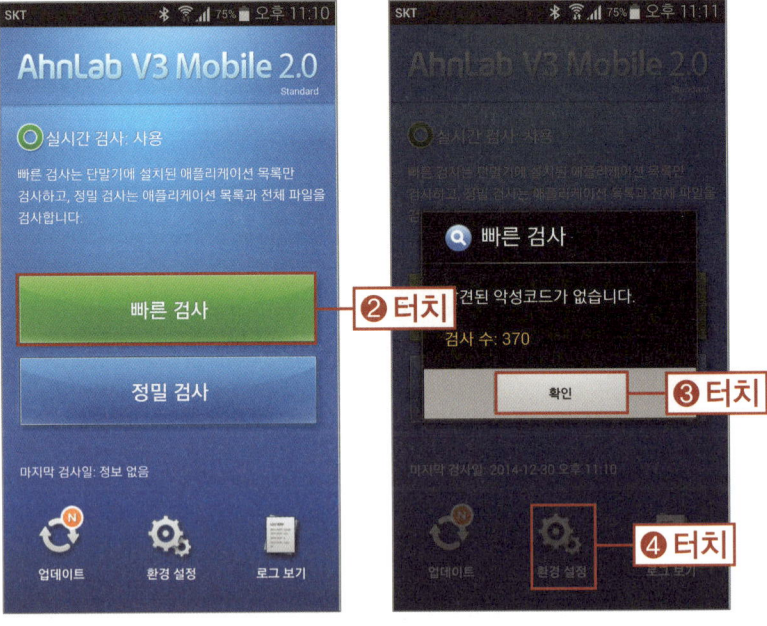

> TIP
> - '소프트웨어 사용권 계약서' 창이 나오면 [동의]를 터치하여 다음 화면으로 넘어갑니다.
> - V3 앱 화면의 [업데이트] 항목에 'N' 표시가 나타나면 터치하여 업데이트를 실행하도록 합니다.

02 '환경 설정' 화면에서 [예약 검사 설정]을 터치합니다. '예약 검사 사용' 의 체크 박스를 터치한 후 주기와 시간을 설정하고 [확인]을 터치하면 자동으로 검사가 실행됩니다.

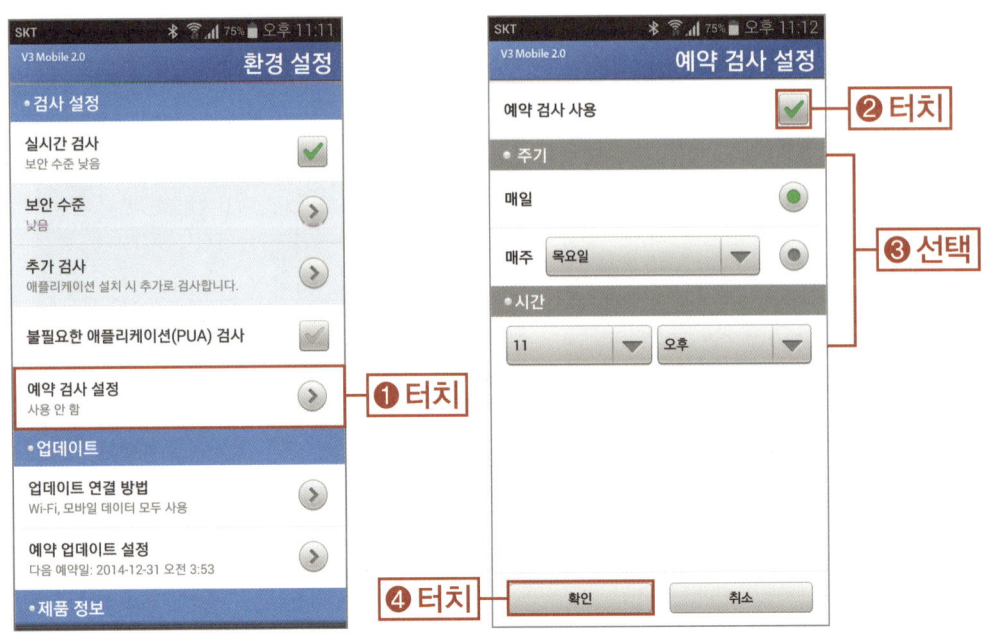

> TIP
> '환경 설정' 화면의 '보안 수준' 항목에서 보안 수준을 '높음'이나 '낮음'으로 설정할 수 있습니다.

STEP 2 | 스마트폰 파일 정리하기

01 [Clean Master(속도 최적화)] 앱을 설치한 후 실행합니다. 앱을 실행하면 스마트폰의 저장공간이 표시됩니다. 메뉴 중 [파일정리]를 터치하면 불필요한 파일의 목록이 표시됩니다. '캐시 파일'의 체크 박스를 터치해 선택을 해제한 후 캐시 파일 중 삭제할 파일을 선택하고 [정리]를 터치합니다.

TIP Clean Master는 앱의 설치와 제거를 반복할 때 생겨나는 불필요한 파일을 정리해 스마트폰을 최적의 상태로 만들거나 설치된 앱을 관리할 때 사용하는 스마트폰 파일 관리 앱입니다.

02 클린 마스터 메인 화면에서 [앱 관리]를 터치합니다. 스마트폰에 설치된 앱의 목록이 나타납니다. 설치된 앱을 제거할 때는 목록에서 제거할 앱의 체크 박스를 선택한 후 [제거]를 터치합니다. 제거 확인 창이 뜨면 [확인]을 터치합니다.

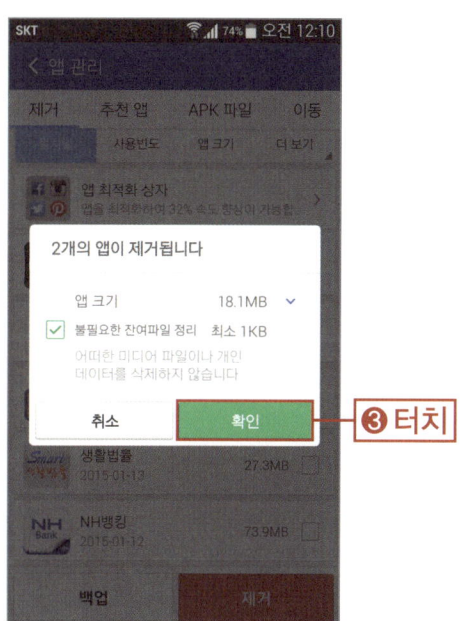

STEP 3 | 블루투스 기기 연결하기

01 스마트폰의 화면 상단을 아래로 끌어 알림 창을 나타낸 후 [블루투스]를 터치합니다. '블루투스' 화면의 [꺼짐]을 오른쪽으로 밀어 [켜짐]으로 변경합니다.

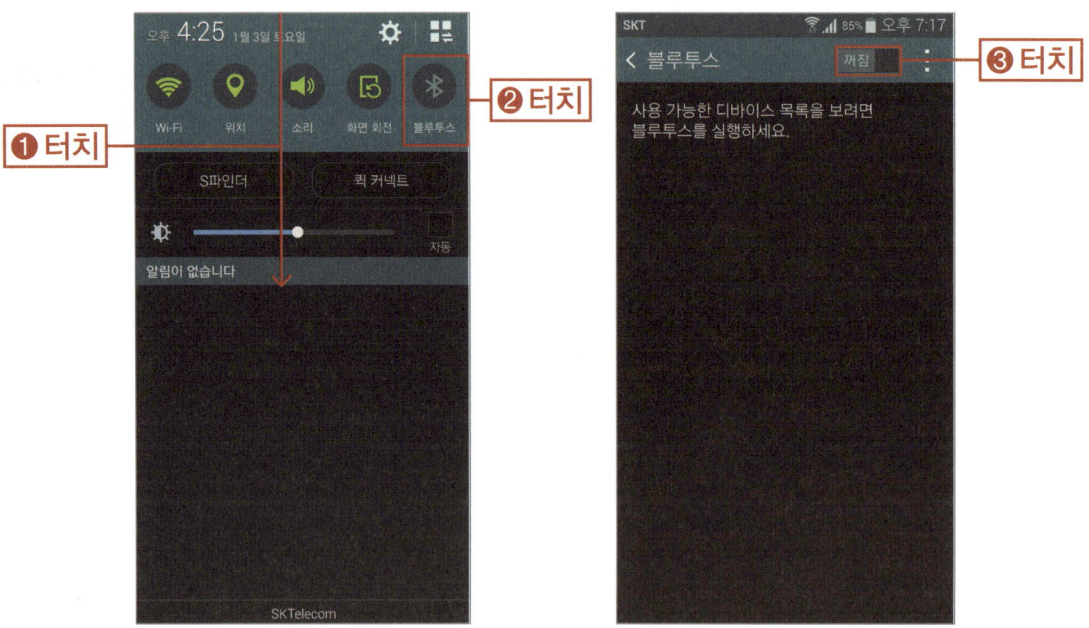

TIP 블루투스(Bluetooth)는 스마트폰이나 노트북, 이어폰, 스피커 등의 휴대기기를 서로 연결해 블루투스 기기와 스마트폰의 정보를 서로 연결할 수 있도록 해주는 무선 기술입니다.

02 현재 사용 가능한 블루투스 기기가 검색되면 사용하려는 기기를 터치합니다. 내 스마트폰과 블루투스 기기가 연결되었다는 메시지가 나타나면 블루투스 기기를 사용할 수 있습니다.

TIP 기기 찾기가 안 될 때는 화면 상단의 검색 허용에 체크한 후 [찾기]를 터치합니다.

STEP 4 | 녹음기와 번역기 사용하기

01 앱스 화면에서 [음성 녹음] 앱을 터치합니다. '음성 녹음' 화면의 [녹음] 버튼을 터치한 후 내용을 녹음합니다. 녹음이 완료되면 [중지] 버튼을 터치합니다.

TIP [음성 녹음] 앱을 사용하면 스마트폰을 녹음기로 사용할 수 있습니다. '음성 녹음' 화면의 (아이콘)를 터치한 후 녹음 모드를 설정할 수도 있습니다. '인터뷰, 대화, 음성 메모' 등으로 모드를 설정하여 음성 녹음이 가능합니다.

02 녹음한 파일이 목록에 표시됩니다. 파일을 터치하면 녹음된 음성을 확인할 수 있습니다.

TIP 목록에서 녹음 파일을 길게 터치하면 녹음 파일이 선택됩니다.

03 녹음 파일을 삭제할 때는 (▐)를 터치한 후 [선택]을 터치합니다. 삭제할 녹음 파일을 하나씩 선택하거나 [모두 선택]을 선택한 후 (▓)를 터치하면 녹음 파일을 삭제할 수 있습니다.

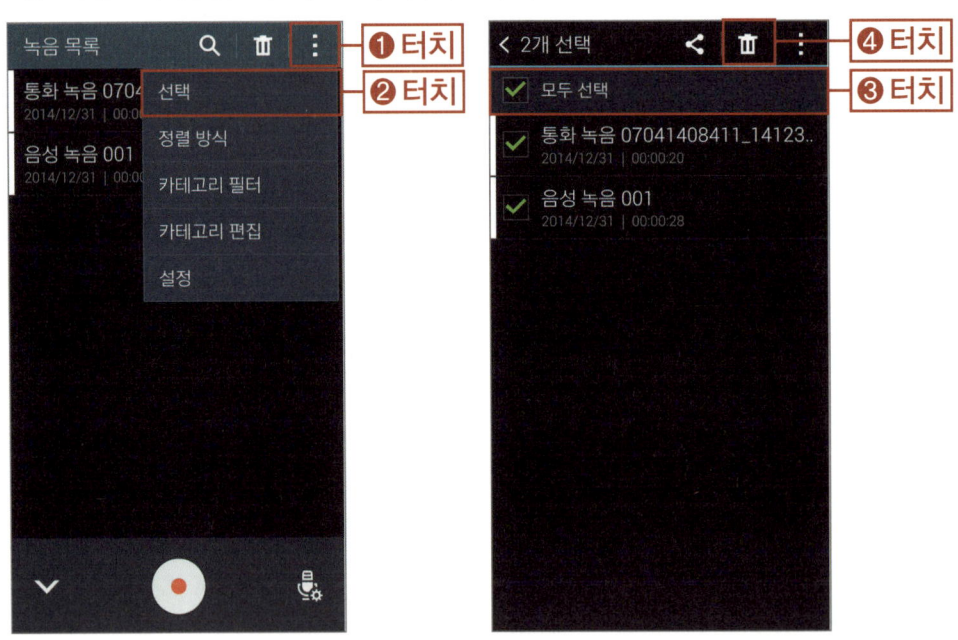

TIP
- 화면 상단의 (◁)를 터치하면 음성 파일을 공유할 수 있도록 공유가 가능한 앱의 목록이 표시됩니다.
- 통화 내용을 녹음할 때는 통화 화면의 [녹음]을 터치합니다. 통화 중 녹음을 중단할 때는 [중지]를 터치합니다. [통화 종료]를 터치하여 통화를 끝내면 자동으로 녹음이 종료됩니다.

 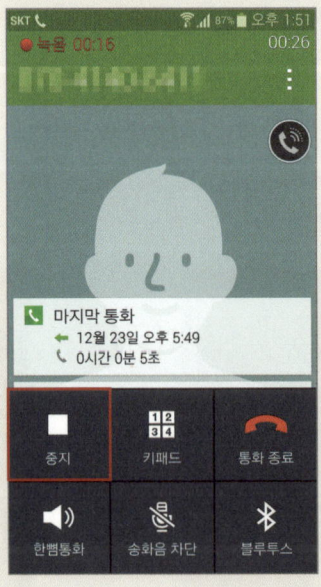

04 번역기를 사용하기 위해 앱스 화면에서 [S번역기] 앱을 터치합니다. 언어 선택 항목의 [언어 변경](>)을 터치한 후 번역할 언어를 선택합니다.

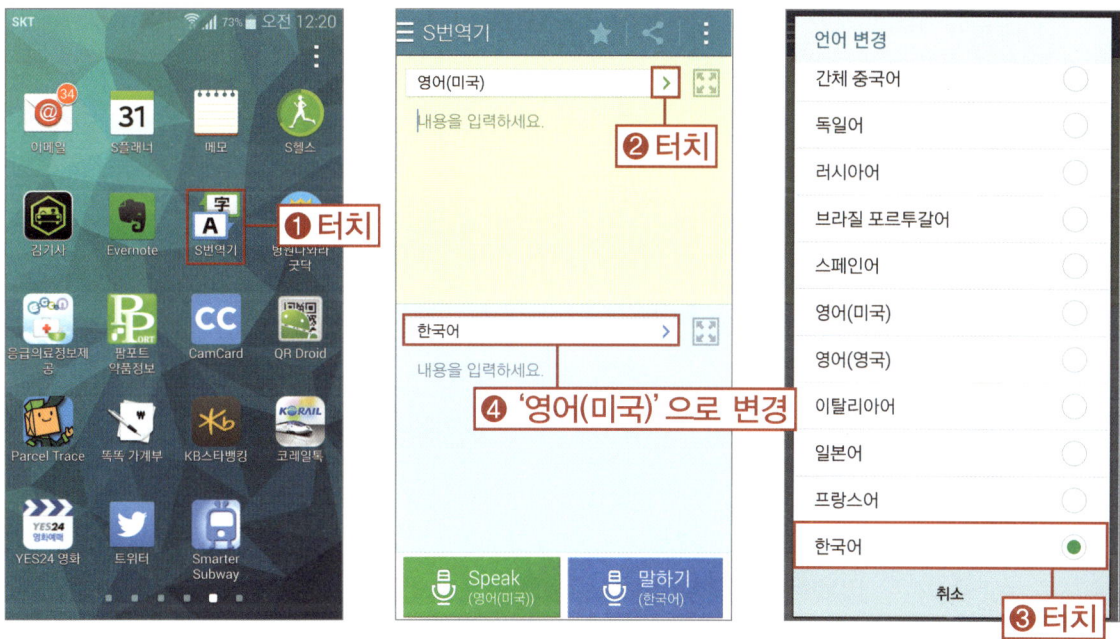

> **TIP** [S번역기]는 앱스 화면에서 [Galaxy Apps]를 실행한 후 'S번역기'로 검색하여 설치합니다.

05 번역할 내용을 입력한 후 (📋)를 터치합니다. 화면 아래에 번역 결과가 나타납니다. 번역 언어를 변경하면 선택한 언어에 맞도록 번역 결과가 나타납니다.

> **TIP** 번역 결과를 음성으로 들으려면 번역 결과 화면의 (🔊)를 터치합니다. S번역기 화면의 [말하기]를 터치한 후 번역할 내용을 말하면 음성을 인식한 후 번역 결과를 나타냅니다.

14장. 스마트폰 관리하고 200% 활용하기 **117**

연습문제 >> 문제를 풀며 확인해보세요.

01 [S번역기] 앱을 실행하고 '오늘도 여전히 춥습니다.'를 음성 인식으로 번역해 보세요.(일본어)

HINT [S번역기] 앱 실행 → 언어 선택(일본어) → [말하기] 터치 → 번역할 내용 말하기 → 음성 번역 결과 확인

02 음성을 녹음한 후 녹음 파일의 이름을 변경해 보세요.

HINT [음성 녹음] 앱 실행 → [녹음] 버튼 터치 후 녹음 진행 → [중지] 버튼 터치 → 음성 녹음 목록 화면에서 (┋) 터치 후 [선택] 터치 → 녹음 파일 선택 후 (┋) 터치 → [이름 변경] 터치 → 변경할 이름 입력 후 [확인] 터치

15 스마트폰과 PC 연결하고 파일 공유하기

스마트폰의 USB 케이블로 PC와 연결하면 PC 내의 자료를 스마트폰으로 자유롭게 주고받을 수 있습니다. 내 파일 앱에서는 스마트폰의 폴더 목록을 확인할 수 있고 새로운 폴더를 만들고 파일을 복사, 이동시킬 수도 있습니다. 스마트폰의 파일 관리 방법에 대해 알아봅니다.

| 이런 걸 배워요! | 내 파일 앱, 스마트폰과 PC 연결, 파일 주고받기, 삼성 Kies 사용

미리보기

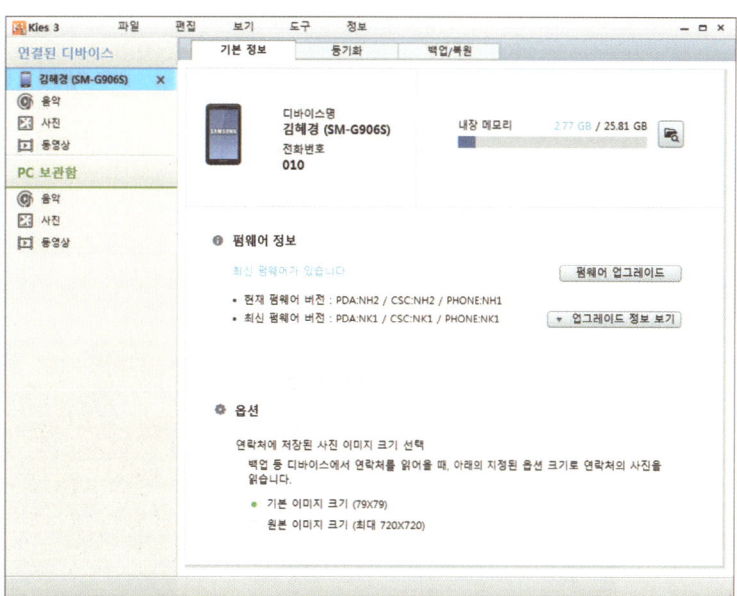

15장. 스마트폰과 PC 연결하고 파일 공유하기

STEP 1 | 스마트폰의 내 파일 앱 사용하기

01 앱스 화면에서 [내 파일]을 터치한 후 '내 파일' 화면의 [디바이스 저장공간]을 터치합니다. 스마트폰의 전체 폴더 목록이 표시됩니다. (▤)를 터치한 후 [새 폴더 추가]를 선택합니다.

> **TIP** [내 파일] 앱은 컴퓨터의 윈도우 탐색기와 같은 역할을 합니다. [디바이스 저장공간]을 터치하면 스마트폰의 모든 폴더 목록을 확인할 수 있습니다.

02 '새 폴더 추가' 창이 나타나면 폴더 이름을 입력한 후 [확인]을 터치합니다. 스마트폰 폴더 목록에 방금 새로 만든 폴더가 등록된 것을 확인할 수 있습니다. 폴더 목록에서 [DCIM]을 터치한 후 [Camera] 폴더를 터치합니다.

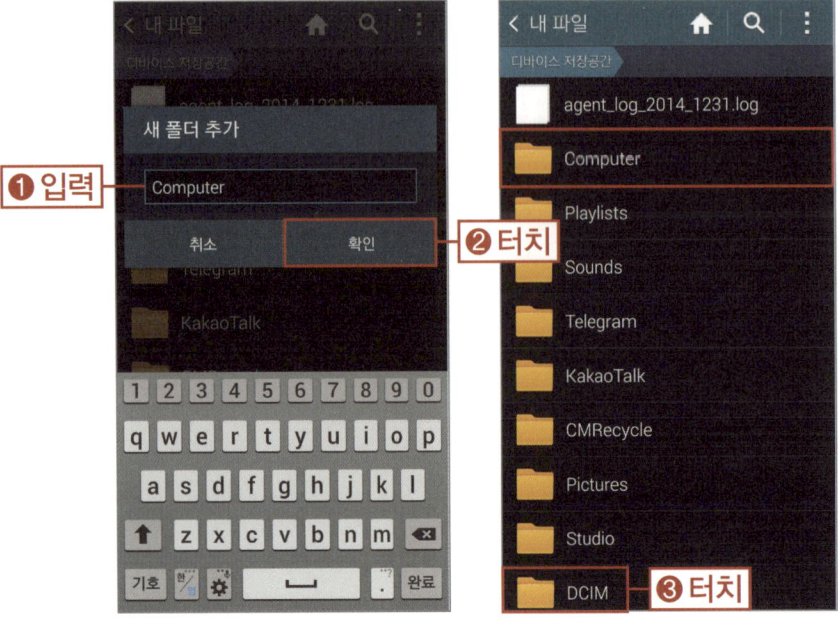

03 (▤)를 터치한 후 메뉴에서 [선택]을 터치합니다. 복사할 파일을 선택한 후 다시 (▤)를 터치하고 [복사]를 선택합니다.

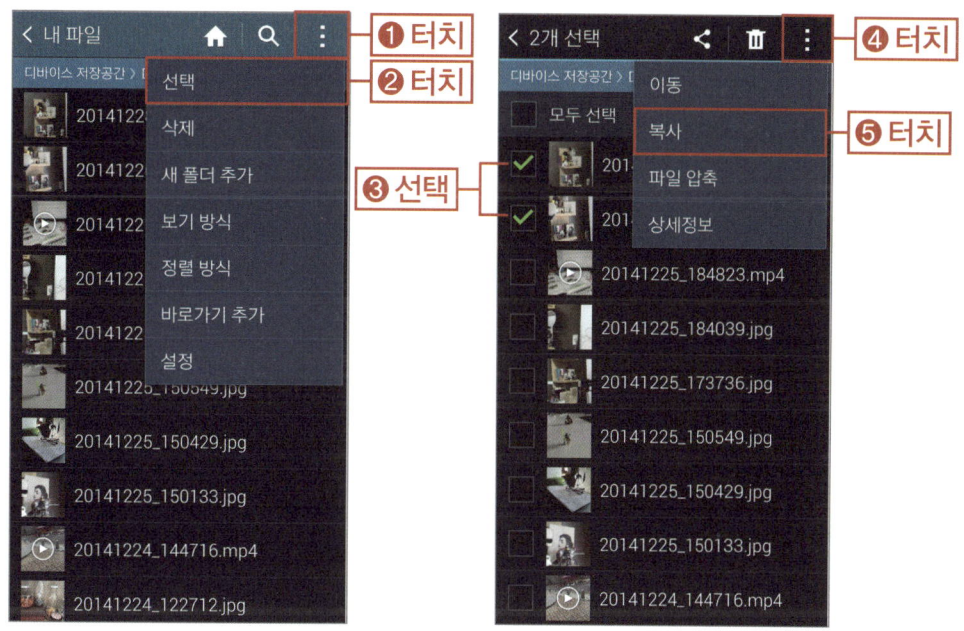

> **TIP** 앱 화면 상단에 '디바이스 저장공간〉DCIM〉Camera'라고 표시됩니다. 현재 선택한 폴더의 경로입니다.

04 스마트폰의 [취소] 버튼을 눌러 폴더 목록 화면으로 돌아와 새롭게 만든 [Computer] 폴더를 터치한 후 [여기로 복사]를 터치합니다. 선택한 폴더에 'Camera' 폴더에서 복사한 사진 파일이 나타납니다.

> **TIP** 화면 상단의 (🏠)를 터치하면 [내 파일] 앱의 홈 화면으로 이동합니다. (🔍)를 터치하면 내 스마트폰의 파일이나 폴더를 검색해 표시합니다.

15장. 스마트폰과 PC 연결하고 파일 공유하기 121

STEP 2 | 스마트폰과 PC 연결하고 파일 주고받기

01 USB 케이블로 스마트폰과 PC를 연결하고 화면 상단을 아래로 끌면 알림 창에 USB 기기로 연결되었다는 메시지가 나타납니다. PC 화면의 윈도우 탐색기에 스마트폰이 표시되면 [Phone]을 더블 클릭합니다.

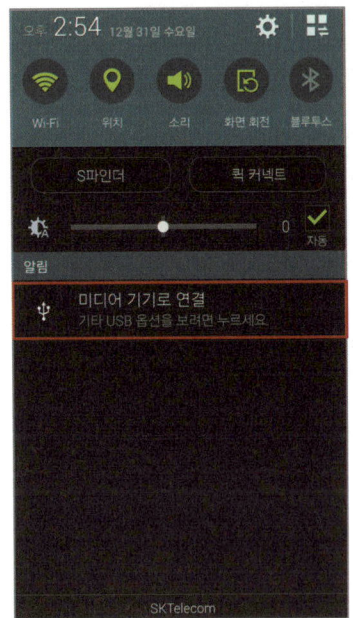
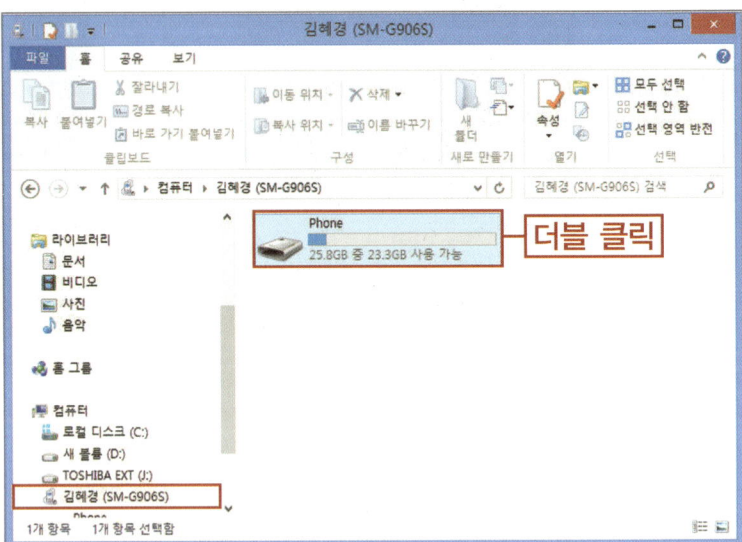

02 스마트폰의 폴더 목록이 표시되면 'Computer' 폴더를 확인합니다. 새로운 윈도우 탐색기를 실행한 후 복사할 자료가 있는 폴더를 선택합니다. 복사할 파일을 선택한 후 스마트폰의 'Computer' 폴더로 드래그합니다.

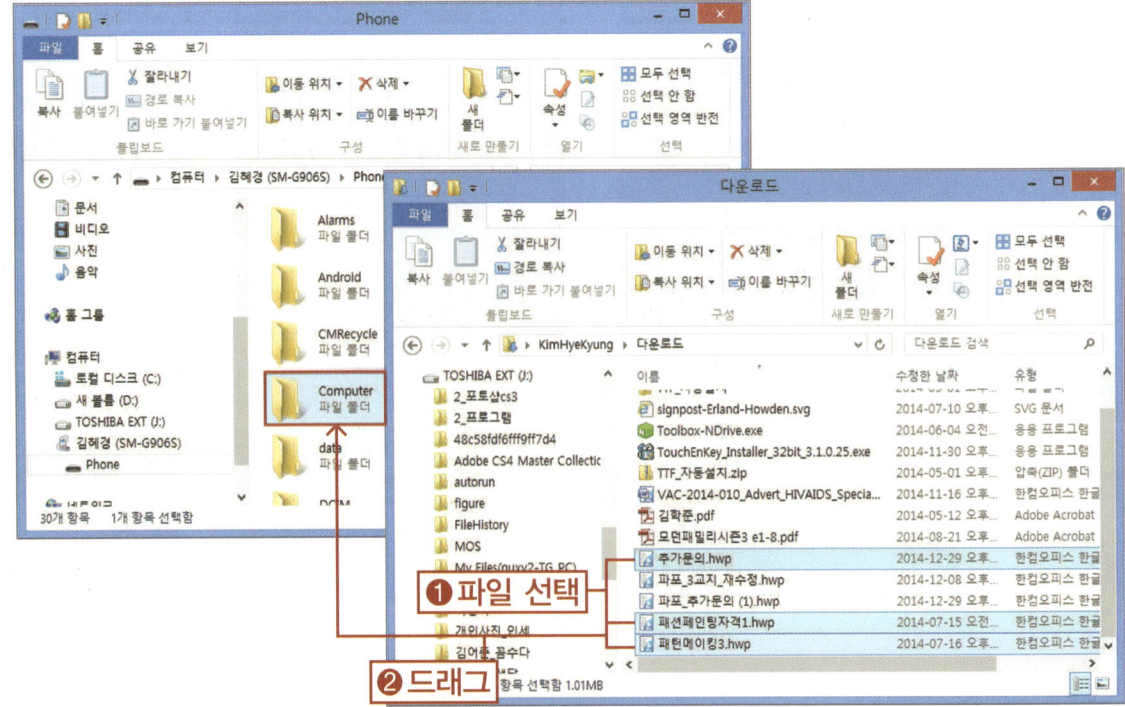

▲ 새로운 윈도우 탐색기 화면입니다.

> **TIP** 파일을 여러 개 선택할 경우 `Ctrl`을 누른 상태로 파일을 선택하면 됩니다.

03 이번에는 스마트폰에 있는 자료를 PC로 옮겨봅니다. 윈도우 탐색기에서 스마트폰의 'DCIM\Camrera' 폴더를 선택하고 복사할 파일을 선택합니다. 마우스 오른쪽 단추를 클릭하고 바로가기 메뉴의 [복사]를 선택합니다.

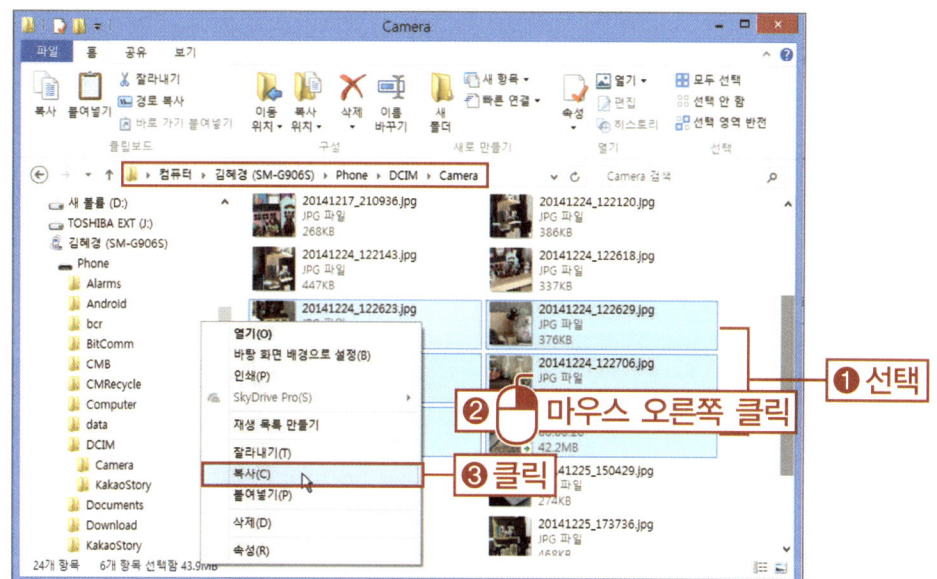

> **TIP** 윈도우 탐색기에서 파일을 선택한 후 키보드의 Ctrl + C 를 눌러도 됩니다.

04 복사할 파일을 저장할 폴더를 선택합니다. 내 컴퓨터의 특정 폴더를 선택한 후 마우스 오른쪽 단추를 클릭하고 바로가기 메뉴의 [붙여넣기]를 선택합니다.

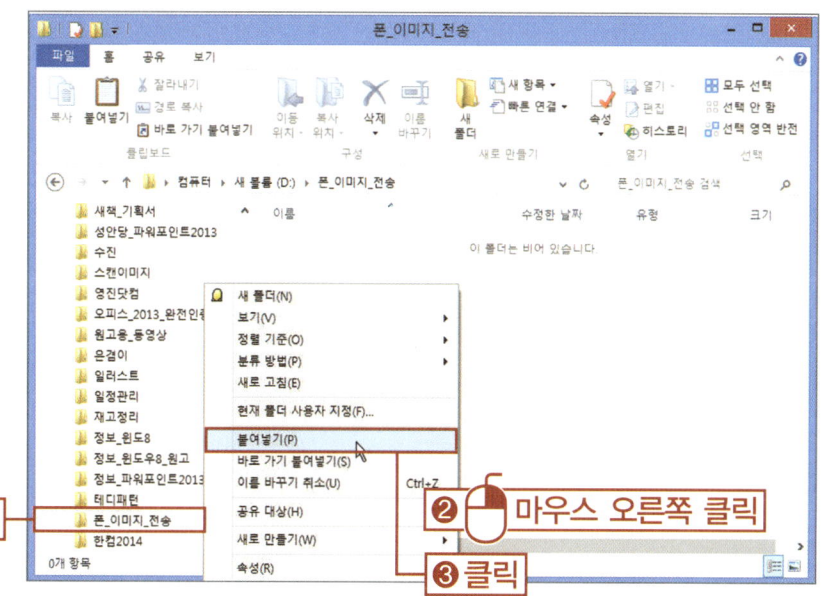

> **TIP** 키보드의 Ctrl + V 를 눌러 붙여넣기를 실행하기도 합니다.

15장. 스마트폰과 PC 연결하고 파일 공유하기 **123**

STEP 3 | 삼성 Kies 사용법

01 삼성전자 홈페이지에서 [콘텐츠]-[PC 소프트웨어] 목록 중 [Kies]를 클릭합니다. 이후 [Kies 3 다운로드]를 클릭해 'Kies3'를 PC에 설치합니다.

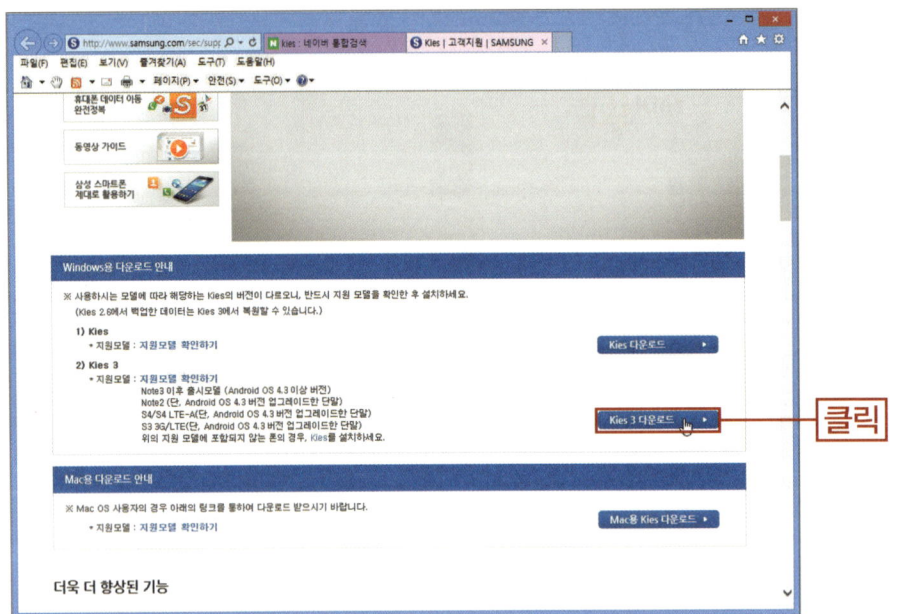

> **TIP** 키스(Kies)는 스마트폰과 PC의 데이터를 서로 편리하게 주고받을 수 있도록 해주는 프로그램입니다. 스마트폰에 저장되어 있는 데이터를 컴퓨터로 옮기거나 컴퓨터의 데이터를 스마트폰으로 옮길 때 사용합니다. 키스(Kies)를 다운로드받은 후 설치하면 라이선스 동의 창을 거쳐 설치 화면이 나타납니다. 설치 과정을 따라가면 쉽게 키스가 설치됩니다.

02 설치 완료된 Kies 프로그램을 실행합니다. 현재 USB 케이블로 연결된 스마트폰의 기본 정보가 화면에 표시됩니다.

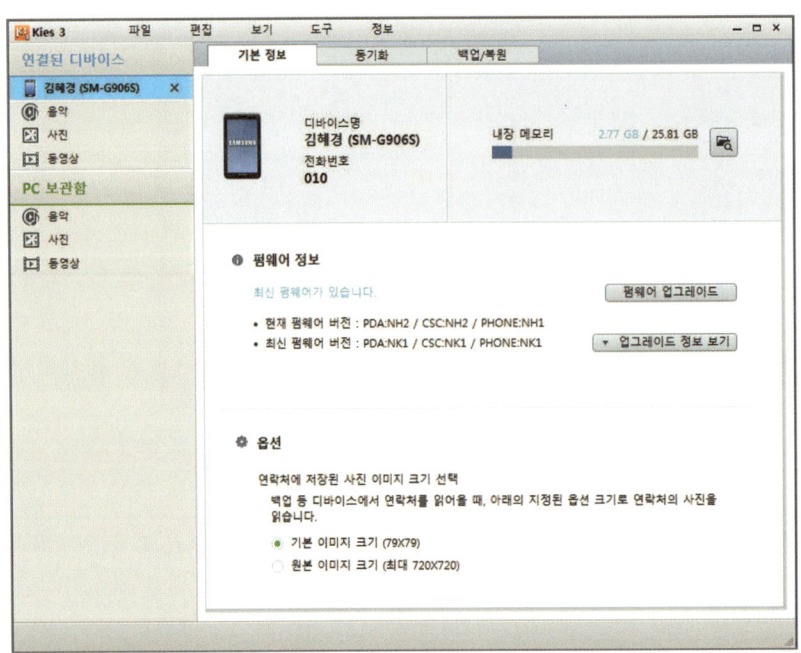

> **TIP** Kies 프로그램과 스마트폰을 연결할 때는 기본적으로 제공되는 USB 케이블을 서로 연결합니다.

03 스마트폰의 자료를 컴퓨터로 옮기려면 먼저, 왼쪽의 폴더 목록에서 '연결된 디바이스' 항목의 [사진]을 클릭합니다. 옮길 사진을 선택한 후 화면 상단의 (🖫)를 클릭합니다.

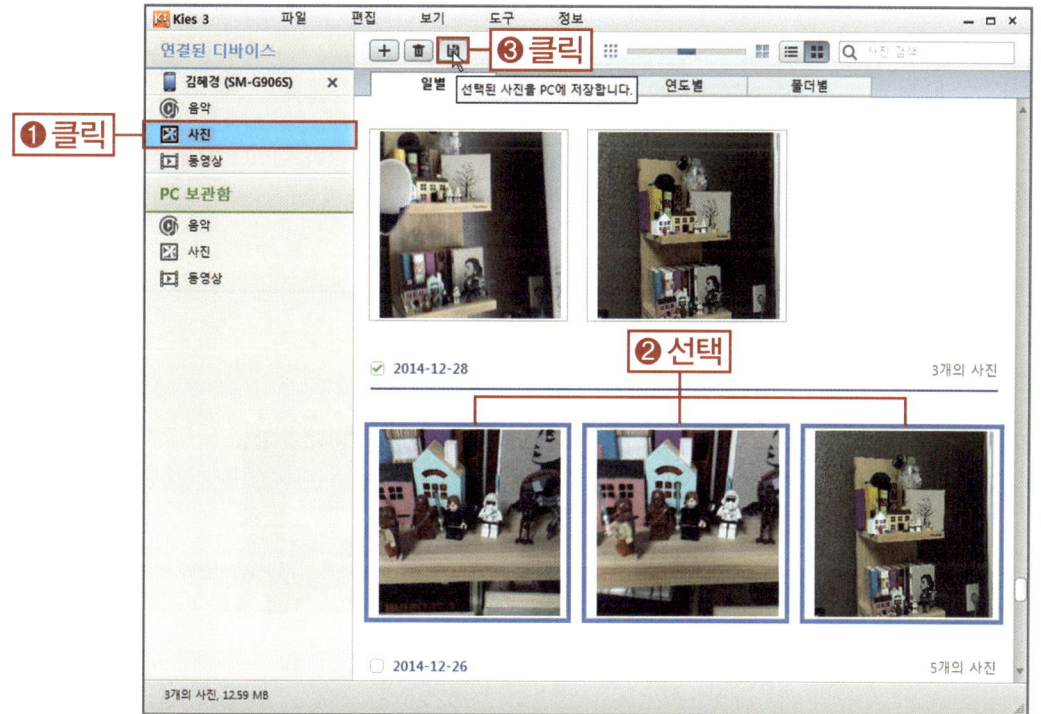

TIP
- Kies 화면의 연결된 디바이스 항목에는 '음악, 사진, 동영상' 폴더만 표시됩니다. 스마트폰의 다른 폴더를 선택할 때는 Kies 첫 화면의 [기본 정보] 탭을 선택하고 '내장 메모리'의 (📄)를 클릭한 후 원하는 폴더를 선택합니다.
- 파일을 선택한 후 Ctrl + C 를 눌러도 됩니다.

04 '폴더 선택' 대화상자가 나타나면 스마트폰 자료가 저장될 컴퓨터의 폴더를 선택한 후 [폴더 선택]을 클릭합니다.

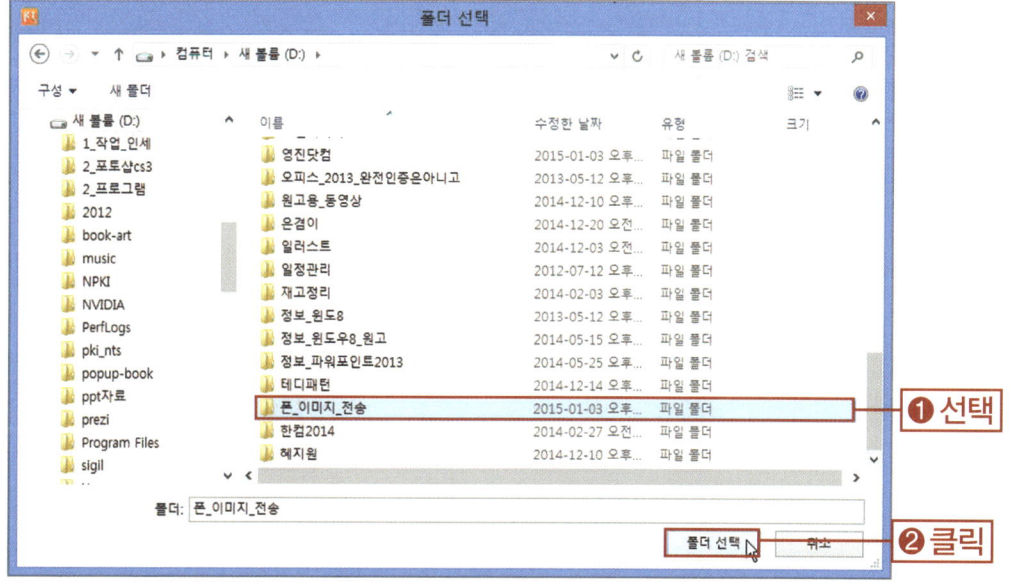

TIP Ctrl + V 를 눌러 붙여넣기를 실행하기도 합니다.

05 반대로 컴퓨터의 자료 파일을 스마트폰으로 옮길 때는 '연결된 디바이스' 항목의 [사진]을 선택하고 [파일]을 클릭한 후 [(***)에 파일 추가]를 클릭합니다.

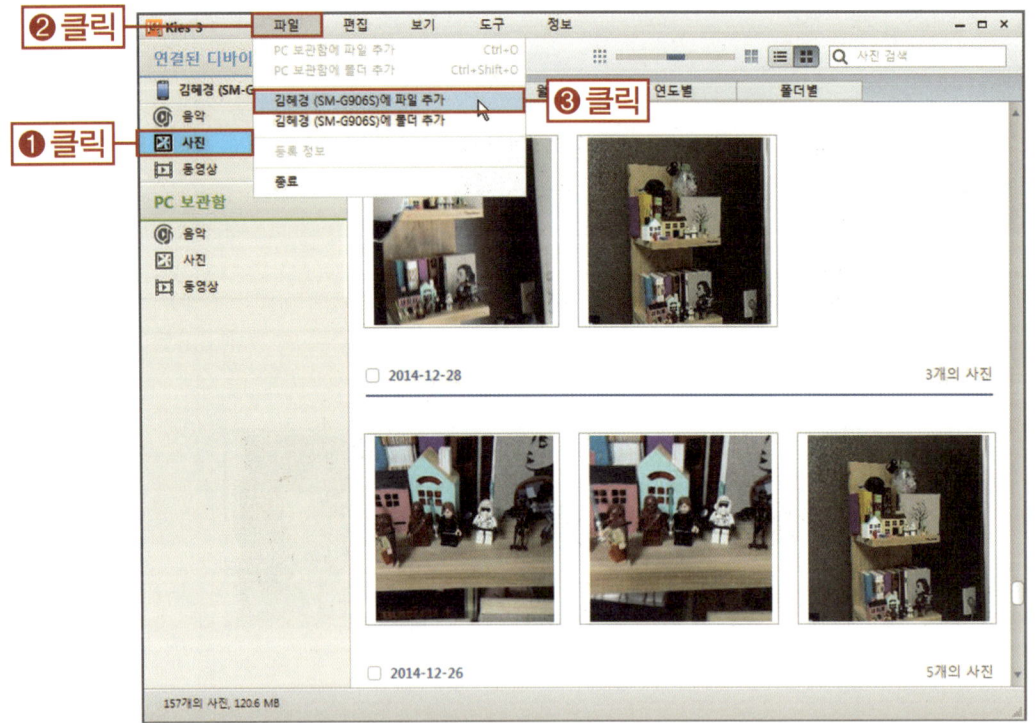

06 '열기' 대화상자가 나타나면 스마트폰으로 복사할 파일을 선택한 후 [열기]를 클릭합니다.

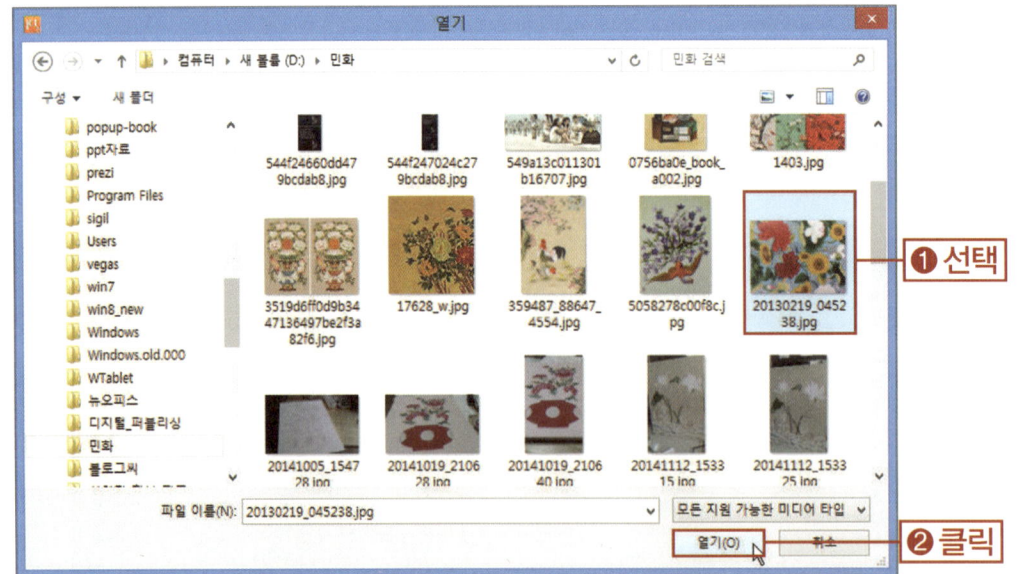

TIP 선택한 이미지 파일은 [갤러리] 앱을 실행한 후 '카메라' 폴더에서 확인할 수 있습니다.

연습문제 >> 문제를 풀며 확인해보세요.

01 [내 파일] 앱의 'Camera' 폴더에서 그림을 선택한 후 삭제해 보세요.

> **HINT** [내 파일] 앱 실행 → [디바이스 저장공간] 터치 → [DCIM] 폴더 선택하고 [Camera] 폴더 터치 → (▤) 터치 후 [선택] 선택 → 삭제할 이미지 선택 후 (🗑) 터치

02 Kies 프로그램과 스마트폰을 연결한 후 PC의 음악 파일을 스마트폰으로 복사해 보세요.

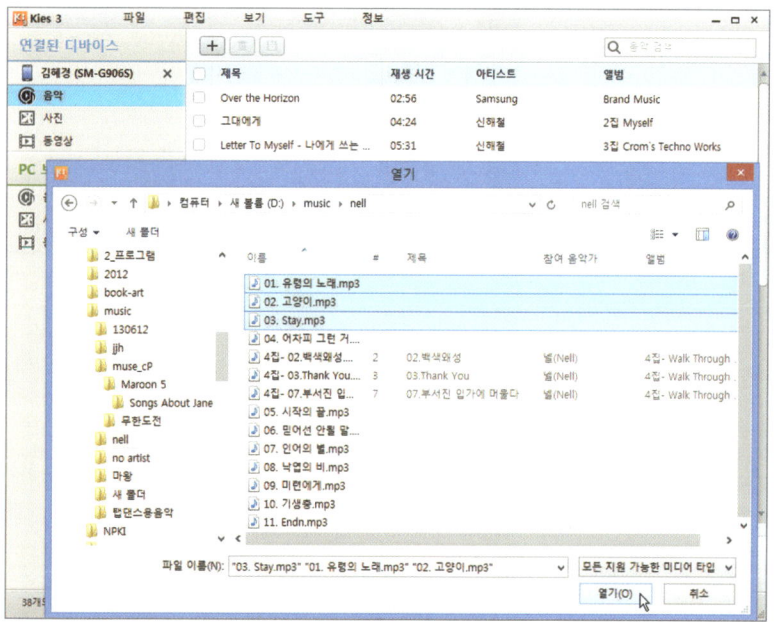

> **HINT** 스마트폰과 PC를 USB 케이블로 연결 → Kies 프로그램 실행 → '연결된 디바이스'에서 [음악] 클릭 → '파일' 메뉴의 [(***에) 파일 추가] 클릭 → 음악 파일 선택 후 [열기] 클릭

16 병원과 약국 활용 앱 사용하기

실생활에 유용하게 쓰이는 앱 중 병원과 약국에 대한 앱이 있습니다. 응급 환자가 생겼을 경우 가까운 응급실을 찾거나 응급 의료 정보를 찾아보는 방법에 대해 알아보고 처방받은 약의 약품 정보를 확인해 보는 방법 등에 대해 알아봅니다.

| 이런 걸 배워요! | 우리 동네 응급실 검색, 약품 정보 검색, 동네 약국 검색

미리보기

STEP 1 | 우리 동네 응급실 찾기

01 [응급의료정보제공] 앱을 설치한 후 실행합니다. 화면 메뉴에서 [응급실 찾기]를 터치합니다. '응급실찾기' 화면이 나타나면 [지역별 응급실 찾기]를 터치합니다.

02 '지역별 응급실 찾기' 화면의 지역 목록에서 원하는 지역을 터치합니다. 선택한 지역의 응급실이 있는 병원 목록이 나타나면 그 중 하나를 터치합니다.

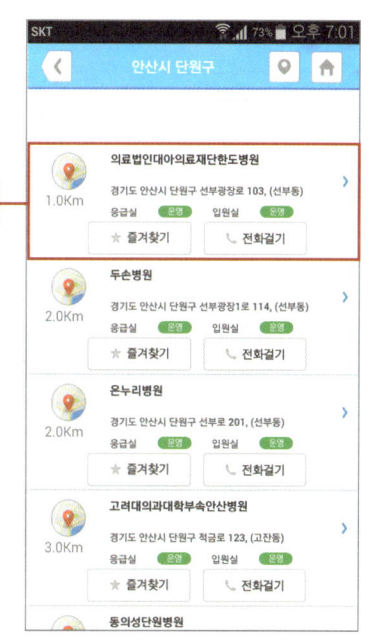

03 선택한 병원에 대한 자세한 정보가 표시됩니다. '위치정보' 항목의 [길찾기]를 터치하면 해당 병원의 최적 경로를 확인할 수 있습니다.

TIP [길찾기]를 터치하면 [다음지도] 앱이 실행되면서 최적 경로를 표시해줍니다. [다음지도] 앱이 설치되어 있지 않다면 [Play 스토어]로 연결되어 설치가 가능합니다.

STEP 2 | 약품 정보와 동네 약국 검색하기

01 [팜포트약품정보] 앱을 설치한 후 실행합니다. '약품 정보' 화면에서 [약이름찾기]를 터치합니다. '약품 정보' 입력 상자에 찾으려는 약품명을 입력한 후 [약품명 검색 실행]을 터치합니다.

TIP [팜포트약품정보] 앱을 처음 실행하면 '180일(6개월)' 평가판을 알려주는 알림 창이 뜹니다. [평가판 이용]을 터치하여 평가판을 사용하도록 합니다.

02 관련된 약품명이 나열되면 해당 약품명을 터치합니다. 입력한 약품명에 대한 자세한 정보가 나타납니다.

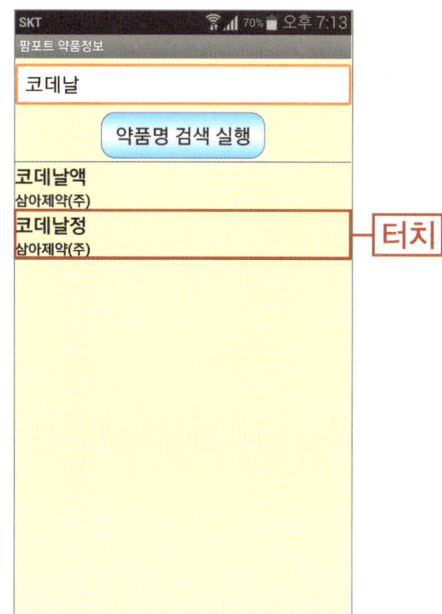 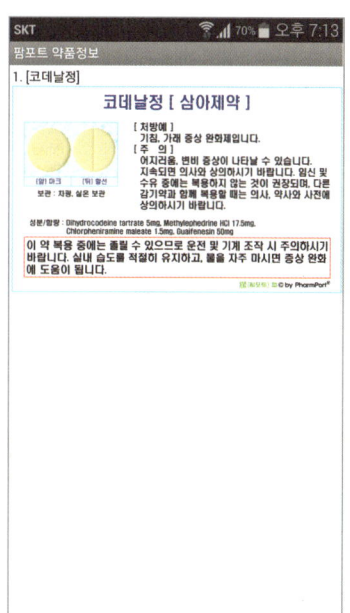

03 홈 화면에서 [바코드스캔]을 터치한 후 약품 상자의 바코드를 스캔하여 약품 정보를 확인합니다. 바코드 스캐너가 실행되면 약품 상자의 바코드에 가까이 가져갑니다. 바코드를 스캔한 후 약품에 대한 정보가 나타납니다.

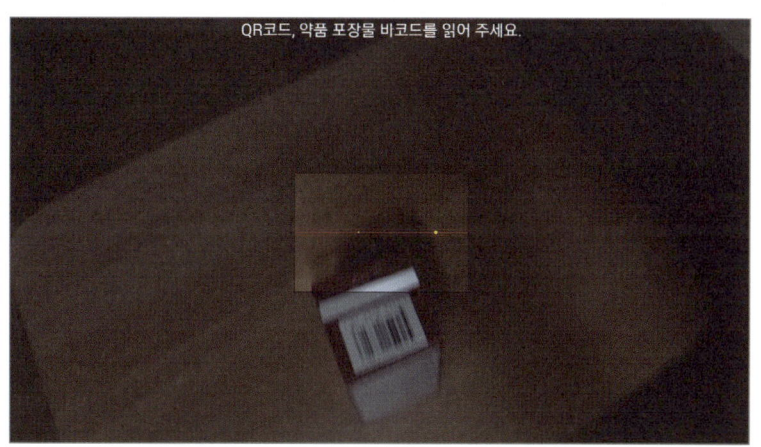 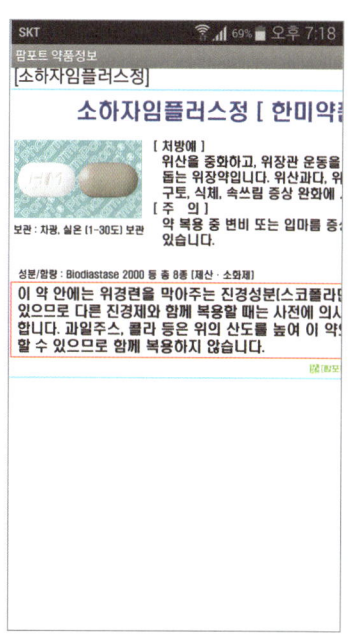

TIP 홈 화면의 [바코드스캔]을 터치한 후 바코드 스캐너가 실행되면 빨간색의 줄이 바코드 중앙에 위치하도록 스마트폰을 가져가도록 합니다.

04 약 복용 시간 알림을 설정할 수 있습니다. 홈 화면에서 [복약수첩]을 터치한 후 '복약달력'이 선택되어 있는 것을 확인하고 [확인]을 터치합니다. 이후 복용 날짜를 선택합니다.

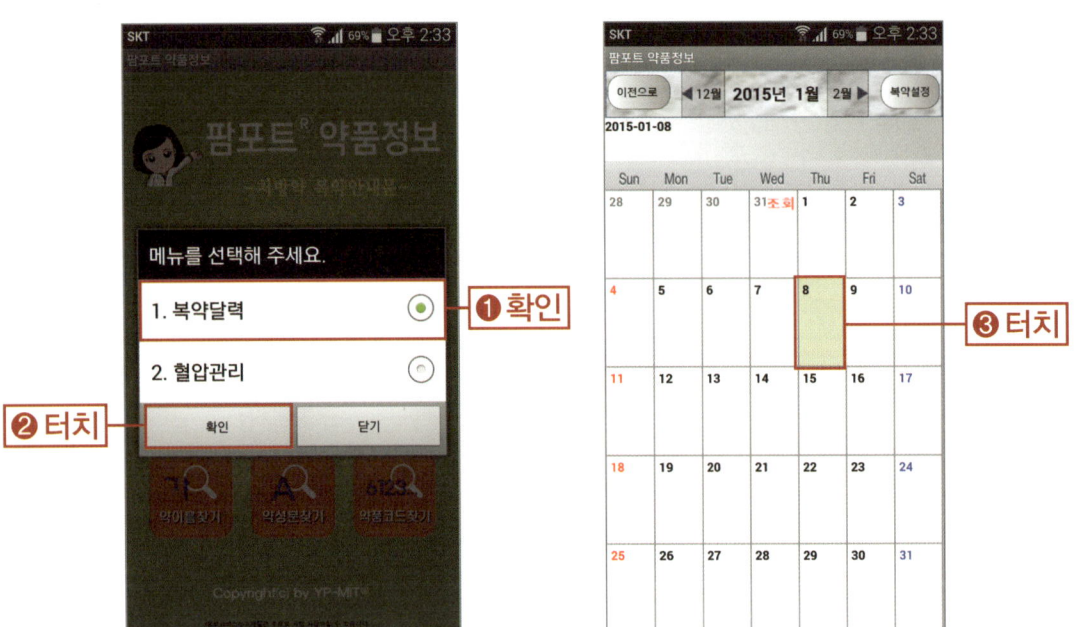

> **TIP** [Play 스토어]에서 '약복용'으로 앱을 검색하면 약의 복용 시간을 알려주는 다양한 앱을 찾을 수 있습니다.

05 복용 시간을 선택하고 아래의 [+1일]을 눌러 복용 날짜를 연장한 후 [설정저장]을 터치합니다. 달력에 복용 알림이 표시됩니다.

> **TIP** 복용 시간이 되면 알림음과 함께 스마트폰 알림 창에 '약 드실 시간입니다!'라는 메시지가 뜹니다.

06 동네 주변의 약국을 검색할 때는 홈 화면에서 [약국찾기]를 터치합니다. 검색 지역을 선택한 후 [주변약국 모두표시]를 터치합니다. 주변의 약국이 표시됩니다. 그 중 하나를 터치하면 해당 약국의 정보가 말풍선으로 표시됩니다. 지도 화면의 [목록보기]를 터치합니다.

TIP 약국 정보 말풍선의 전화 번호를 터치하면 전화 걸기로 연결됩니다. 해당 전화 번호를 입력하지 않아도 직접 전화 걸기가 가능합니다.

07 주변의 약국 정보가 목록으로 표시됩니다. 약국 목록 중 [지도로 보기]를 터치하면 현재 위치에서 약국까지의 거리를 확인할 수 있습니다.

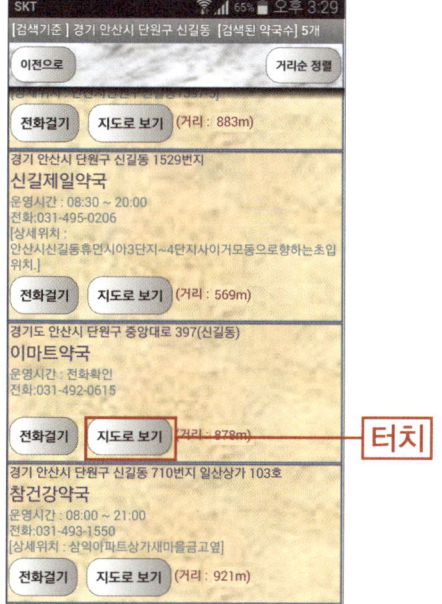
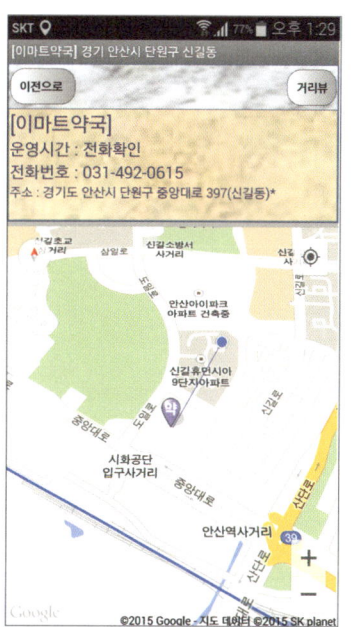

16장. 병원과 약국 활용 앱 사용하기 133

연습문제 >> 문제를 풀며 확인해보세요.

01 [응급의료정보제공] 앱에서 '데었을 때'의 응급처치 방법을 찾아보세요.

 [응급의료정보제공] 앱 실행 → 홈 화면에서 [응급처치요령] 터치 → [상황별 응급조치 요령] 터치 → [데었을 때] 터치 → 검색 결과 확인

02 [팜포트약품정보] 앱에서 '어린이 애드빌 시럽'에 대한 약품 검색을 실행해 보세요.

 [팜포트약품정보] 앱 실행 → 홈 화면에서 [약이름찾기] 터치 → '애드빌' 입력 후 [약품명 검색 실행] 터치 → '어린이 애드빌 시럽' 터치 → 검색 결과 확인

17 필요한 자료 스캔하기

상품의 바코드나 QR 코드를 스마트폰으로 스캔하면 상품의 정보를 쉽게 확인할 수 있습니다. 받은 명함을 스캔한 후 스마트폰에 간편하게 저장하거나 문서의 일부를 PDF 파일로 변환하면 스마트폰을 실생활에 좀 더 편리하게 활용할 수 있습니다. 일상생활에 필요한 자료들을 다양한 방법으로 스캔하는 법에 대해 알아봅니다.

| 이런 걸 배워요! | QR 코드 스캔, 명함 스캔과 정보 저장, 문서 스캔 후 PDF 파일 저장

미리보기

 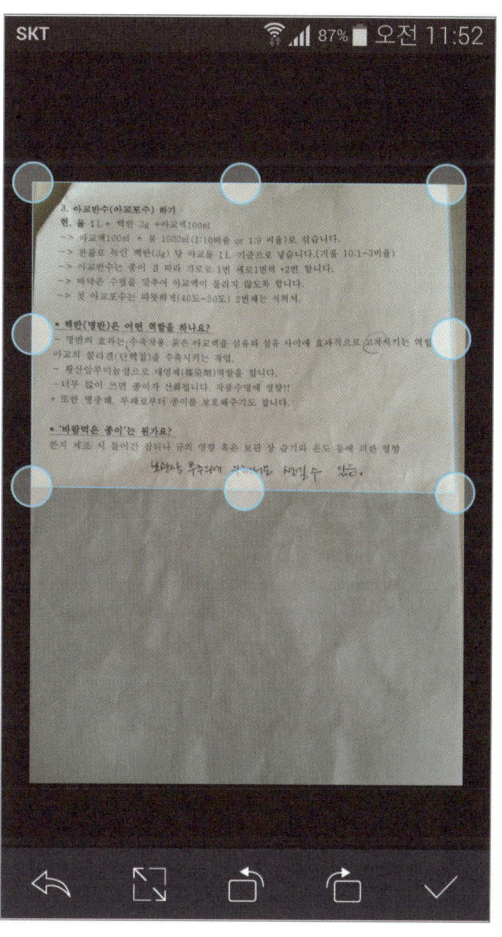

STEP 1 | QR 코드 스캔하기

01 [QR Droid Code Scanner] 앱을 설치한 후 실행합니다. 카메라가 실행되면 스마트폰을 QR 코드 이미지 근처에 가져갑니다. QR 코드를 스캔한 후 '기본 작업 선택' 창이 나타나면 [(물어보기)]를 터치합니다.

> **TIP** '스캔 후 기본 작업 선택' 창의 [URL 열기]를 선택하면 링크 주소를 터치했을 때 사용할 웹브라우저 앱을 물어보는 창이 나타납니다.

02 스캔 결과 화면에서 [QR 코드] 탭을 터치하면 스캔한 대상의 QR 코드 이미지가 표시됩니다. QR 코드로 검색한 대상의 정보를 확인하기 위해 URL을 터치하면 웹브라우저를 통해 대상의 정보를 확인할 수 있습니다.

> **TIP** 웹브라우저를 통해 정보를 확인한 후 스마트폰의 [취소] 버튼을 터치하면 앱으로 돌아옵니다.

03 화면 상단의 [옵션](▦)을 터치한 후 메뉴에서 [과거 기록]을 터치합니다. 이전 QR 코드를 스캔했던 기록을 확인할 수 있습니다.

TIP QR 코드를 다시 스캔할 때는 [옵션](▦)을 터치하고 [스캔]을 터치합니다.

STEP 2 | 명함 스캔하고 저장하기

01 [CamCard Lite명함스캐너] 앱을 설치한 후 실행합니다. 앱의 홈 화면에서 (📷)를 터치합니다. 앱의 화면이 명함을 스캔할 수 있는 카메라 화면으로 변경되면 명함이 노란색 줄에 꽉 차도록 위치를 지정한 후 (📷)를 터치합니다.

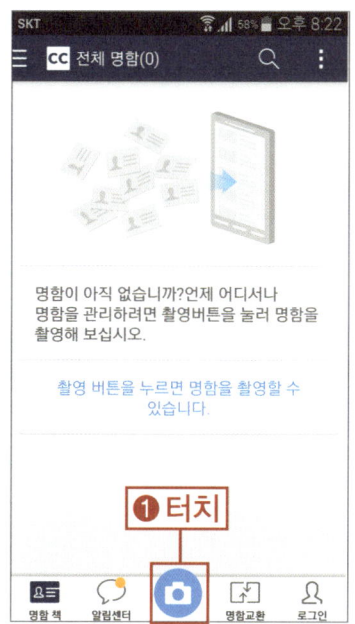
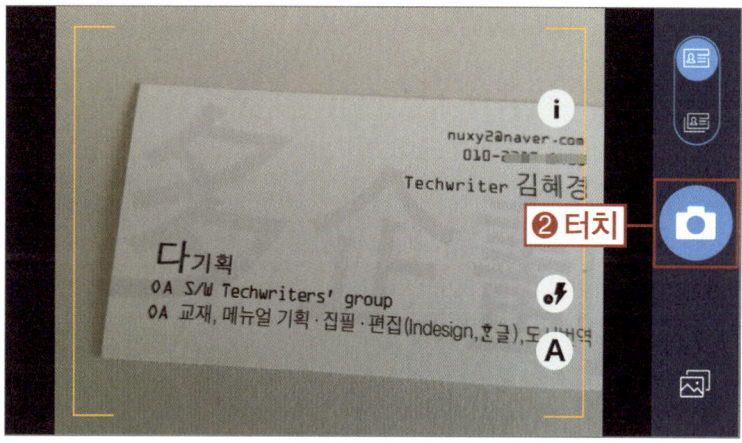

TIP 앱이 실행되면 상단에 있는 [바로 시작]을 선택합니다. 앱의 메인 화면으로 이동합니다.

02 명함이 이미지 파일로 표시되면서 이미지 아래에 명함 정보가 텍스트로 표시됩니다.

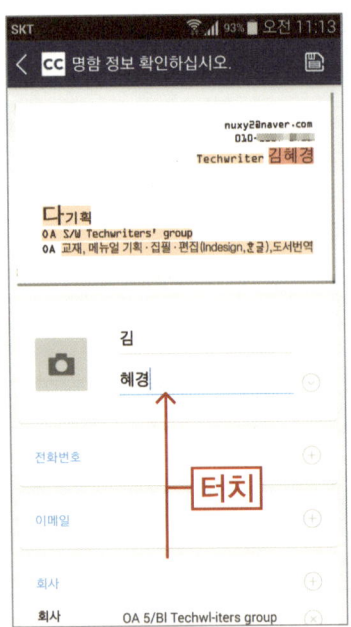

> **TIP** 이 앱을 사용하여 명함을 근접 촬영하면 명함 크기에 맞도록 주변이 잘리면서 깔끔하게 명함 이미지로 변환됩니다.

03 명함 정보는 해당 정보를 터치한 후 수정이 가능합니다. 명함 정보를 수정한 후 이름 앞의 (📷)를 터치합니다. '개인 사진 변경' 창이 뜨면 명함 정보에 사진을 추가하기 위해 [사진 촬영]을 터치합니다.

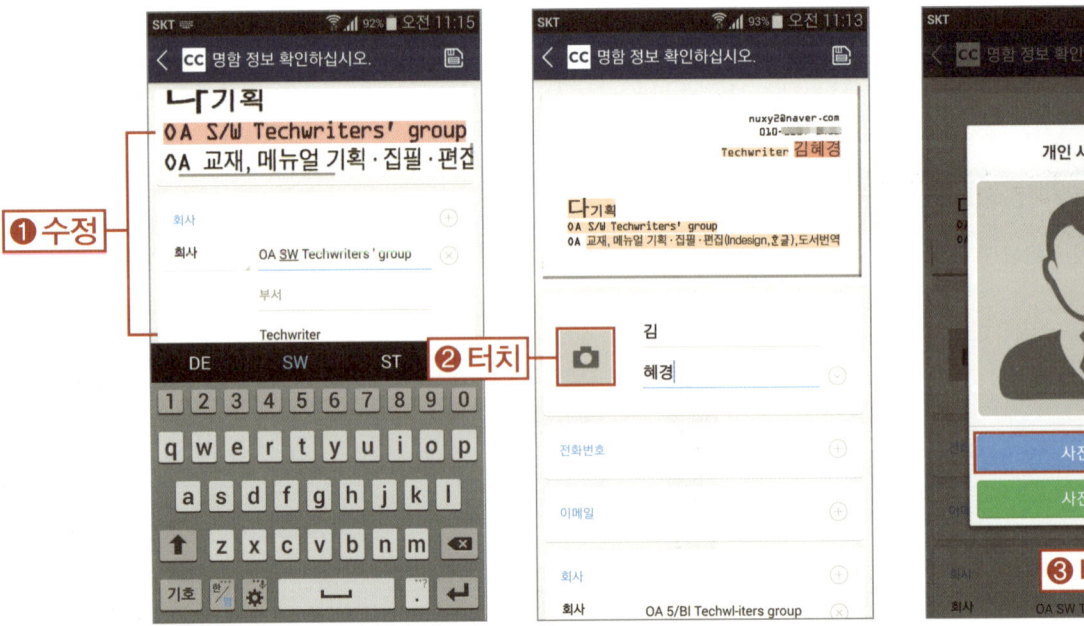

> **TIP** 명함을 스캔하면 명함에 표시된 정보가 제대로 스캔되지 않을 때가 있습니다. 이럴 때는 언제든지 내용을 수정할 수 있습니다.

04 사진을 촬영한 후 원하는 크기만큼 조절하고 [완료]를 터치합니다. '개인 사진 변경' 창에 촬영한 사진이 등록되면 스마트폰의 [취소] 버튼을 터치하여 이전 화면으로 돌아옵니다. 명함 정보에 촬영한 사진이 등록된 것을 확인할 수 있습니다.

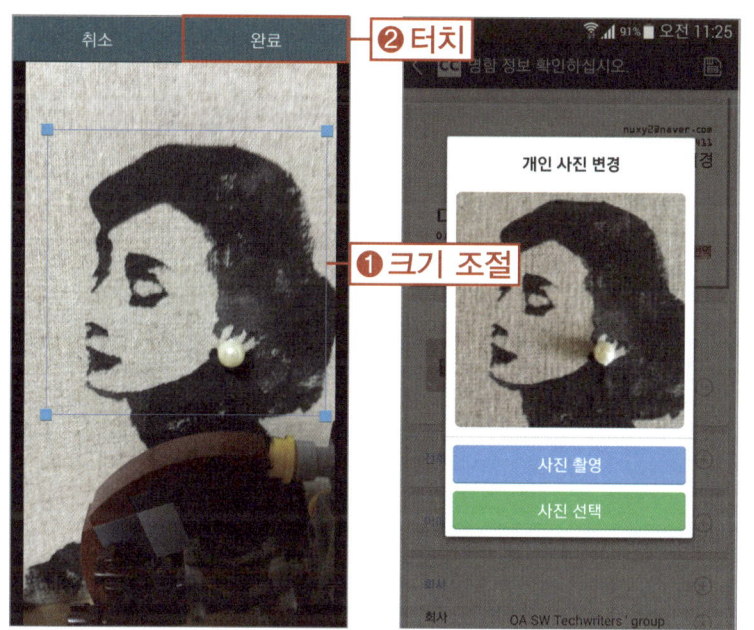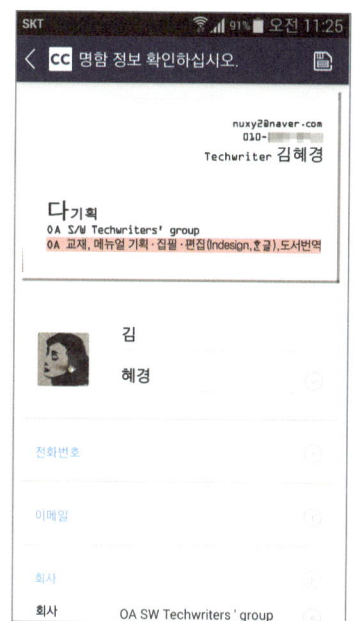

TIP '개인 사진 변경' 창에서 [사진 선택]을 터치하면 스마트폰에 저장된 사진을 명함 사진으로 선택할 수 있습니다.

05 스캔한 명함의 정보를 저장하기 위해 화면 상단의 (📄)를 터치합니다. '전화 연락처 선택' 목록에서 [전화 연락처]를 선택한 후 [기본 값으로 설정]을 터치합니다. 명함책에 스캔한 명함이 저장되어 언제든 확인할 수 있습니다.

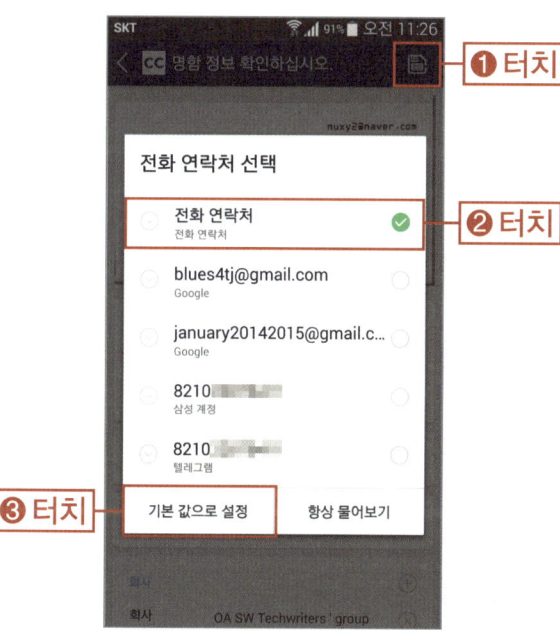

STEP 3 문서 스캔하기

01 [CamScanner-문서를 PDF로 스캔하기] 앱을 설치해 실행합니다. 시작 화면에서 [바로 시작]을 터치합니다. 이후 [여기를 클릭해서 스캔하기] 말 풍선 아래의 (📷)를 터치합니다.

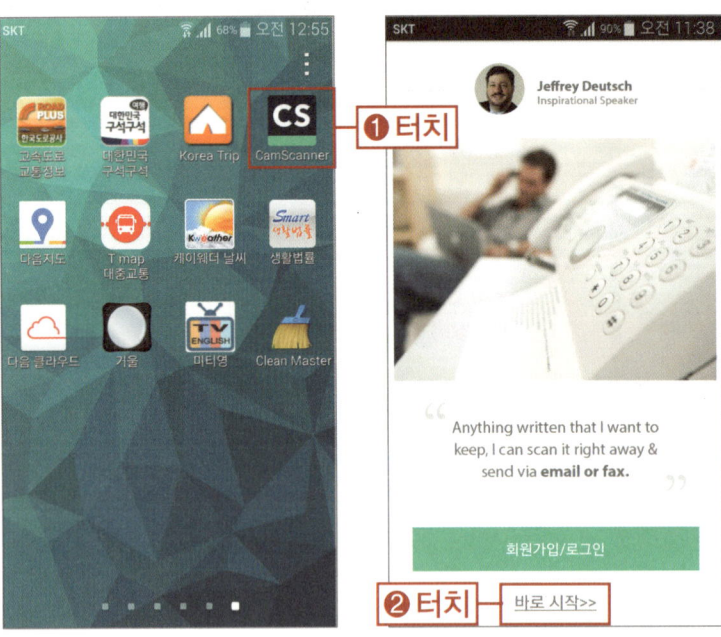

> **TIP** [CamScanner] 앱을 사용해 강연회에서 나눠주는 프린트물이나 모임의 주소록 등을 촬영해 두면 여기저기 흩어져 있는 중요한 자료들을 스마트폰에 모아둘 수 있습니다.

02 (📷)를 터치하여 스캔할 문서를 촬영합니다. 문서가 촬영되면 화면 하단의 [✓]를 터치합니다.

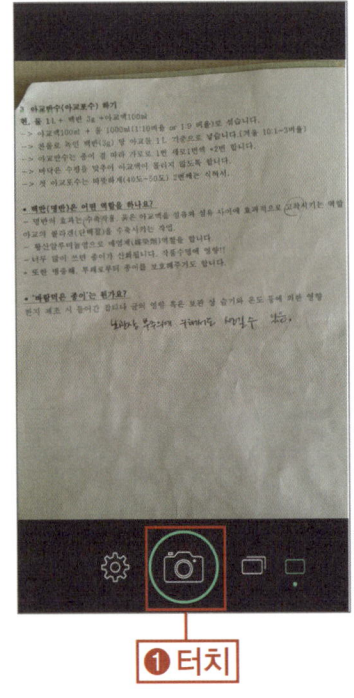
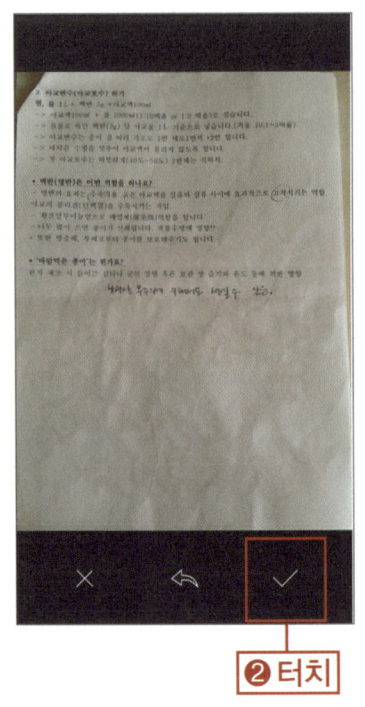

03 촬영한 문서의 각 모서리와 상하좌우에 원형의 조절점이 나타납니다. 아래쪽 중앙의 조절점을 위로 드래그한 후 [√]를 터치합니다. 문서의 배경과 텍스트의 밝기가 자동으로 조절되어 선명한 문서로 변경되면 화면 하단의 [√]를 터치합니다.

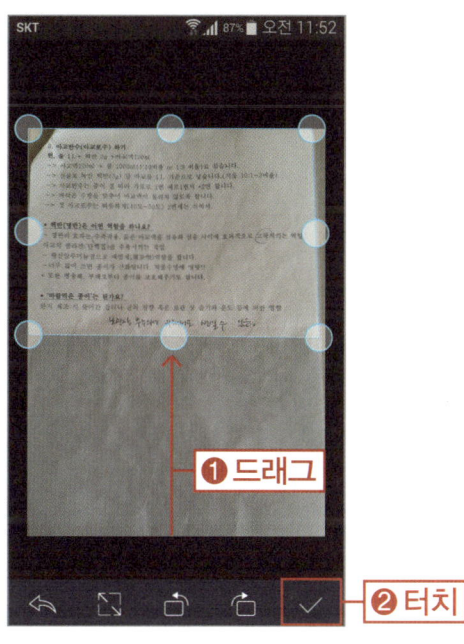 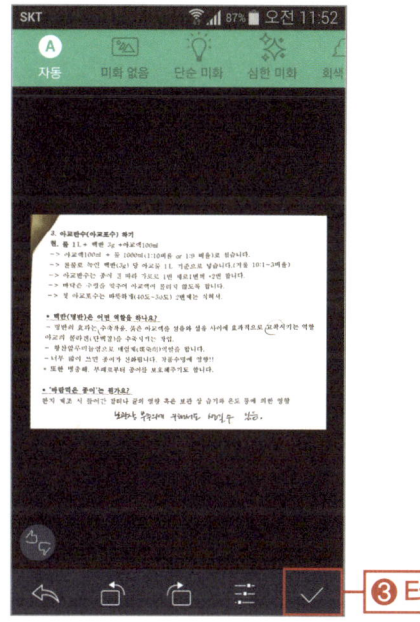

TIP 원형 조절점을 자유자재로 움직여 원하는 위치의 문서를 스캔합니다.

04 문서가 '새 파일'이라는 이름으로 저장됩니다. (✎)를 터치한 후 파일의 이름을 변경하고 [√]를 터치합니다. 이후 화면 하단의 [PDF](📄)를 터치하면 PDF 뷰어 앱을 통해 스캔한 문서를 확인할 수 있습니다.

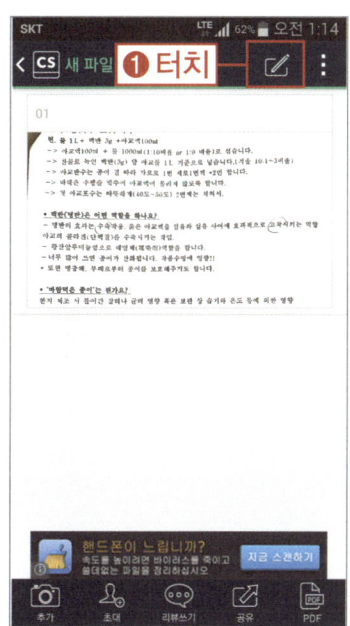 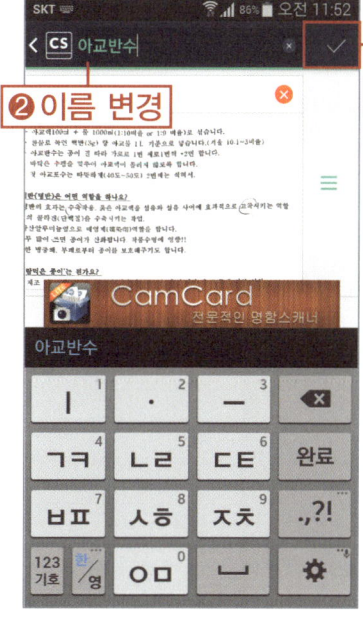 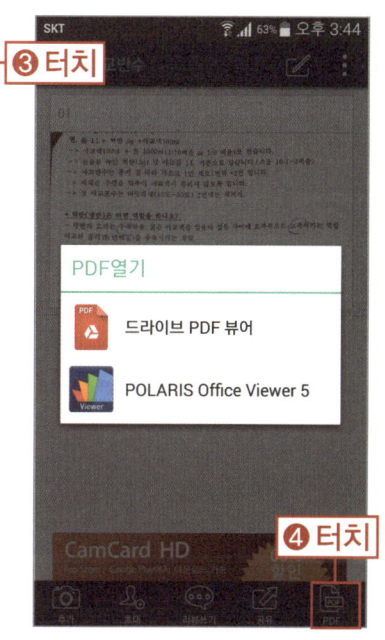

TIP 'PDF 열기' 창의 앱 목록에는 스마트폰의 기본 PDF 뷰어가 표시됩니다. 그 중 하나를 선택하면 PDF 뷰어 앱에서 문서를 확인할 수 있습니다. PDF로 변환된 문서는 PC에서도 확인이 가능합니다.

연습문제 >> 문제를 풀며 확인해보세요.

01 손으로 적어둔 요리 레시피나 강의 노트를 [CamScanner] 앱을 사용해 스캔해 보세요.

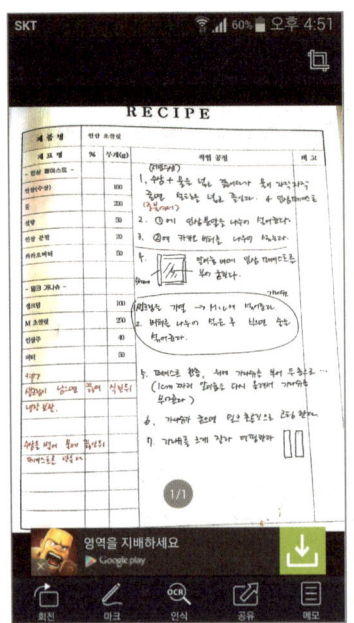

> **HINT** [CamScanner] 앱 실행 → (📷) 터치한 후 다시 한 번 (📷) 터치 → [✓] 터치 → 조절점을 드래그하여 이미지 크기 조절 → [✓] 터치 → 이미지 밝기 조절 후 [✓] 터치

02 PC의 웹브라우저에 표시된 QR 코드나 책 뒷면의 QR 코드를 [QR Droid] 앱을 통해 검색해 보세요.

> **HINT** [QR Droid] 앱 실행 → 컴퓨터 화면에 나타난 QR 코드로 스마트폰 가져가기(도서 뒷면의 QR 코드에 스마트폰 위치) → URL 터치 → 스마트폰 웹 브라우저를 통해 정보 확인

18 교통과 여행 관련 앱 활용하기

내가 사는 지역이나 여행지의 버스 정보를 확인하거나 지하철의 출발시간, 환승 경로 등을 확인할 수 있는 앱은 스마트폰의 필수 앱입니다. 대중교통을 편리하게 사용하는 앱과 여행 전 고속도로 교통정보를 확인하는 앱, 여행지 정보를 담고 있는 앱을 알아봅니다.

| 이런 걸 배워요! | 지하철과 버스 노선 검색, 고속도로 교통정보 확인, 캠핑 앱 사용

미리보기

| STEP 1 | 지하철과 버스 노선 검색하기 |

01 [T map 대중교통] 앱을 설치한 후 실행합니다. 홈 화면에서 [지하철 노선도]를 터치한 후 지하철 노선도가 나타나면 출발역을 터치합니다. 선택한 역에 대한 정보가 화면 하단에 표시되면 출발역으로 지정하기 위해 [출발]을 터치합니다.

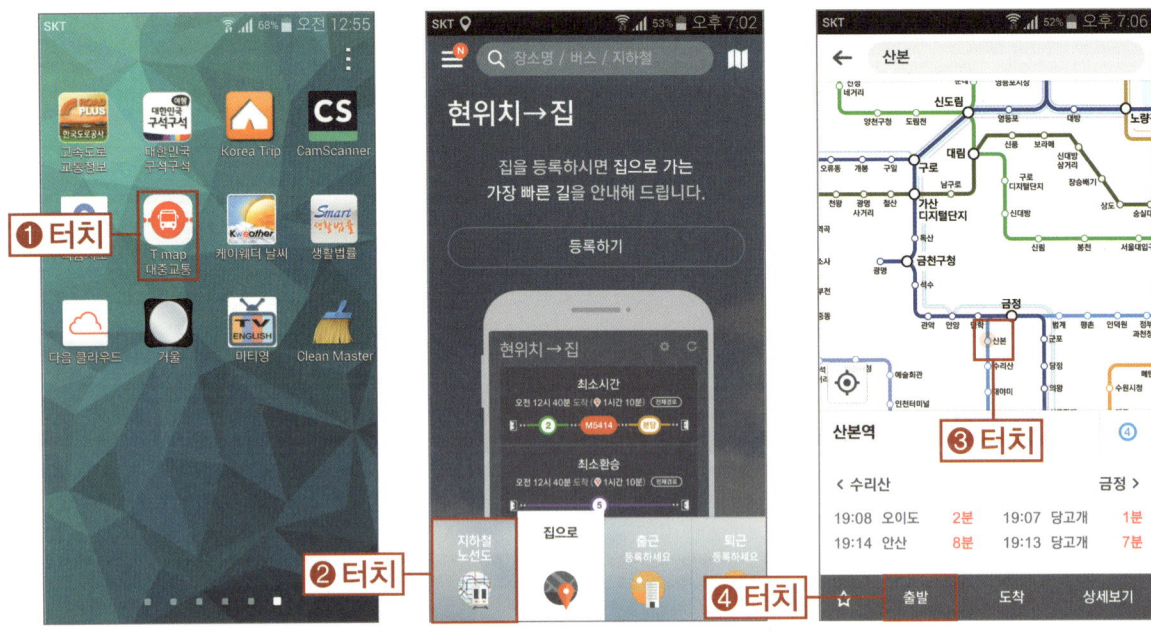

TIP 약관 동의 화면이 나오면 [동의] 버튼을 터치해 홈 화면으로 넘어가도록 합니다.

02 이번에는 지하철 노선도에서 도착역을 터치합니다. 선택한 역을 도착역으로 지정하기 위해 화면 하단의 [도착]을 터치합니다. 출발역과 도착역에 대한 운행 시간, 환승역, 요금에 대한 정보가 나타나면 [길안내]를 터치합니다.

03 길 안내를 시작하면 어디서 무엇을 타고 언제 내려야 할지 안내합니다. [하차] 버튼이 'ON' 상태면 하차 지점에 도착 전 알림을 받을 수도 있습니다. 길 안내를 종료할 때는 화면의 [종료]를 터치한 후 [확인]을 터치합니다.

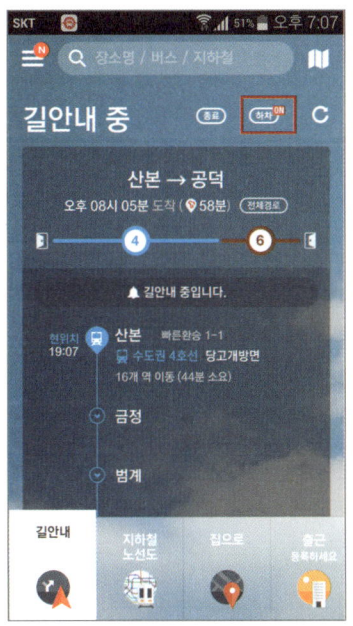 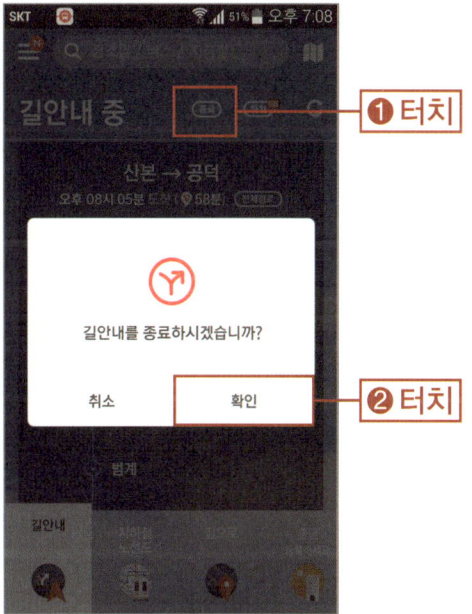

TIP '하차' 버튼을 'ON'으로 지정하면 이동 중 다른 앱을 사용하거나 지하철에서 잠이 들어도 하차 전에 미리 알려줍니다.

04 홈 화면에서 [주변 정류장/역]을 터치합니다. 주변 버스 정류장의 목록이 표시됩니다. 정류장을 터치하면 주변에 도착되는 버스의 정보가 표시됩니다.

TIP 버스 번호 옆의 (☆)를 터치하면 '즐겨찾기' 목록에 버스의 번호가 등록됩니다. 다음부터는 검색하지 않아도 해당 버스 번호의 정보를 쉽게 확인할 수 있습니다.

STEP 2 | 고속도로 정보 알아보기

01 [고속도로교통정보] 앱을 설치한 후 실행합니다. 홈 화면에서 [종합 교통정보]를 터치합니다. 이후 '노선 선택' 화면의 '고속도로' 탭에서 알고자 하는 고속도로를 선택합니다.

> **TIP** '국도'에 대한 교통정보를 알고 싶을 때는 [국도] 탭을 터치한 후 목록에서 정보를 알고 싶은 국도 이름을 터치합니다.

02 선택한 고속도로에 대한 교통 상황을 실시간으로 안내받을 수 있습니다. 화면 상단의 메뉴 아이콘 중 [방향]을 터치하면 반대 방향의 교통 상황이 나타납니다. 화면의 메뉴 아이콘 중 [정체구간]을 터치합니다.

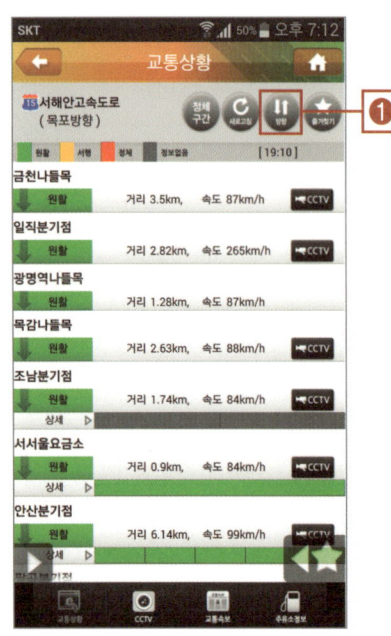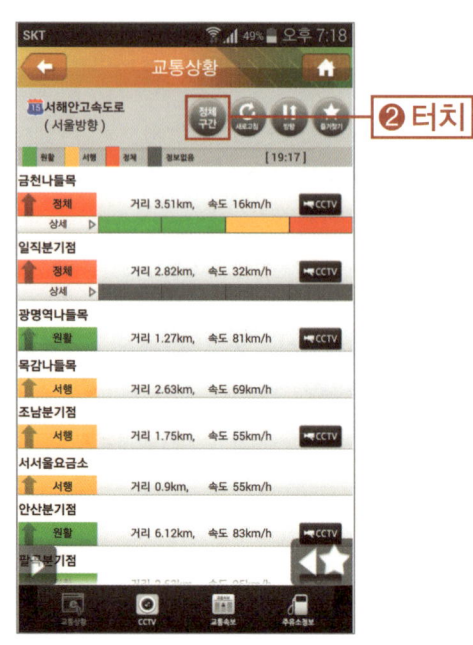

03 선택한 고속도로에서 '서행'이나 '정체' 중인 구간을 따로 표시합니다. 각 구간에 표시되는 [CCTV] 아이콘을 터치하면 현재 고속도로의 교통 현황을 비디오로 확인할 수 있습니다.

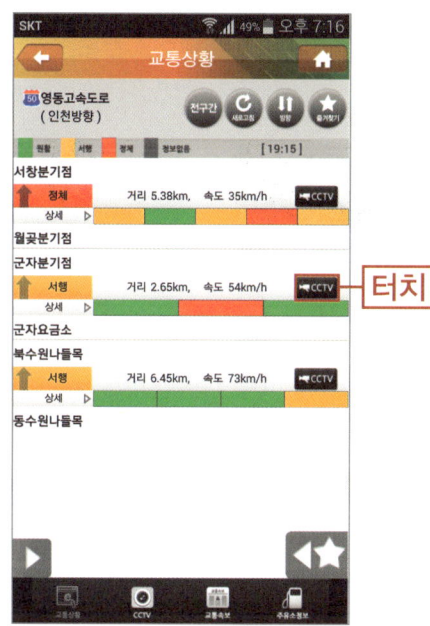 

TIP 다시 전구간 고속도로의 상황을 표시할 때는 [정체구간] 아이콘에서 변경된 [전구간] 아이콘을 터치합니다.

04 화면 아래쪽의 [주유소정보]를 터치하면 선택한 고속도로의 주유소 정보를 확인할 수 있습니다. [교통속보]를 터치하면 해당 고속도로의 교통 정보가 표시됩니다.

STEP 3 | 캠핑장 정보 검색하기

01 [Korea Trip(캠핑장 정보)] 앱을 설치한 후 실행합니다. 홈 화면에서 [전체]로 선택된 소재지를 터치한 후 '소재지' 목록에서 원하는 지역을 터치합니다. 이후 옵션 목록에서 원하는 옵션을 선택하고 (🔍)를 터치합니다.

 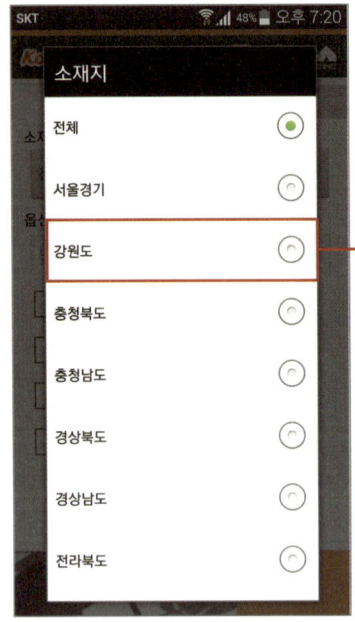 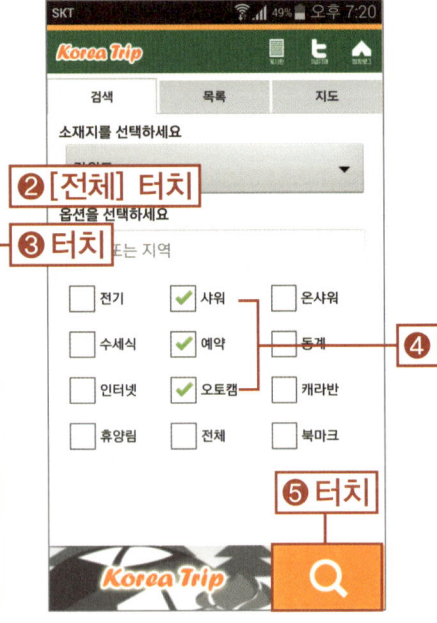

02 선택한 지역에 위치하는 캠핑장의 목록이 표시됩니다. [지도] 탭을 터치하면 지도 화면에 캠핑장이 표시됩니다.

 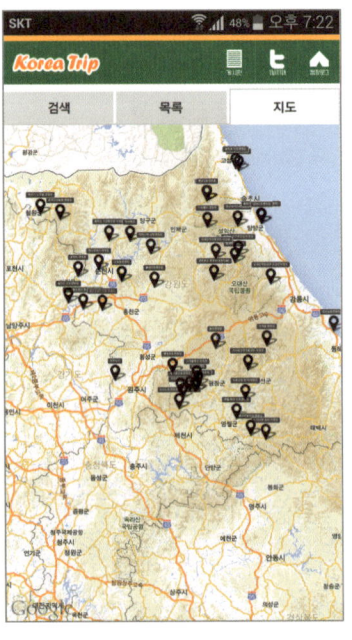

> **TIP** 캠핑장을 다시 검색할 때는 [검색] 탭을 터치한 후 소재지와 옵션 등을 다시 선택하여 검색을 시작합니다.

03 [목록] 탭을 터치한 후 캠핑장 목록 중 하나를 터치하면 해당 캠핑장의 자세한 정보가 표시됩니다. 전화번호를 터치하면 통화 화면으로 직접 연결됩니다.

 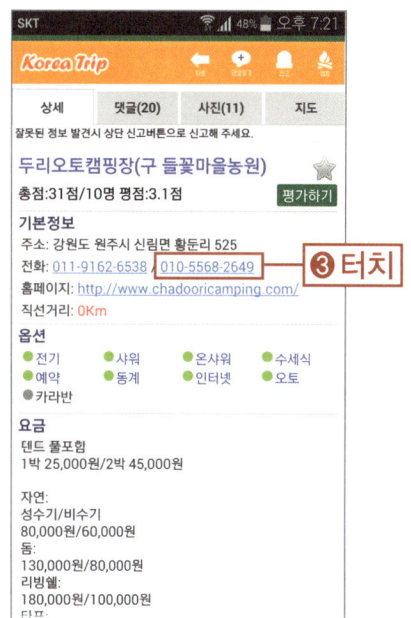

> **TIP** [상세] 탭 외에 '댓글', '사진', '지도' 탭을 터치하여 정보를 확인할 수 있습니다.

04 [사진] 탭을 터치하면 해당 캠핑장에 대한 정보를 사진으로 확인할 수 있습니다. [댓글] 탭을 터치하면 캠핑장 경험자들이 게시한 댓글을 확인할 수 있습니다. [지도] 탭에서는 구글 지도를 통해 캠핑장의 위치를 확인할 수 있습니다.

 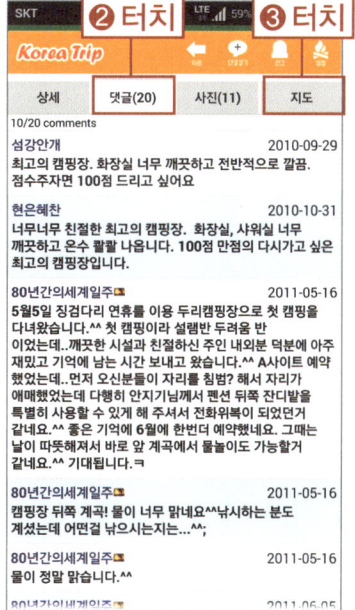 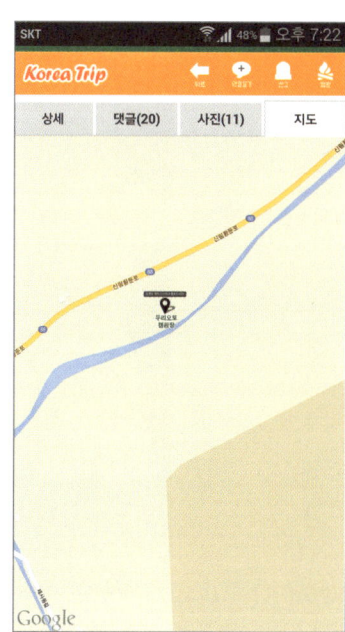

18장. 교통과 여행 관련 앱 활용하기

연습문제 >> 문제를 풀며 확인해보세요.

01 [T map 대중교통] 앱에서 자주 이용하는 대중교통 정보를 '즐겨찾기'에 추가해 보세요.

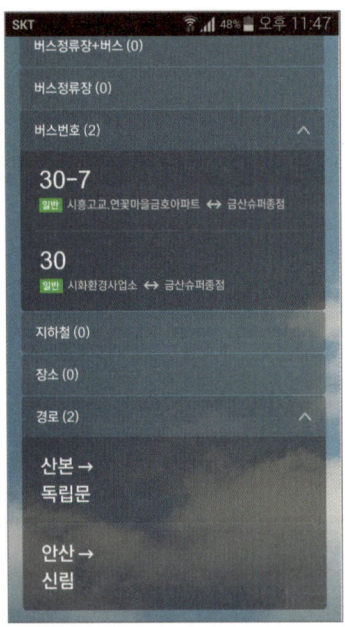

HINT [T map 대중교통] 앱 실행 → [지하철 노선도] 터치 → 출발역과 도착역 검색하고 상단의 (☆) 터치 후 [확인] 터치 → 홈 화면에서 [즐겨찾기] 터치 후 확인

02 [고속도로교통정보] 앱을 실행하고 '교통지도' 화면에서 고속도로를 선택한 후 교통 정보를 확인해 보세요.

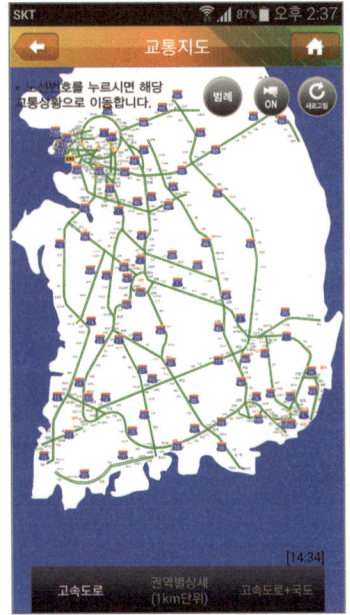

HINT [고속도로교통정보] 앱 실행 → 홈 화면에서 [교통지도] 터치 → 화면을 확대한 후 고속도로 번호 터치 → 교통 상황 확인

19 스마트폰으로 인터넷 뱅킹하기

은행에서 인터넷 뱅킹을 신청한 후 PC에서 인터넷 뱅킹을 사용하고 있다면 스마트폰에서도 쉽게 인터넷 뱅킹이 가능합니다. 스마트폰에 거래하는 은행의 앱을 설치한 후 PC의 공인인증서를 스마트폰으로 복사하면 간단히 인터넷 뱅킹을 시작할 수 있습니다.

| 이런 걸 배워요! | PC에서 공인인증서 복사, 스마트폰으로 공인인증서 가져오기

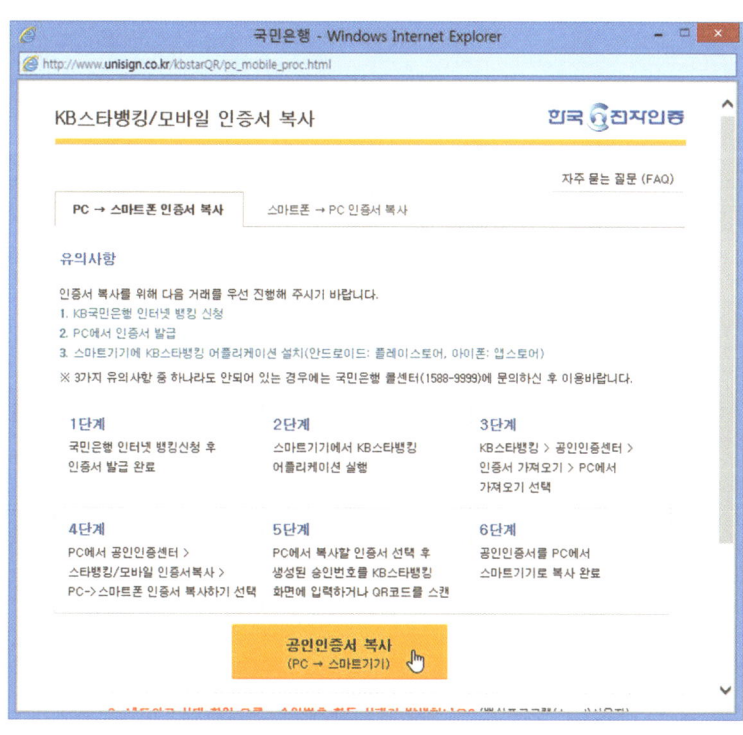
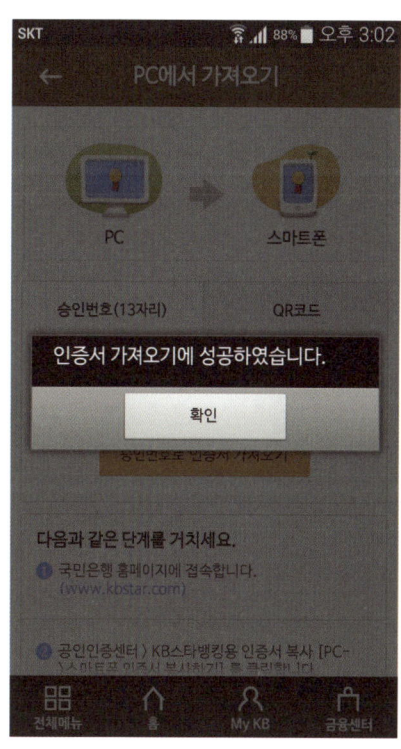

STEP 1 공인인증서 복사하기

01 거래하는 은행 사이트에 접속한 후 메뉴에서 [공인인증센터]를 클릭합니다.

TIP 이 책에서는 '국민은행'을 기준으로 설명합니다. 다른 은행 사이트에서도 마찬가지로 '공인인증센터'를 클릭하면 됩니다.

02 '공인인증센터' 화면에서 '스타뱅킹/모바일 인증서 복사'의 [바로가기]를 클릭합니다.

TIP 타 은행 사이트에서도 '스마트폰 인증서 복사' 등의 메뉴에서 인증서 복사를 선택합니다.

03 [PC→스마트폰 인증서 복사하기]를 클릭합니다.

> TIP '인증서관리 프로그램 설치 중입니다' 라는 화면이 나와 프로그램을 설치해야 한다면 [설치]를 선택해 인증서관리 프로그램을 설치합니다.

04 인증서를 복사하는 과정에 대한 설명을 읽은 후 [공인인증서 복사]를 클릭합니다.

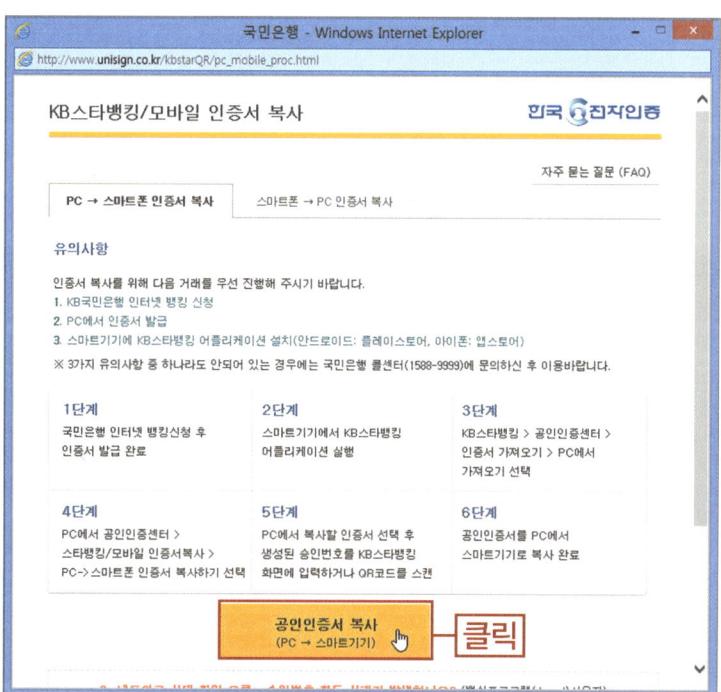

> TIP 인터넷 뱅킹이나 증권, 보험 가입 및 대출 등의 금융 업무를 온라인에서 하려면 공인인증서가 반드시 필요합니다. 인터넷 뱅킹은 해당 은행에 직접 가서 발급 신청을 한 후 홈페이지 접속해 인증서를 발급받아야 합니다.

19장. 스마트폰으로 인터넷 뱅킹하기 **153**

05 '인증서' 창이 나타나면 복사할 공인인증서를 선택한 후 비밀번호를 입력하고 [확인]을 클릭합니다. '스마트폰 인증서 이동' 창에 '승인번호'와 'QR코드' 등이 나타납니다.

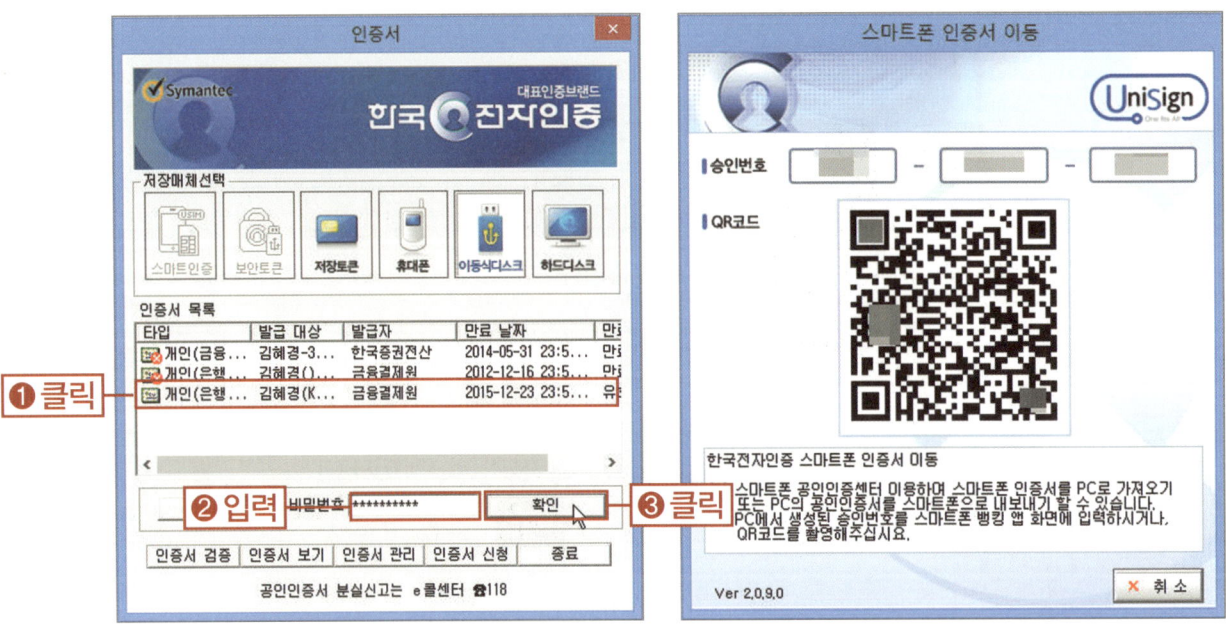

TIP 인터넷 창을 끄지 않은 상태에서 스마트폰의 [KB 국민은행] 앱을 실행합니다.

STEP 2 인증서 가져오고 은행 업무 보기

01 [KB 국민은행 스타뱅킹] 앱을 설치한 후 실행합니다. 홈 화면에서 [인증센터]를 터치합니다. '인증센터' 화면의 [인증서 가져오기]를 터치한 후 목록이 표시되면 [PC에서 가져오기]를 터치합니다.

  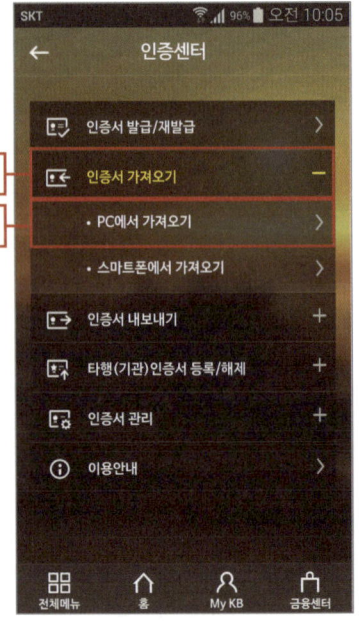

TIP [Play 스토어]에서 은행 앱을 검색한 후 해당 은행 앱을 먼저 설치해 두어야 합니다.

02 'PC에서 가져오기' 화면의 '승인번호(13자리)' 입력 상자에 'PC에 표시된 승인번호 13자리'를 입력한 후 [승인번호로 인증서 가져오기]를 터치합니다. 인증서 가져오기가 완료되면 [확인]을 터치합니다.

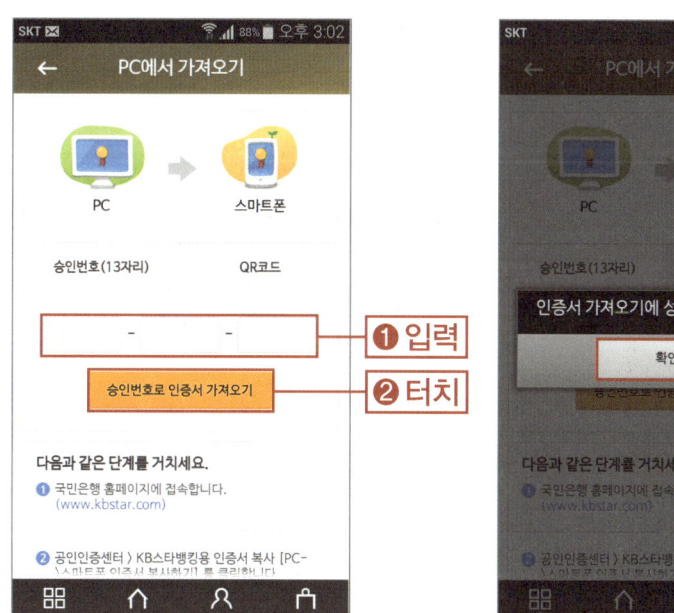

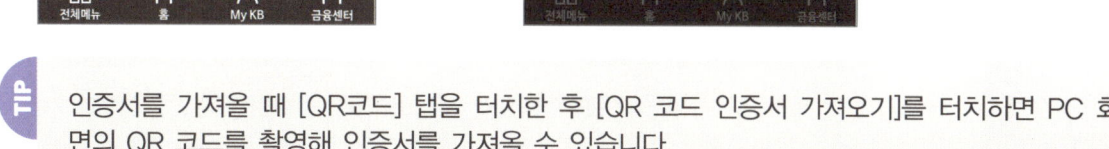

TIP 인증서를 가져올 때 [QR코드] 탭을 터치한 후 [QR 코드 인증서 가져오기]를 터치하면 PC 화면의 QR 코드를 촬영해 인증서를 가져올 수 있습니다.

03 홈 화면에서 [전체메뉴]를 터치하면 앱의 모든 메뉴를 확인할 수 있습니다. 계좌를 조회하기 위해 [조회]를 터치합니다. '조회' 화면에서 [예금/신탁계좌조회]를 터치합니다.

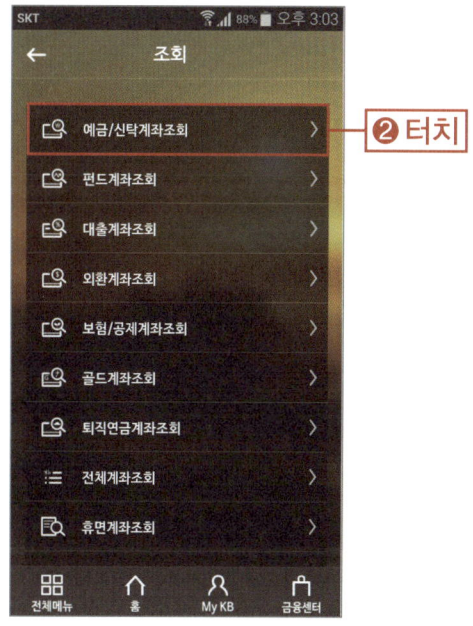

04 복사한 인증서로 로그인을 시작합니다. '공인인증서 로그인' 탭의 내 이름을 터치합니다. '인증서 암호' 화면이 나타나면 공인인증서 암호를 입력한 후 [확인]을 터치합니다.

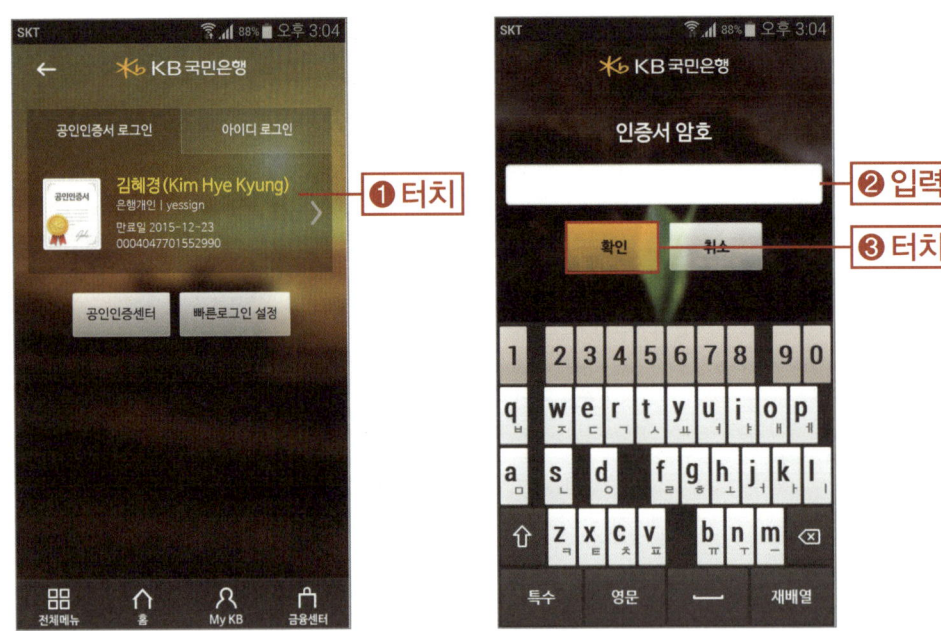

> **TIP** [빠른로그인 설정]을 터치한 후 [빠른로그인 설정하기]를 선택하면 로그인할 때 인증서 암호 입력 화면으로 바로 이동합니다.

05 서비스 이용 신청 과정을 진행합니다. 이용약관에 동의하고 보안카드의 번호를 입력한 후 [확인]을 터치합니다.

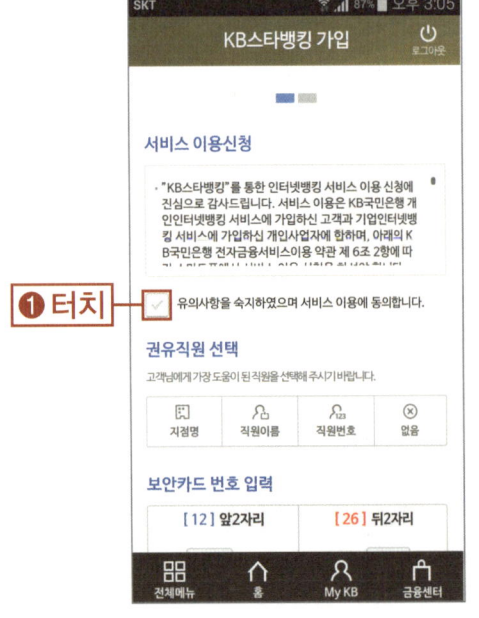
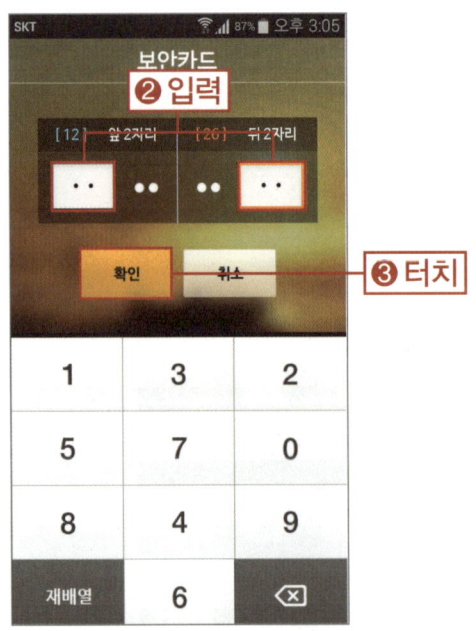

> **TIP** 스마트폰을 이용한 인터넷 뱅킹에서는 계좌조회뿐 아니라 계좌이체 등의 다양한 은행 업무를 진행할 수 있습니다.

06 가입을 완료한 후 [예금계좌조회]를 터치합니다. 현재 예금 계좌에 대한 정보가 표시됩니다.

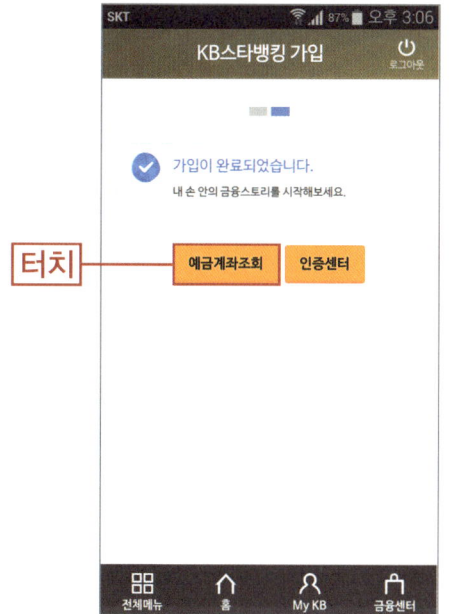 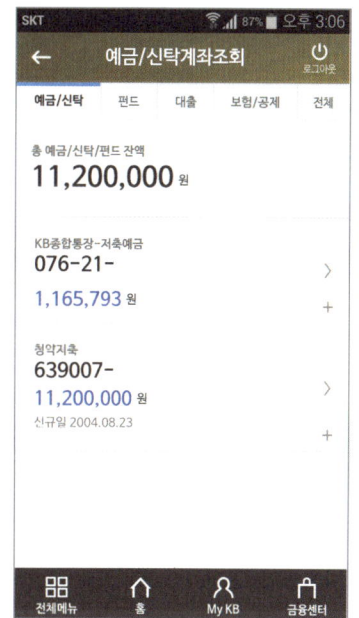

07 화면 아래에 있는 [홈]을 터치하면 은행 앱의 홈 화면이 표시됩니다. 홈 화면에서는 계좌 번호와 잔액, 최종 거래 등을 확인할 수 있습니다. 계좌에 이름을 지정해 관리하고 싶을 때는 [계좌별명지정하기]를 터치한 후 '계좌별명등록/삭제' 화면에서 계좌 이름을 지정해줄 수 있습니다.

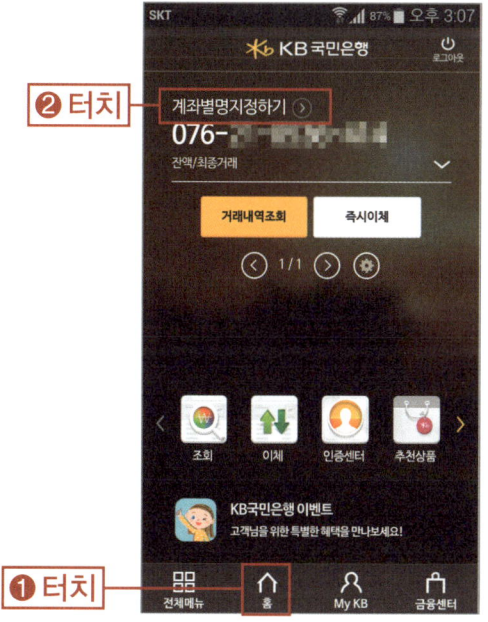 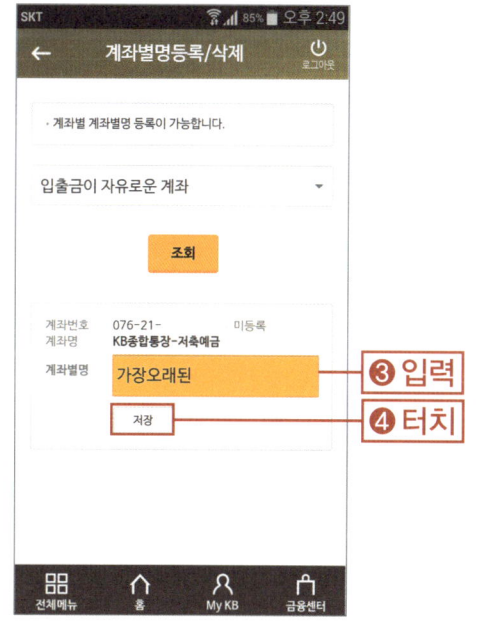

TIP [Play 스토어]에서 '은행찾기'를 검색어로 입력하여 검색하면 내 위치에서 은행 및 ATM 기기의 위치를 찾아주는 앱을 설치할 수 있습니다.

연습문제 >> 문제를 풀며 확인해보세요.

01 [Play 스토어]에서 '은행'으로 앱을 검색해 보세요.

> **HINT** 홈 화면에서 [Play 스토어] 앱 실행 → [앱] 버튼 선택 후 (🔍) 터치 → 검색 란에 '은행' 입력 → 검색 결과 확인

02 거래 중인 은행의 앱을 설치하고 실행해 보세요.

> **HINT** [Play 스토어] 앱 실행 → [앱] 버튼 선택 후 (🔍) 터치 → 검색 란에 '은행 이름' 입력 → 검색 결과에서 은행 앱 터치 → 앱스 화면에서 설치된 앱 터치 → 은행 앱에 로그인

20 생활에 유용한 앱 활용하기

일상생활에 필요한 앱의 종류는 여러 가지가 있지만 가계부나 요리 레시피, 배송 추적 앱 등은 매우 유용하게 사용할 수 있습니다. PC에서 검색하지 않고도 쉽게 요리 레시피나 날씨 등을 검색하고 택배 물품이 어디쯤 왔는지 확인할 수 있는 앱을 사용하는 방법을 알아봅니다.

| 이런 걸 배워요! | 가계부 앱, 요리 관련 앱, 날씨 정보 앱, 택배 배송 확인 앱 사용

미리보기

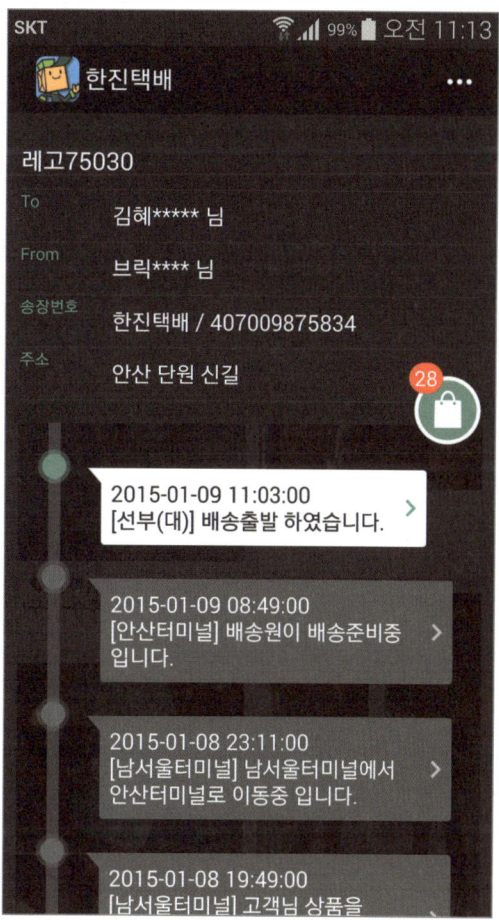

STEP 1 | 가계부 앱 사용하기

01 [똑똑 가계부] 앱을 설치한 후 실행합니다. 앱의 홈 화면에 지출 내역이 입력되지 않은 상태가 확인됩니다. 화면 상단의 (▪)를 터치한 후 [이전 문자 등록]을 선택합니다.

  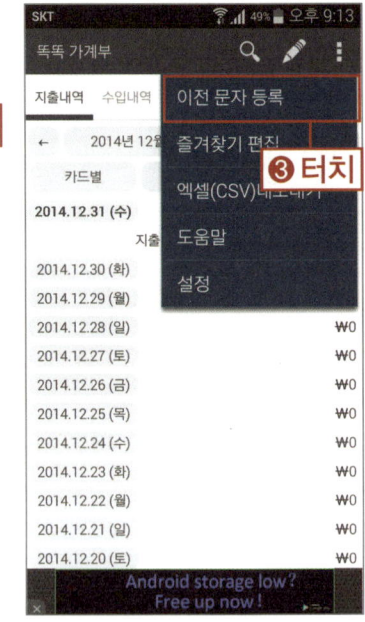

TIP 카드 결제나 은행 이체를 완료한 후 전송되었던 문자가 남아 있을 때 [이전 문자 등록]을 선택하면 지난 지출 금액을 앱에 삽입할 수 있습니다.

02 '지출 이전 문자 등록' 창이 나타나면 [전체 문자 검색]을 터치합니다. 등록할 지출 내역을 선택한 후 [확인]을 터치합니다.

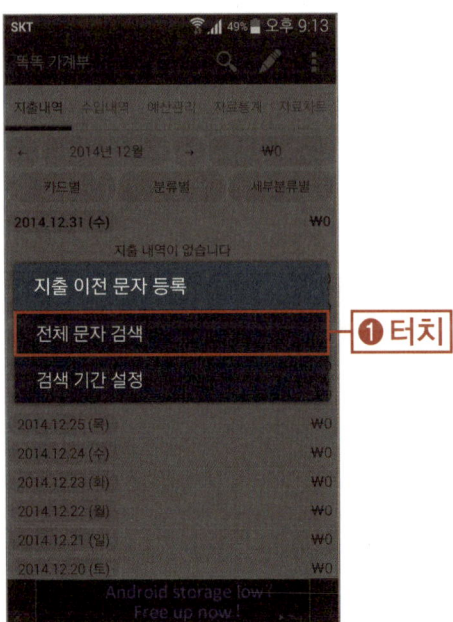 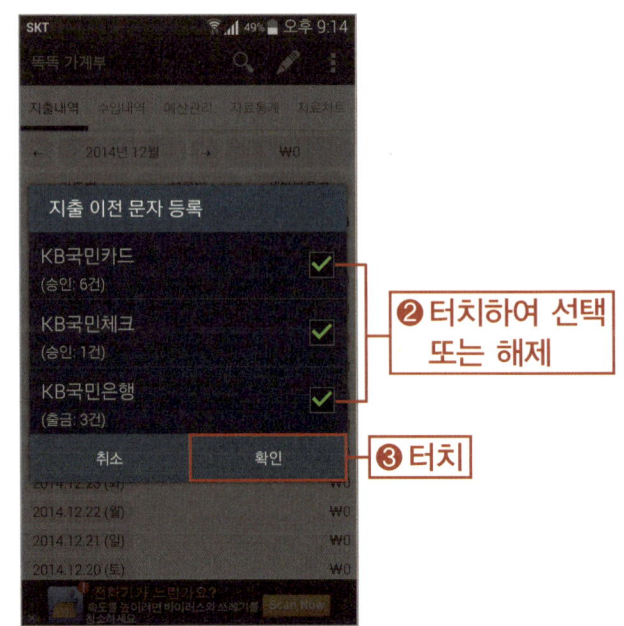

03 가계부 앱에 '지출 이전 문자 등록'을 통해 등록된 지출 내역이 추가됩니다. 카드 결제나 인터넷 뱅킹을 통해 자금 이체를 하면 '지출 내역' 창이 나타납니다. [입력]을 터치하면 가계부 앱에 지출 내역이 추가됩니다.

 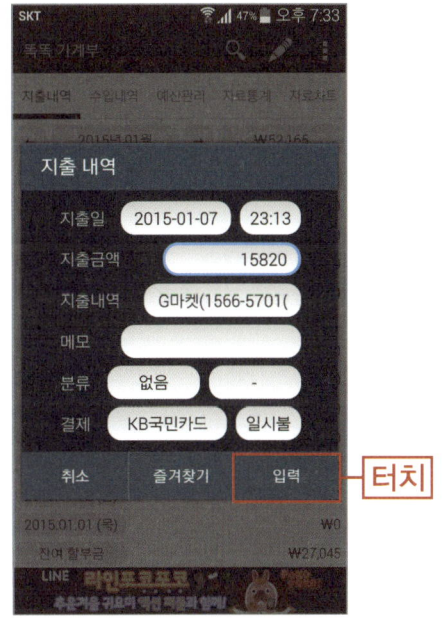

TIP 문자 알림을 신청하지 않은 지출이나 현금 결제를 했을 경우엔 화면 상단의 (✎)를 터치한 후 '지출 내역' 창에 직접 지출 내역을 입력합니다.

STEP 2 | 요리 관련 앱 사용하기

01 [요리백과-만개의 레시피] 앱을 설치한 후 실행합니다. 홈 화면의 (🔍)를 터치한 후 검색 상자에 요리 이름을 입력하고 (🔍)를 터치합니다.

TIP 홈 화면의 '상황별', '방법별', '재료별' 탭을 각각 터치한 후 화면에 나타난 목록에서 원하는 종류를 선택하여 요리 레시피를 검색할 수도 있습니다.

02 검색한 요리에 대한 결과 목록이 표시되면 그 중 하나를 터치합니다. 요리 레시피에 대한 자세한 설명 화면이 나타납니다.

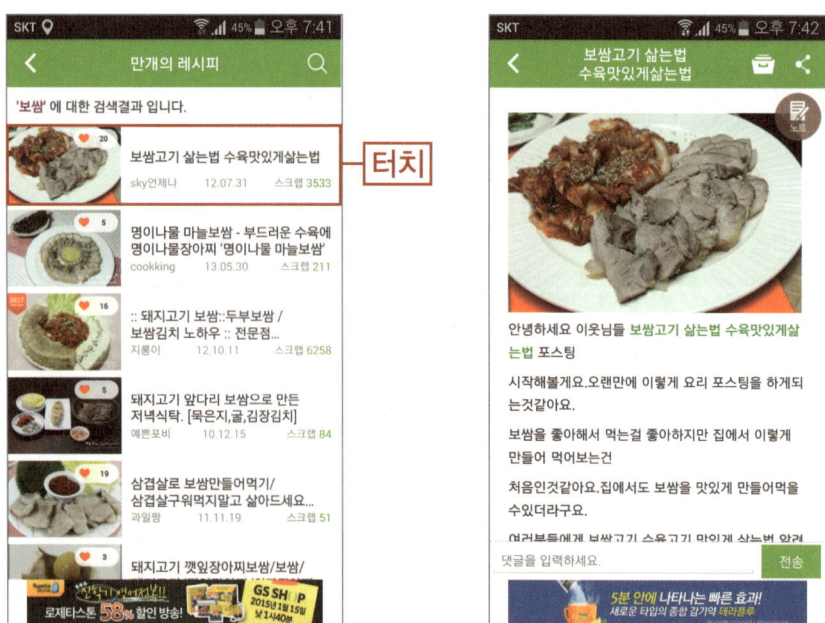

TIP 레시피 화면의 (📦)를 터치하면 현재의 레시피를 스크랩할 수 있습니다. 메인 화면 상단의 [스크랩]을 터치한 후 [내스크랩]을 선택하면 스크랩한 레시피가 기본폴더에 저장된 것을 확인할 수 있습니다. (◁)는 페이스북이나 트위터, 카카오톡 등을 통해 레시피를 공유할 때 사용합니다.

03 메인 화면 상단의 [스크랩] 메뉴를 터치하면 인기 레시피 목록이 표시됩니다. 화면 오른쪽의 (▷)를 터치하면 선택한 요리의 레시피 목록이 나타납니다. 그 중 원하는 레시피를 선택한 후 [담기]를 터치하면 [내스크랩]에 저장되어 검색하지 않고도 언제든 볼 수 있습니다.

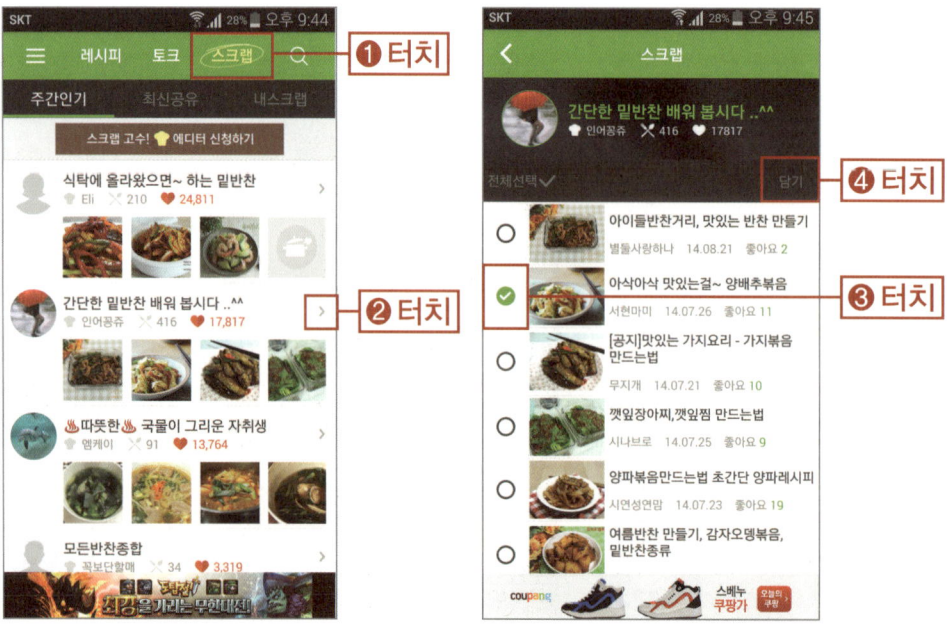

TIP [담기]를 터치하면 선택한 레시피는 저장되어 [내스크랩] 항목에 표시됩니다. 마음에 드는 레시피를 발견했을 때는 '스크랩' 기능을 이용해 저장해두면 편리합니다.

STEP 3 : 날씨 정보 확인하기

01 [날씨-케이웨더] 앱을 설치한 후 실행합니다. 홈 화면에서 (➕)를 터치한 후 '지역설정' 화면에서 다시 (➕)를 터치합니다.

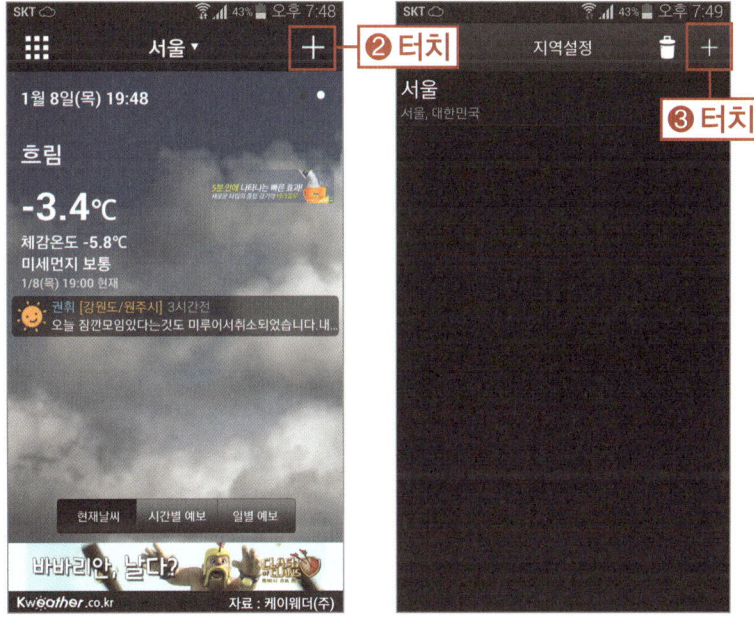

> **TIP** '서비스 이용 동의' 창이 나오면 [동의]에 체크한 후 [다음]을 터치하면 됩니다.

02 [현 위치]를 터치하고 '현 위치' 창이 나타나면 '설정 기억'이 선택된 상태에서 [예]를 터치합니다. 검색 목록에서 위치를 터치합니다.

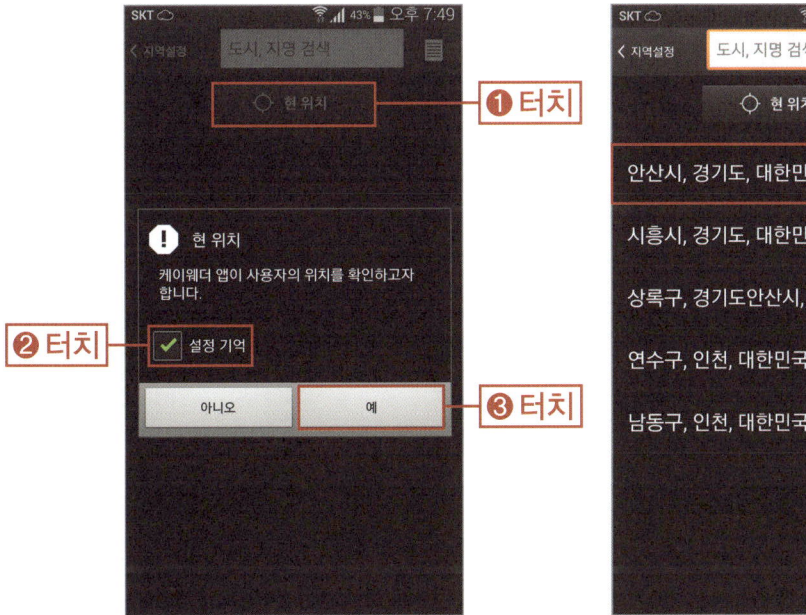

> **TIP** 홈 화면의 (▦)를 터치하고 [전국날씨]를 터치하면 지도에 전국 날씨가 표시됩니다. 화면을 좌우로 밀면 일별 날씨를 차례로 확인해볼 수 있습니다.

20장. 생활에 유용한 앱 활용하기 **163**

03 지역 설정 후 화면 아래의 [시간별 예보]를 터치하면 시간별 날씨 정보를 확인할 수 있습니다. [일별 예보]를 터치하면 날짜별, 요일별 날씨 정보를 확인할 수 있습니다.

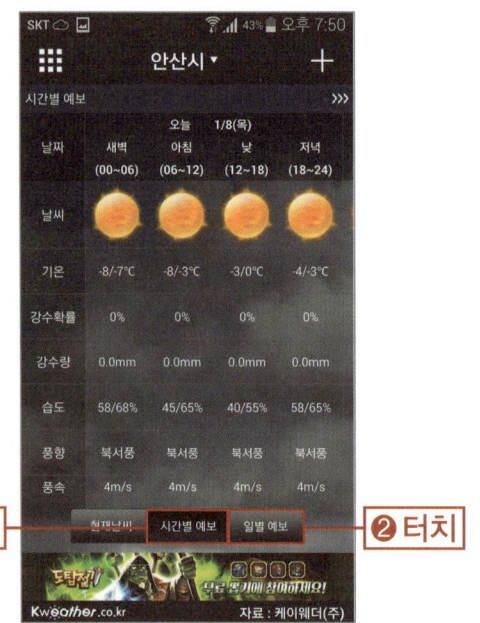

> **TIP** 화면을 좌우로 밀면 화면에 보이지 않는 시간과 날짜의 날씨 정보를 확인할 수 있습니다.

04 화면의 (▦)를 터치하면 숨은 메뉴가 표시됩니다. 메뉴 중 [기상뉴스]를 터치합니다. 날씨 관련 뉴스를 확인할 수 있습니다.

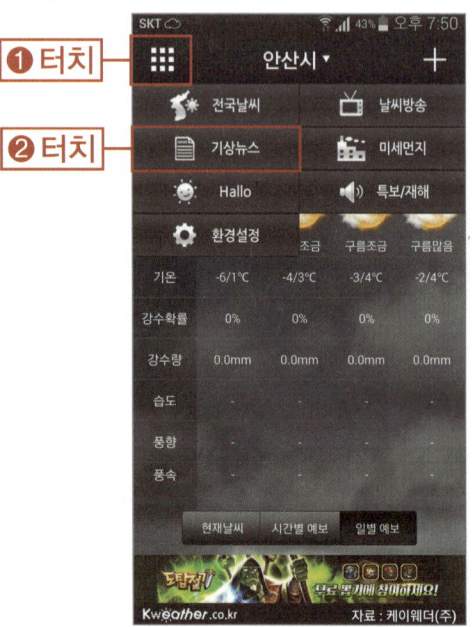

> **TIP** 메뉴의 [날씨방송]을 터치하면 동영상 날씨 뉴스를 볼 수 있습니다.

STEP 4 | 택배 물품 조회하기

01 [택배조회(Parcel Trace)] 앱을 설치한 후 실행합니다. 서비스 이용 약관에 동의한 후 휴대폰 번호를 입력하고 [확인]을 터치합니다. 홈 화면의 택배 회사 이름 부분을 터치합니다.

> **TIP** 상품의 송장번호는 주문한 쇼핑 사이트에서 확인하거나 문자로 전송된 번호를 통해 확인할 수 있습니다.

02 택배 회사 목록이 나타나면 원하는 택배 회사를 선택합니다. [송장번호]를 터치한 후 주문한 물품의 택배 송장번호를 입력하고 [조회]를 터치합니다.

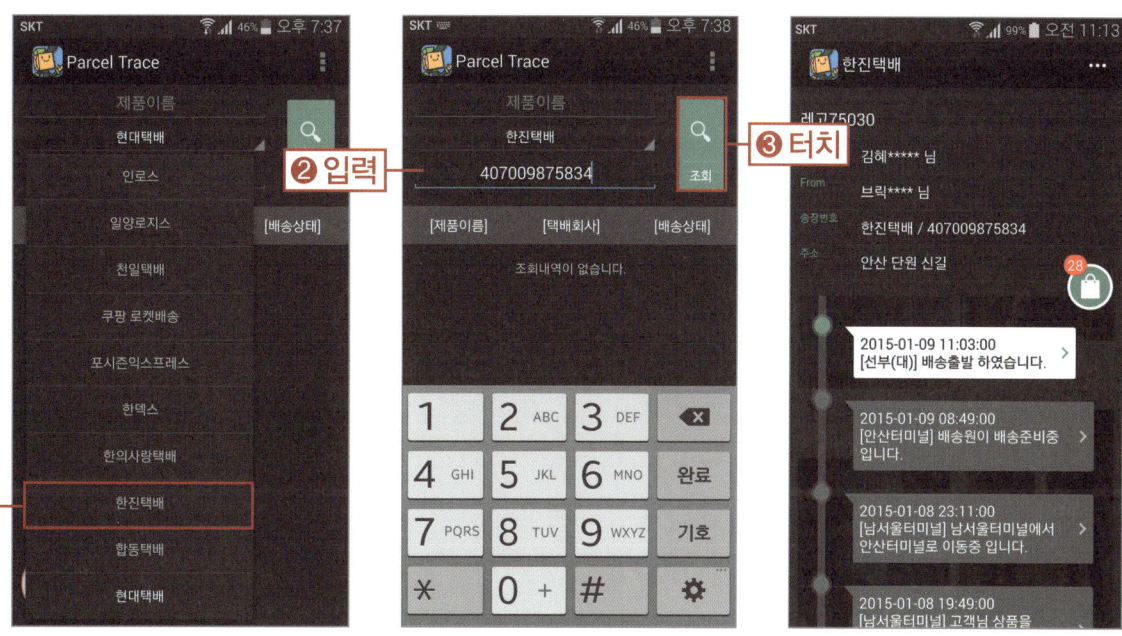

> **TIP** 송장번호를 입력해두면 배송 경로를 자동으로 추적하여 변경 사항이 있을 때마다 소리와 알림 서비스를 제공합니다.

20장. 생활에 유용한 앱 활용하기

연습문제 >> 문제를 풀며 확인해보세요.

01 [Play 스토어]에서 '생활법률'로 검색하여 관련 앱을 설치한 후 사용해 보세요.

HINT 홈 화면에서 [Play 스토어] 앱 실행 → 검색 란에 '생활법률' 입력하여 검색 시작 → [생활법률] 앱 터치 후 설치 → 앱스 화면에서 [생활법률] 앱 실행

02 [Play 스토어]에서 '영어'로 검색하여 관련 앱을 설치한 후 사용해 보세요.

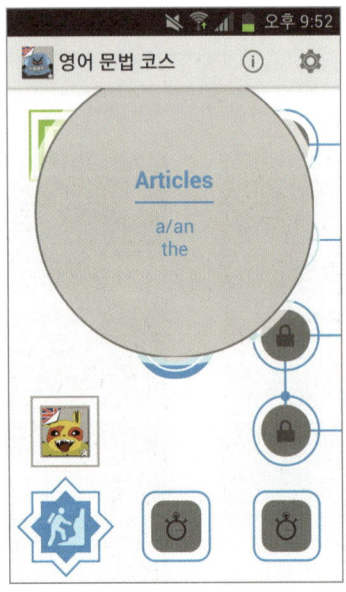

HINT 홈 화면에서 [Play 스토어] 앱 실행 → 검색 란에 '영어' 입력하여 검색 시작 → [영어 문법 코스] 앱 터치 후 설치 → 앱스 화면에서 [영어 문법 코스] 앱 실행

21 예매 앱 사용하기

일상생활에서 가장 많이 사용되는 앱은 영화와 열차 예매 앱이라고 할 수 있습니다. 영화 예고편이나 평가 등을 확인한 후 원하는 지역의 영화관을 선택하여 영화표를 예매하는 방법과 코레일 앱에서 열차표를 예매하는 방법에 대해 알아봅니다.

| 이런 걸 배워요! | 코레일 앱 설치 후 열차표 예매, 영화 예매 앱 설치 후 영화 예매

미리보기

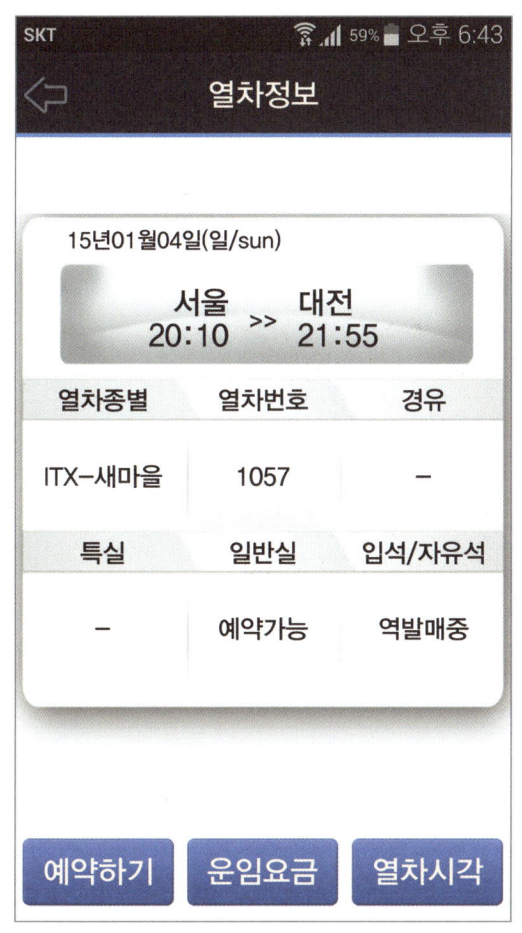 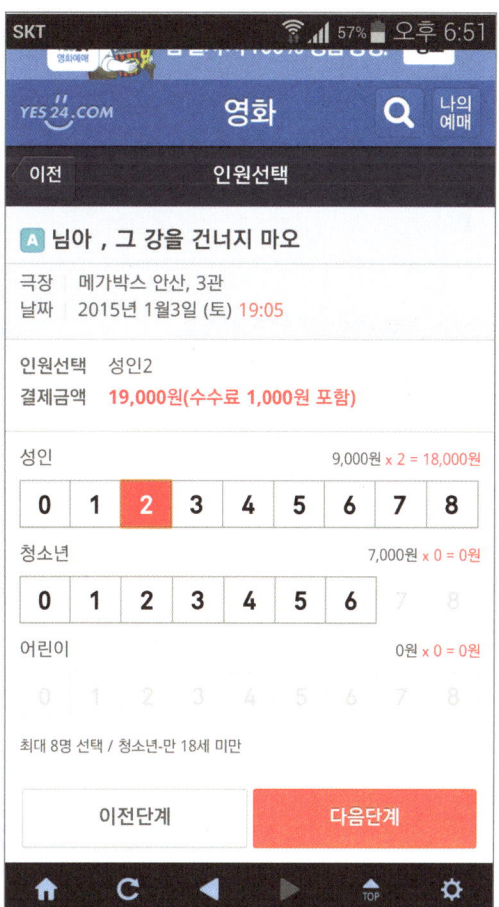

STEP 1 코레일 앱으로 열차 승차권 예매하기

01 [코레일톡] 앱을 설치한 후 실행합니다. 홈 화면에서 [승차권예매]를 터치한 후 '승차권예매' 화면에서 [열차종류]를 터치합니다.

TIP [코레일톡] 앱의 홈 화면에서 [여행패키지]를 터치하면 국내 여행지의 패키지 상품을 볼 수 있습니다. 코레일을 이용한 국내 여행을 검색하고 여행 패키지를 예약할 수 있는 메뉴입니다.

02 '열차종류' 창에서 예매하려는 열차를 터치합니다. [출발일시]를 터치하고 '출발일시' 창에서 날짜와 시간을 지정한 후 [입력하기]를 터치합니다.

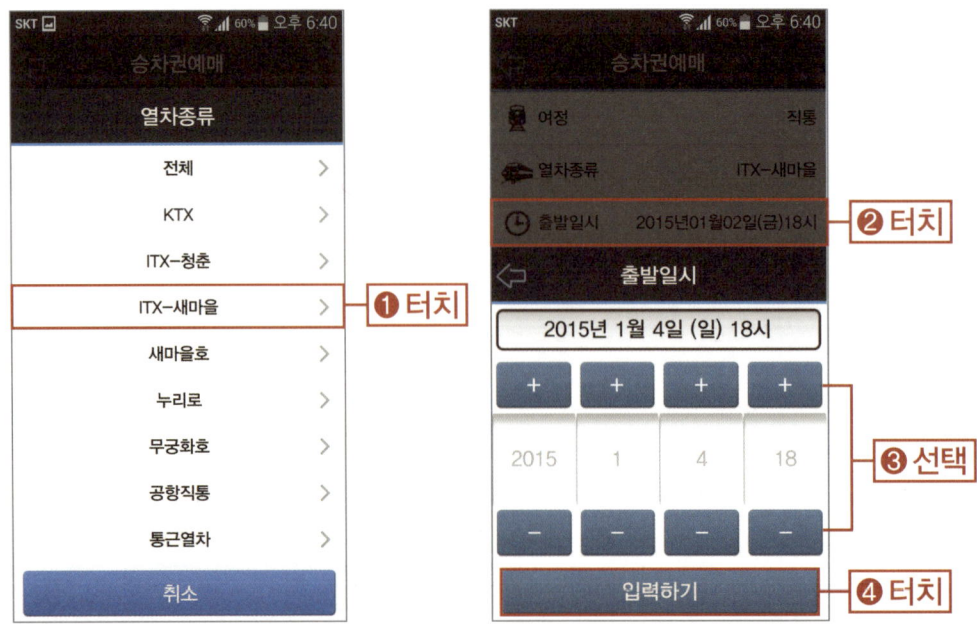

TIP 날짜와 시간을 지정할 때는 [+]와 [-] 버튼을 터치하여 조정합니다.

03 이번에는 출발역과 도착역을 지정합니다. 먼저, [출발역]을 터치한 후 '역 검색' 화면에서 출발역을 지정합니다. [도착역]을 터치한 후 같은 방법으로 역을 지정합니다. '승차권예매' 화면으로 돌아오면 [조회]를 터치한 후 조회결과에서 원하는 결과를 터치합니다.

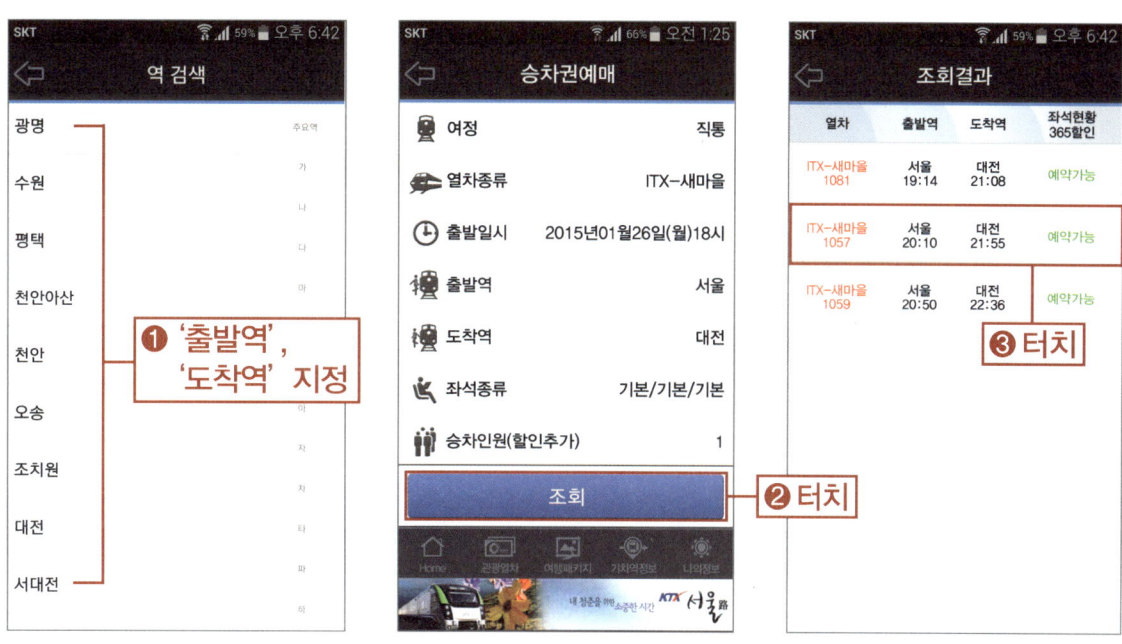

04 목록에서 선택한 열차의 정보가 표시됩니다. 정보 확인이 끝나면 [예약하기]를 터치합니다. 운임요금을 확인한 후 결과 중 하나를 터치합니다.

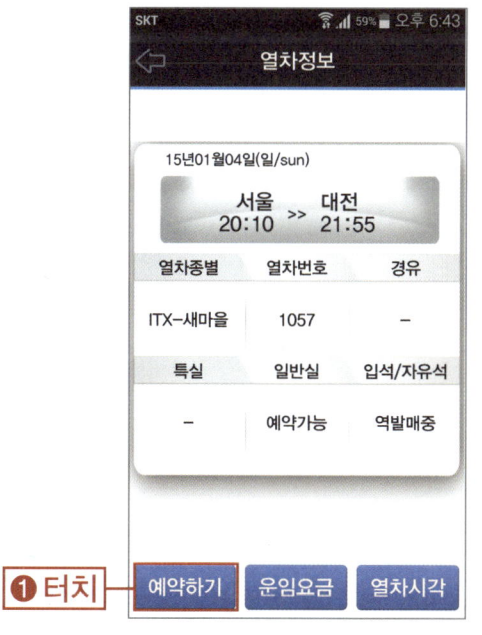 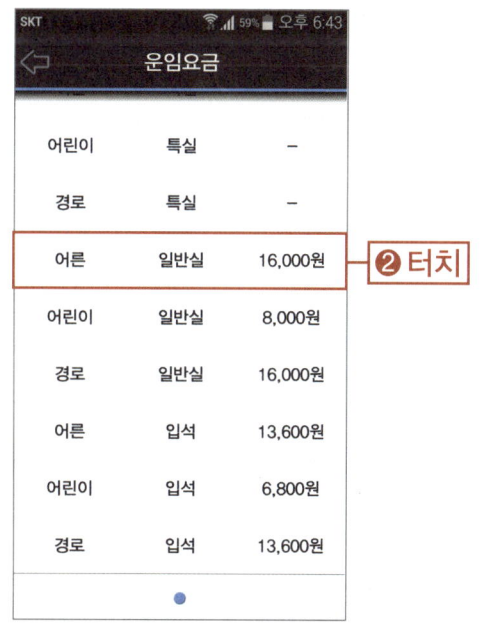

> **TIP** '열차정보' 화면의 [운임요금]을 터치하면 승객유형, 좌석정보별 운행요금을 확인할 수 있습니다. [열차시각]을 터치하면 출발역과 도착역 사이의 역 명과 도착, 출발 시각을 확인할 수 있습니다.

05 '로그인' 화면에서 코레일 회원이라면 회원번호와 비밀번호를 입력한 후 [로그인]을 터치합니다. 여기서는 [미등록고객] 탭을 터치한 후 아래의 정보를 입력하고 [로그인]을 터치하여 결제를 진행합니다.

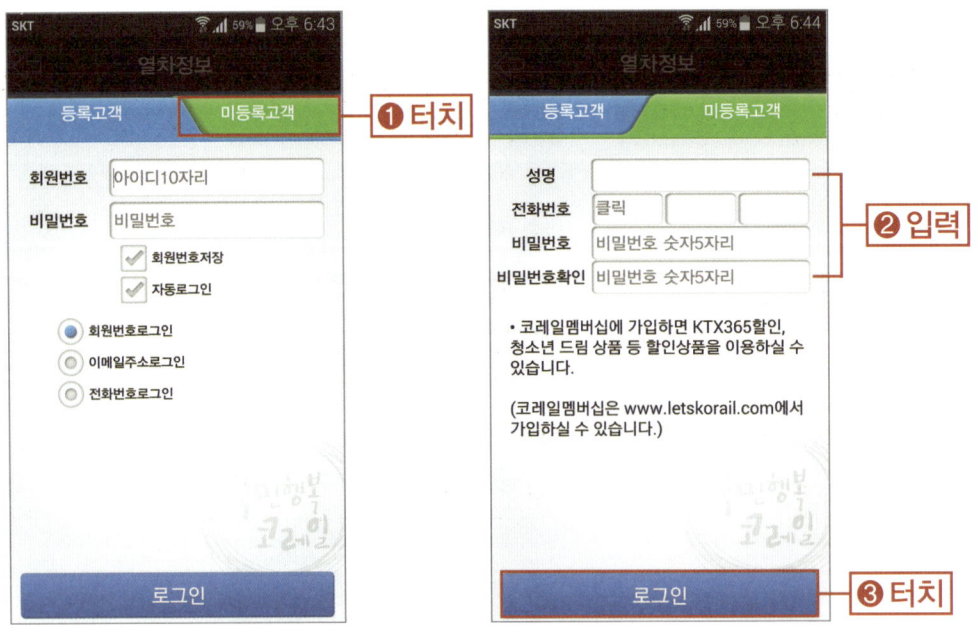

STEP 2 영화표 예매하기

01 [예스24 영화예매] 앱을 설치하여 실행합니다. 홈 화면을 위, 아래로 밀어 상영 중인 영화를 확인합니다. 관람하려는 영화 이름 아래에 [예매하기]를 터치하면 해당 영화의 상세 정보가 나타납니다.

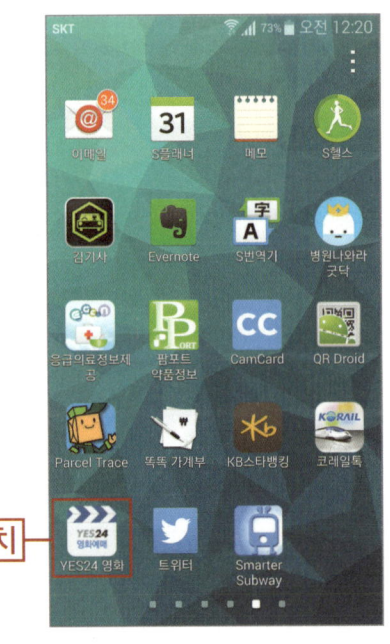  

TIP 영화표를 예매할 때는 해당 영화관의 앱을 설치하여 예매할 수도 있습니다.

02 영화 정보 화면에서 줄거리와 예고편, 리뷰 등을 확인할 수 있습니다. [예고편] 탭을 터치하여 예고편 동영상을 확인합니다. [예매하기]를 터치합니다.

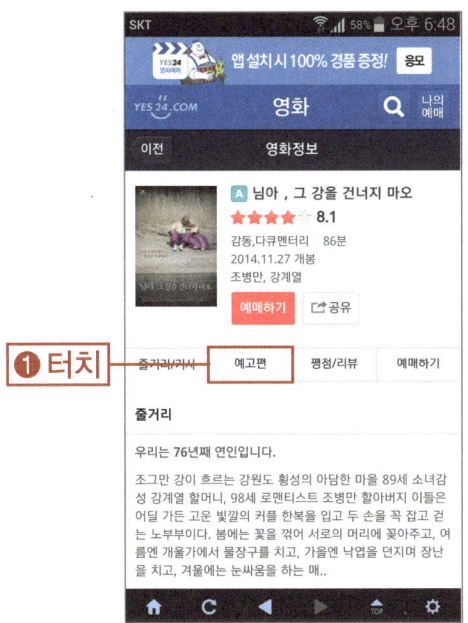

03 '지역별 상영극장' 화면에서 예매하려는 영화관이 있는 지역을 터치합니다. 선택한 지역의 영화관 목록이 나타나면 예약을 원하는 영화관의 [예매] 버튼을 터치합니다.

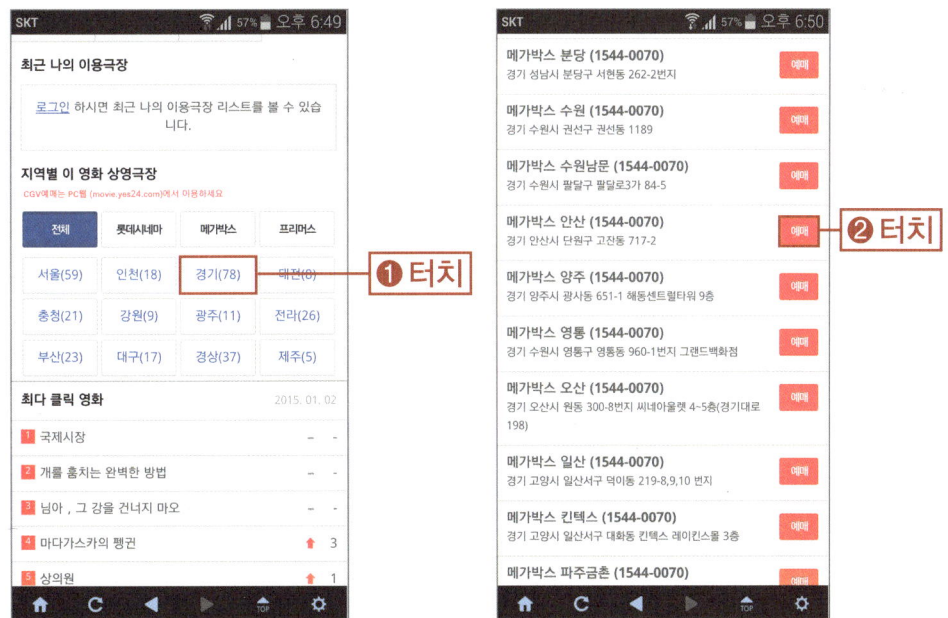

> **TIP** [Play 스토어]에서 '영화예매'를 입력하여 예매 관련 앱을 검색한 후 CGV, 메가박스, 롯데, 맥스무비 등의 앱을 설치할 수 있습니다. 마음에 드는 앱을 설치한 후 사용하도록 합니다.

04 선택한 영화관의 예매 화면에서 날짜와 시간을 선택합니다. 이후 인원을 선택하고 [다음단계]를 터치합니다.

> **TIP** 예매 화면에서 [위치/교통] 탭을 터치하면 영화관의 위치와 교통 정보를 확인할 수 있습니다.

05 결제를 위해 로그인 과정을 진행합니다. 결제 정보를 알려줄 휴대폰 번호와 메일 주소를 입력한 후 [다음단계]를 터치합니다.

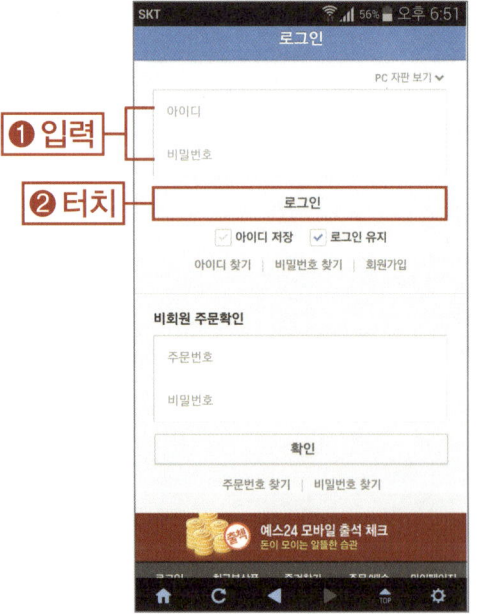 

> **TIP** '예스 24'에 가입되어 있지 않다면 [회원가입]을 터치하여 회원가입 과정을 진행합니다.

06 영화관 좌석 배치도가 나타나면 원하는 좌석을 터치하고 [다음단계]를 터치합니다. 결제 수단을 [신용카드 결제]로 선택한 후 [다음단계]를 터치합니다.

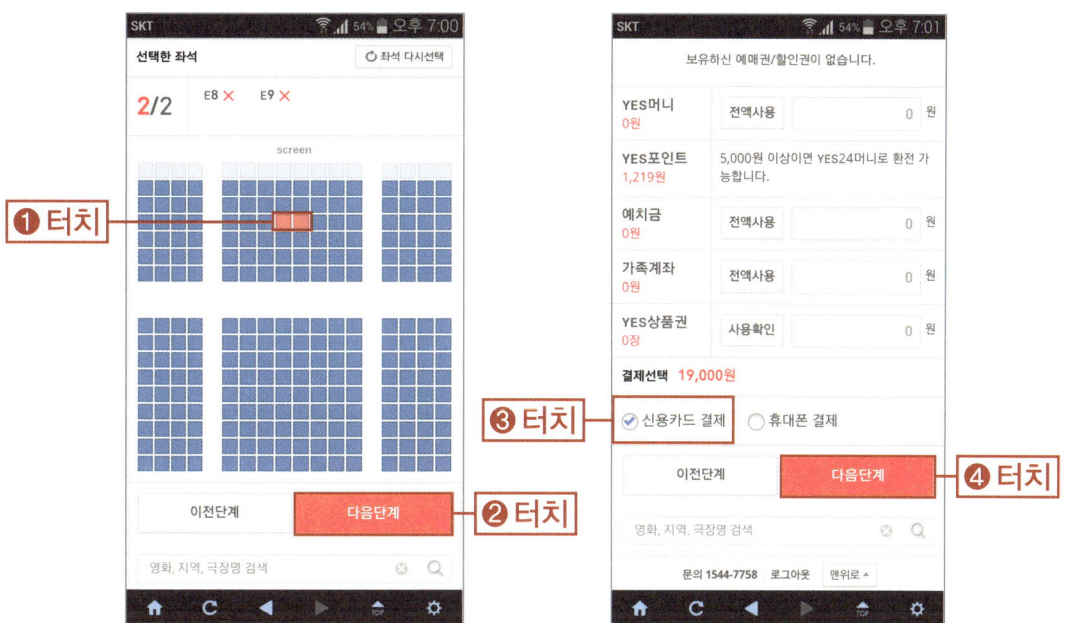

TIP
- 좌석 선택이 잘 되지 않을 경우에 화면을 확대한 후 선택하면 됩니다.
- 결제는 신용카드나 휴대폰 결제를 선택하여 진행합니다.

07 카드 종류 목록에서 결제할 카드를 선택합니다. 결제 정보가 나타나면 결제 내용에 동의한 후 [다음]을 터치하여 카드 결제를 진행합니다.

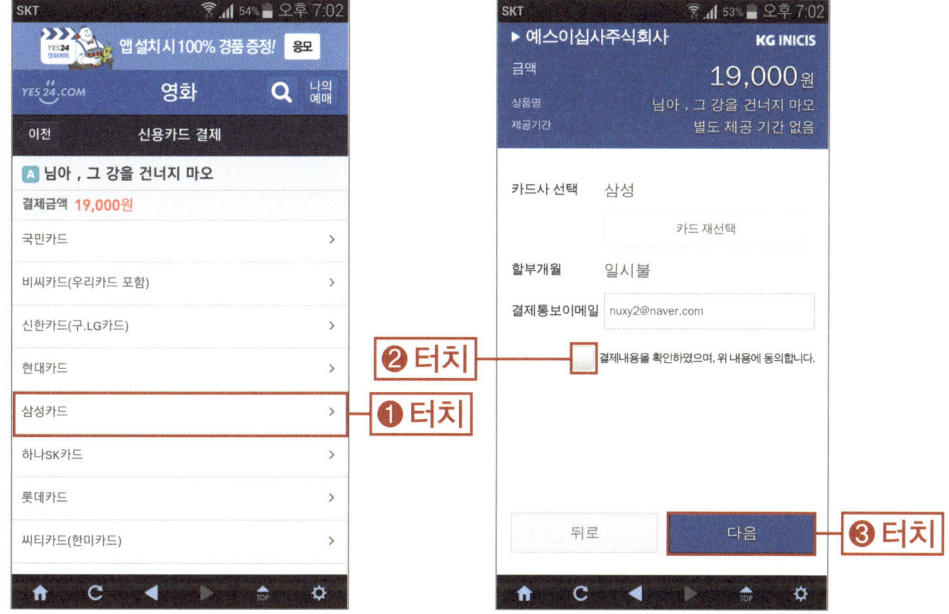

연습문제 >> 문제를 풀며 확인해보세요.

01 [코레일톡] 앱을 사용해 열차표를 예매해 보세요.

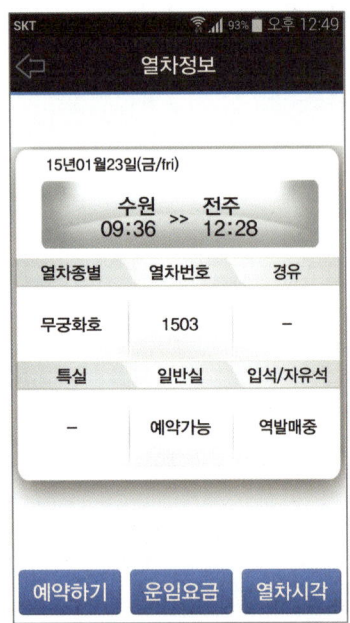

> **HINT** [코레일톡] 앱 실행 → 홈 화면에서 [승차권예매] 터치 → '승차권예매' 화면에서 열차 종류, 출발 일시, 출발역, 도착역, 승객수 지정한 후 [조회] 터치 → 조회 결과에서 원하는 시간 터치 → [예약하기] 터치

02 [Play 스토어]에서 [메가박스] 앱을 설치한 후 영화를 예매해 보세요.

> **HINT** 홈 화면에서 [Play 스토어] 앱 실행 → 검색 란에 '영화예매' 입력하고 검색 시작 → [메가박스] 앱 터치 후 설치 → 앱스 화면에서 [메가박스] 앱 터치 → 영화 선택 후 [예매] 터치 → 지역별 영화관 선택 후 예매 시작

22 클라우드 장치 활용하기

클라우드(Cloud) 장치는 인터넷상의 서버에 컴퓨터나 스마트폰의 자료를 업로드해 저장해두는 공간입니다. 따로 저장 기기를 들고 다니지 않고도 스마트폰에 있는 사진이나 동영상 등의 자료를 수시로 저장해둘 수 있다는 장점이 있습니다. 기본적으로 제공하는 구글 드라이브의 사용법과 네이버의 N드라이브 사용법에 대해 알아봅니다.

| 이런 걸 배워요! | 클라우드란?, 구글 드라이브, N드라이브 설치하고 사용

미리보기

22장. 클라우드 장치 활용하기 175

STEP 1 | 구글 드라이브 사용하기

01 앱스 화면에서 [드라이브] 앱을 터치하여 실행합니다. 앱이 실행되면 구글 드라이브의 폴더와 파일의 목록이 표시됩니다. 화면 하단의 (➕)를 터치합니다.

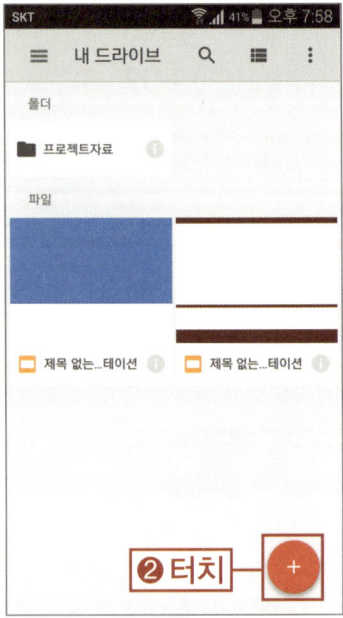

> **TIP** [드라이브] 앱은 갤럭시 S5에서 기본적으로 제공하는 클라우드 앱입니다. PC에서 작업한 내용을 구글 드라이브에 저장하면 스마트폰에서도 확인할 수 있으며 반대로 스마트폰에서 클라우드 앱에 자료를 저장하면 PC에서도 확인이 가능합니다.

02 '새로 만들기' 창이 표시되면 [폴더]를 터치합니다. '폴더 이름' 창이 나타나면 새롭게 추가되는 폴더의 이름을 '이미지' 라고 입력한 후 [확인]을 터치합니다.

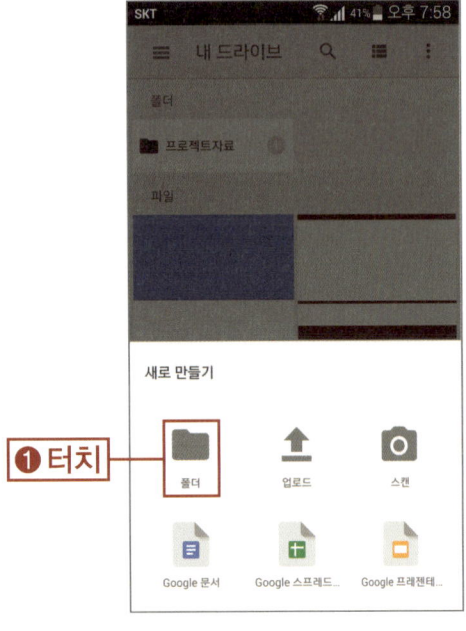
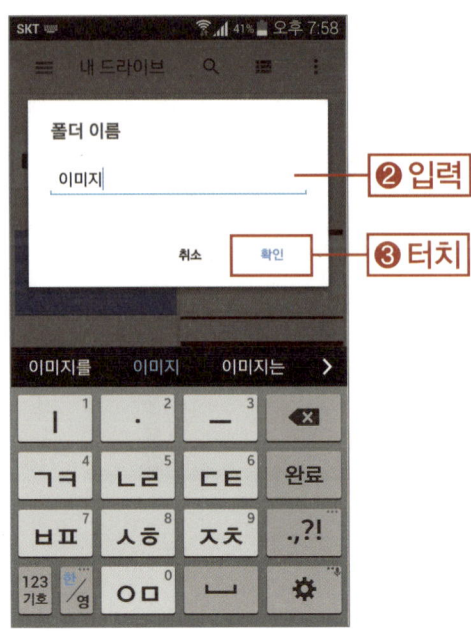

03 '이미지'라는 이름의 폴더가 생기면 새로 생긴 '이미지' 폴더가 자동 선택됩니다. 다시 화면 아래의 (➕)를 터치한 후 '새로 만들기' 창의 [업로드]를 터치합니다. 화면에 열기 목록이 나타나면 [갤러리]를 터치합니다.

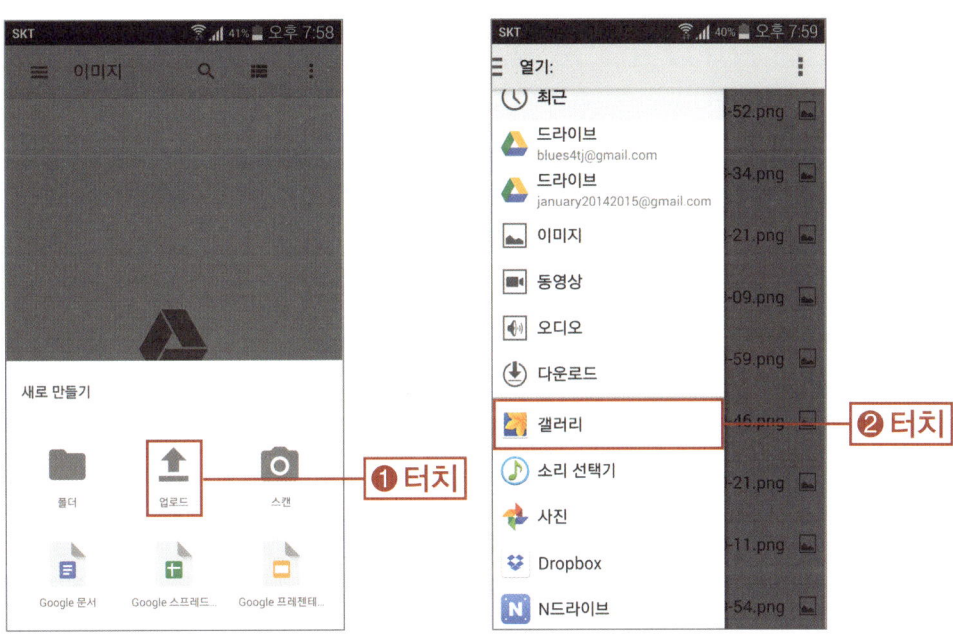

TIP '열기' 목록에서는 선택한 구글 드라이브의 폴더에 업로드할 파일을 선택할 수 있습니다. 스마트폰에 저장되어 있는 이미지, 동영상, 음성 등을 전체 검색하여 업로드할 때는 구분선 위쪽의 메뉴를 선택하고 특정 앱에서 업로드할 파일을 선택할 때는 구분선 아래의 앱 목록에서 원하는 앱을 터치합니다.

04 [갤러리] 앱이 실행되면 구글 드라이브에 저장할 이미지 파일을 터치합니다. '이미지' 폴더에 선택한 이미지 파일이 저장됩니다.

TIP 갤럭시 S5에서 기본적으로 제공하는 클라우드 서비스인 [드롭박스(Dropbox)]가 있습니다. 앱스 화면에서 [Dropbox] 앱을 터치하여 로그인하거나 Dropbox에 가입한 후 사용할 수 있습니다.

STEP 2   N드라이브 사용하기

01 [네이버 N드라이브] 앱을 설치한 후 실행합니다. 스마트폰의 파일을 업로드하기 위해 N드라이브 홈 화면에서 [사진] 폴더를 터치하고 (➕)를 터치합니다. 화면 아래에 선택 화면이 나타나면 [사진]을 터치합니다.

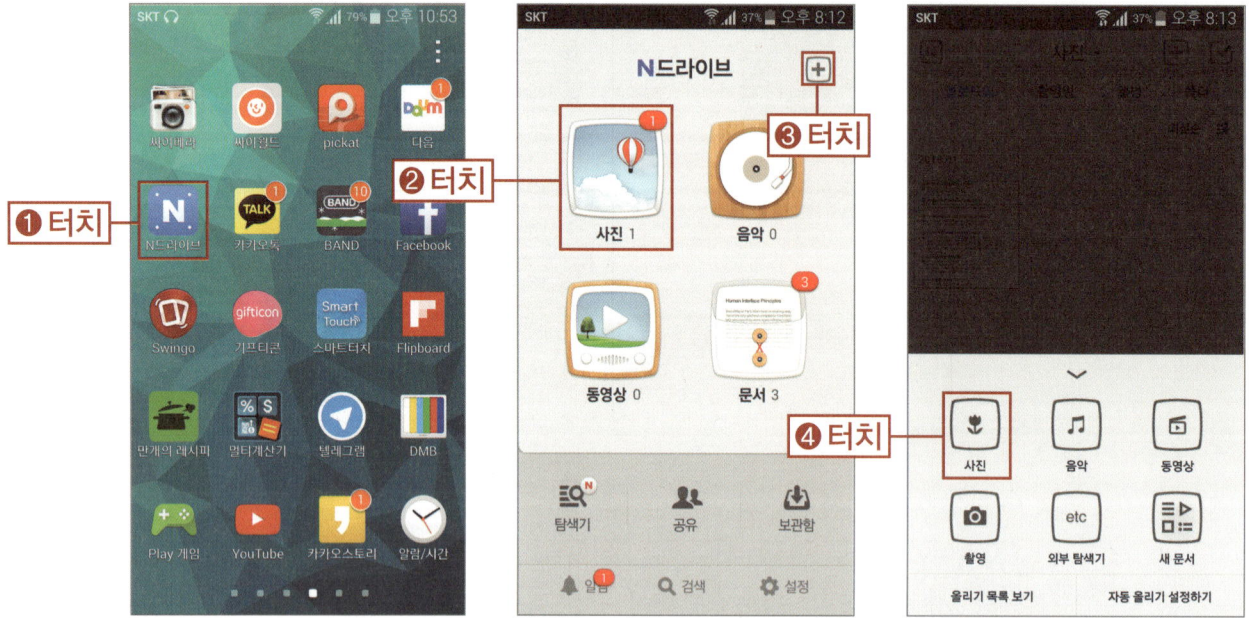

> **TIP**
> - [N드라이브] 앱은 가장 많이 사용되는 클라우드 앱으로 사용하기 전 네이버 회원가입을 해야 합니다.
> - 스마트폰에 설치한 앱을 실행하면 '로그인' 과정을 거친 후 사용이 가능합니다.

02 '사진 앨범' 화면에서 업로드할 사진 파일이 있는 폴더를 터치합니다. 사진 파일 목록이 나타나면 업로드할 사진 파일을 여러 개 선택한 후 [올리기]를 터치합니다.

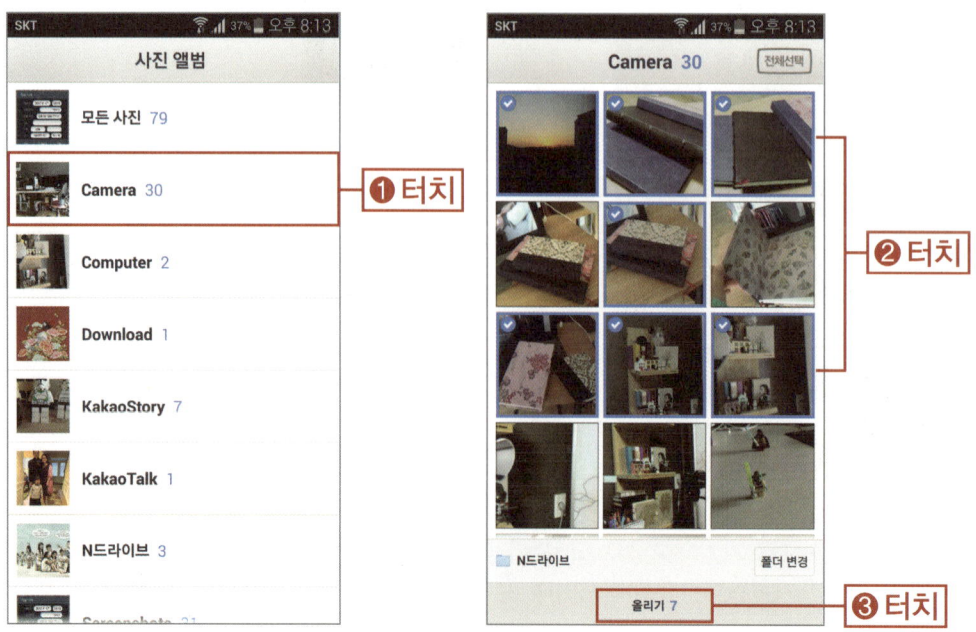

03 N드라이브에 선택한 사진이 모두 업로드된 것을 확인할 수 있습니다. [완료]를 터치한 후 이번에는 N드라이브 홈 화면에서 [음악]을 터치합니다.

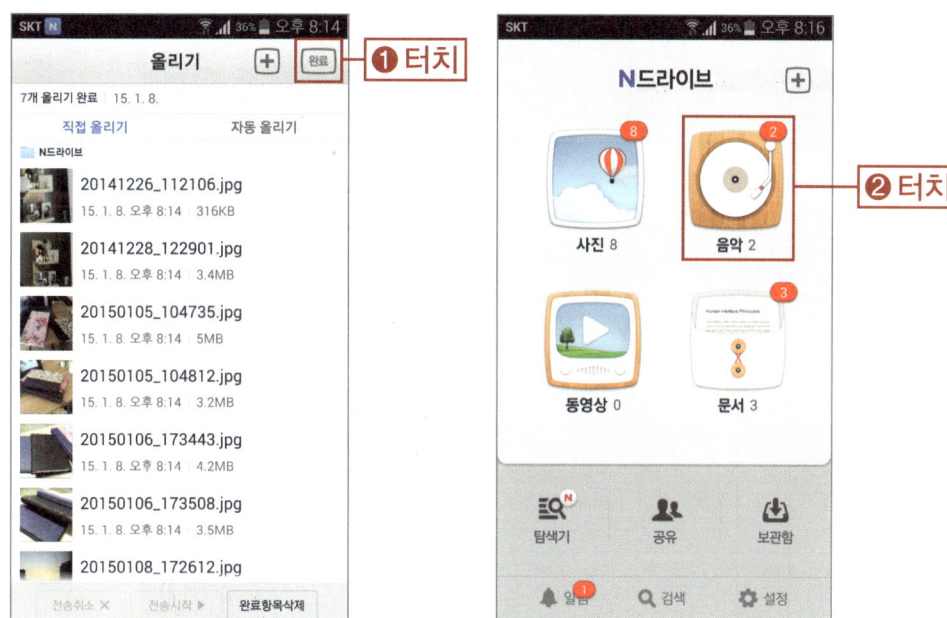

> **TIP** N드라이브 홈 화면의 '탐색기'는 N드라이브에 만들어둔 모든 폴더와 파일의 목록을 보여줍니다. '공유'는 다른 사람들과 N드라이브의 폴더를 공유할 때 사용됩니다. 공유받은 폴더와 공유한 폴더로 구분됩니다. '보관함'에서는 N드라이브에서 다운로드받은 파일을 볼 수 있습니다.

04 N드라이브의 '음악' 폴더에 저장되어 있는 음악을 확인하고 (☑)를 터치합니다. 선택 상자를 터치하여 음악을 선택한 후 [내려받기]를 터치합니다.

> **TIP**
> - N드라이브에 저장되어 있는 파일을 스마트폰으로 내려받기 위해서는 N드라이브에 내려받을 파일이 존재해야 합니다.
> - N드라이브의 홈 화면으로 돌아갈 때는 화면 상단의 (N)를 터치합니다.

05 N드라이브에서 스마트폰으로 내려받은 음악은 [보관함]에 저장됩니다. 내려받은 음악은 스마트폰의 [뮤직] 앱을 실행하면 음악 목록에서 확인할 수 있으며 재생이 가능합니다.

06 N드라이브의 홈 화면에서 [보관함]을 터치하면 N드라이브에서 스마트폰으로 다운로드받은 파일의 목록을 확인할 수 있습니다. 보관함의 음악 파일을 터치하면 N드라이브에서 제공하는 음악 플레이어를 통해 음악을 들을 수 있습니다.

> **TIP** N드라이브에서 다운로드받은 사진이나 음악 파일은 스마트폰의 [갤러리]와 [뮤직] 앱을 통해 확인하고 재생할 수 있습니다.

07 스마트폰에서 촬영한 사진을 N드라이브의 '자동 올리기' 폴더에 자동으로 업로드할 수 있습니다. (➕)를 터치한 후 [자동 올리기 설정하기]를 터치합니다. [지금부터 촬영하는 사진]을 선택한 후 [확인]을 터치합니다.

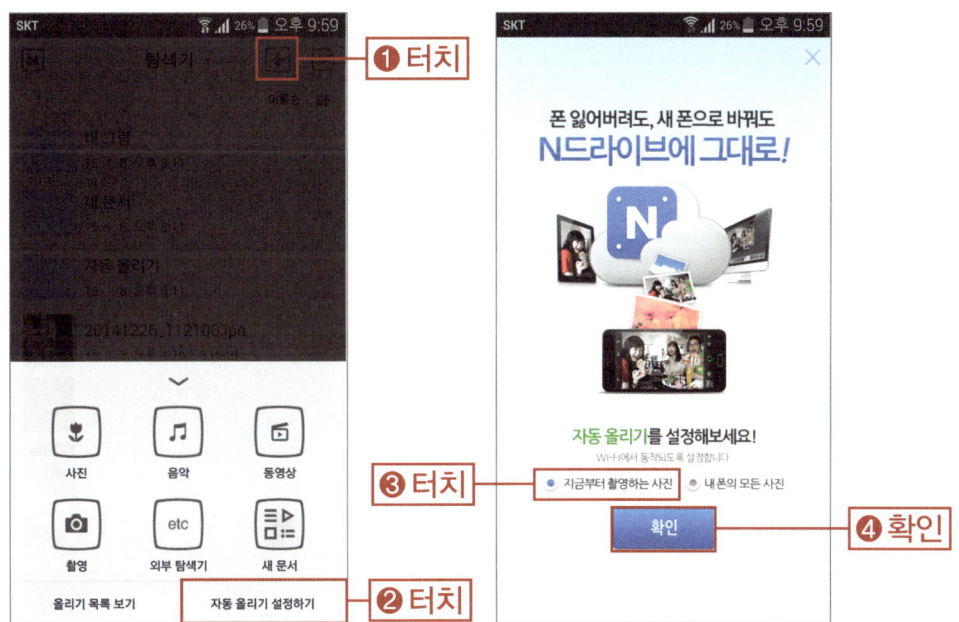

> **TIP** N드라이브에서 로그아웃할 때는 N드라이브 홈 화면에서 [설정]을 터치한 후 '설정' 화면에서 [로그인 정보]를 터치합니다. 네이버 로그인 화면에서 [로그아웃]을 터치하면 N드라이브에서 로그아웃할 수 있습니다.

08 앱스 화면에서 [카메라] 앱을 실행한 후 사진을 촬영합니다. N드라이브에서 [탐색기]를 선택한 후 [자동 올리기] 폴더를 확인하면 방금 촬영한 사진이 업로드된 것을 확인할 수 있습니다.

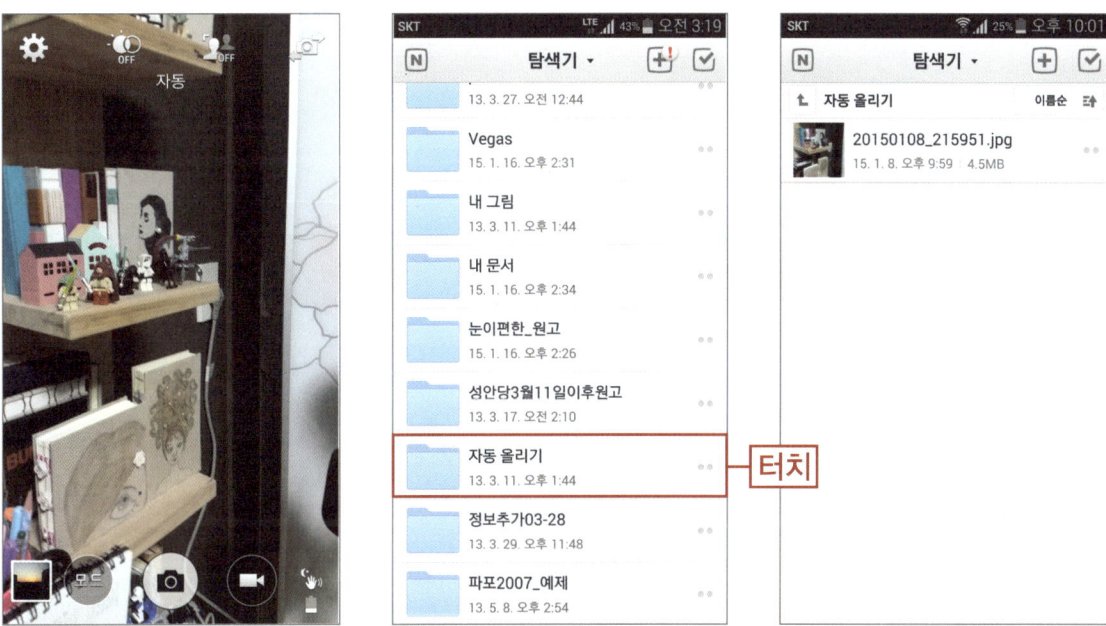

> **TIP** '자동 올리기'를 지정해 두면 촬영한 사진을 따로 업로드하지 않고도 촬영 즉시 클라우드 장치에 저장할 수 있으므로 사진 백업용으로 유용하게 사용할 수 있습니다. 자동 올리기를 해제할 때는 홈 화면에서 [설정]을 터치하고 '자동 올리기'를 [끔]으로 변경합니다.

연습문제 　>> 문제를 풀며 확인해보세요.

01 [Play 스토어]에서 [다음 클라우드] 앱을 설치해 보세요.

 홈 화면에서 [Play 스토어] 실행 → 검색 란에 '클라우드' 입력하고 검색 시작 → [다음 클라우드] 앱 터치 후 설치 → 앱스 화면에서 [다음 클라우드] 앱 실행

02 다음 클라우드의 '사진' 폴더에 스마트폰의 사진을 저장해 보세요.

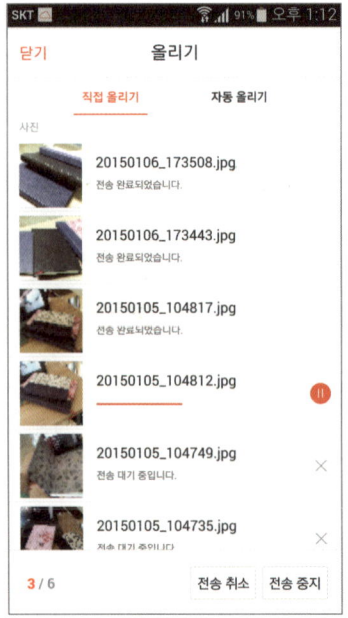

 [다음 클라우드] 앱 실행 → '다음' 계정으로 로그인 → [사진] 폴더 터치 → 화면 하단의 [+] 터치 → [사진/동영상] 터치 → 업로드할 파일 선택 후 [올리기] 터치

23 트위터 사용하기

소셜 네트워크 서비스(SNS) 중 하나인 트위터를 설치하고 사용 방법에 대해 알아봅니다. 관심 있는 사람들을 팔로잉하고 자신의 의견이나 자료 등을 어떻게 올리는지 알아보며 내 트위터의 프로필을 변경하는 방법 등에 대해 알아봅니다.

| 이런 걸 배워요! | 트위터 가입, 팔로잉하기, 트윗 작성, 멘션 보내기

미리보기

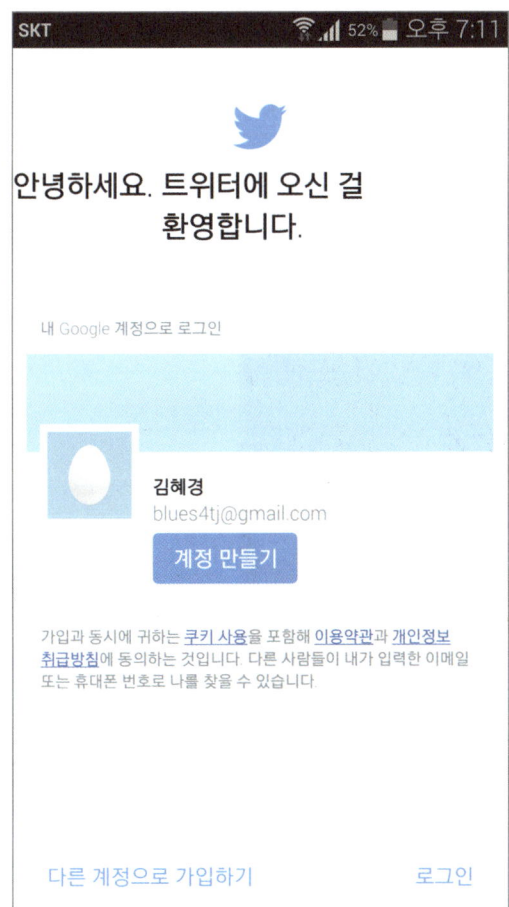

23장. 트위터 사용하기 183

STEP 1 | 트위터 가입하고 둘러보기

01 [트위터] 앱을 설치한 후 실행합니다. 홈 화면에서 [계정 만들기]를 터치합니다. '가입하기' 화면에서 가입 내용을 모두 입력한 후 [가입하기]를 터치합니다.

02 가입이 완료되면 '팔로우 추천' 화면이 나타납니다. 팔로우할 트위터를 선택한 후 [팔로우]를 터치합니다. '프로필 수정' 화면으로 이동하면 달걀 모양의 이미지를 터치한 후 [기존 사진 선택]을 터치합니다.

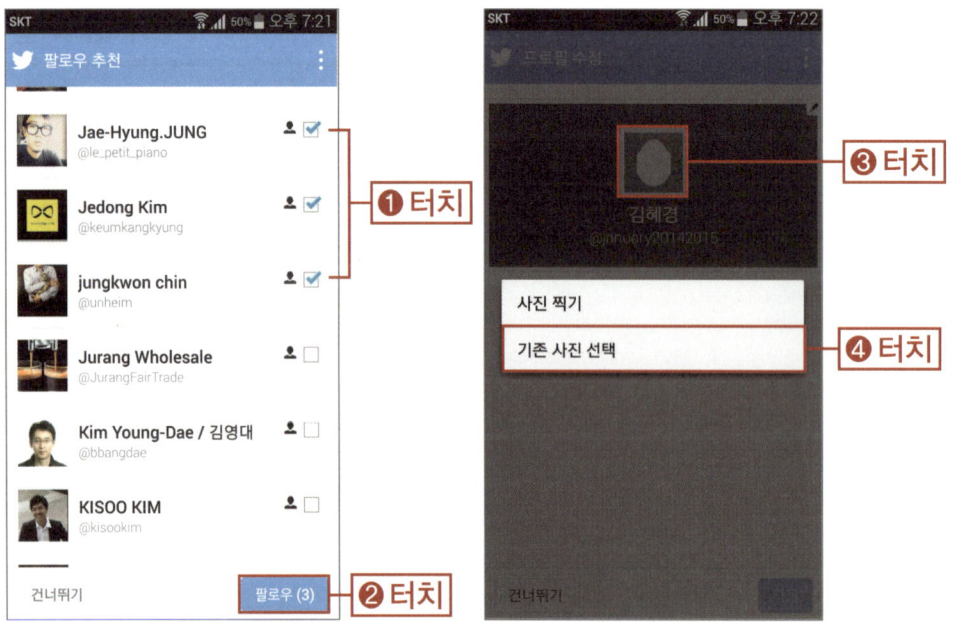

> **TIP** '팔로우 추천' 화면의 목록에는 유명인들의 트위터나 화제가 되고 있는 사람들의 트위터가 나타납니다. 팔로우를 원하지 않을 때는 [건너뛰기]를 터치합니다.

03 사진 목록에서 원하는 사진을 선택합니다. 프로필 사진이 변경되면 '자기소개' 항목에 자기소개 문구를 입력한 후 [다음]을 터치합니다.

> **TIP** 프로필 사진이나 자기소개 문구는 생략해도 됩니다.

04 프로필 홈 화면에 팔로우한 사람들의 트위터 글이 나열됩니다. 그 중 하나를 터치하면 전체 화면으로 확인할 수 있습니다.

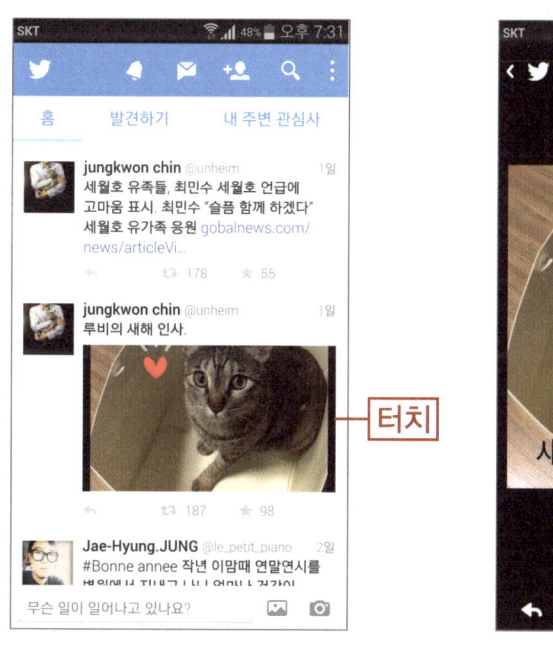 

> **TIP** 트위터 용어 알기
> - 트윗 : 트위터상에 쓴 글을 의미합니다.
> - 리트윗 : 선택한 트위터의 트윗을 자신의 팔로워들에게 전달하는 것입니다.
> - 팔로잉 : 다른 사람이 쓴 트윗을 구독하는 것입니다.
> - 팔로워 : 팔로잉과 반대로 나의 트윗을 구독하는 대상입니다.

STEP 2 | 트윗 작성하고 환경 설정하기

01 트윗을 작성하고 싶을 때는 화면 하단의 '무슨 일이 일어나고 있나요?' 입력 줄을 터치하여 트윗 작성 창을 표시합니다. 트윗 작성 창에 내용을 입력한 후 (📷)를 터치합니다.

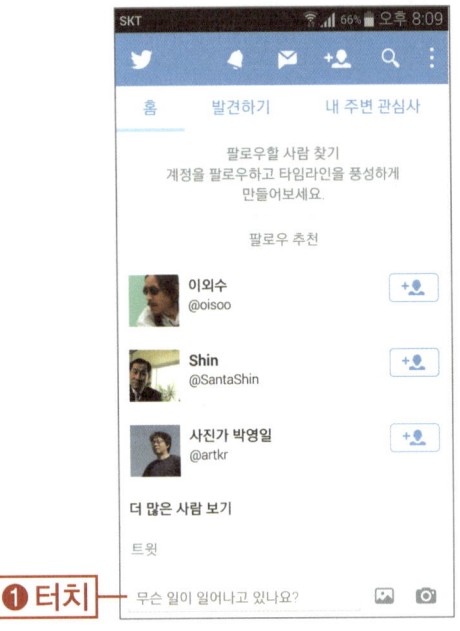 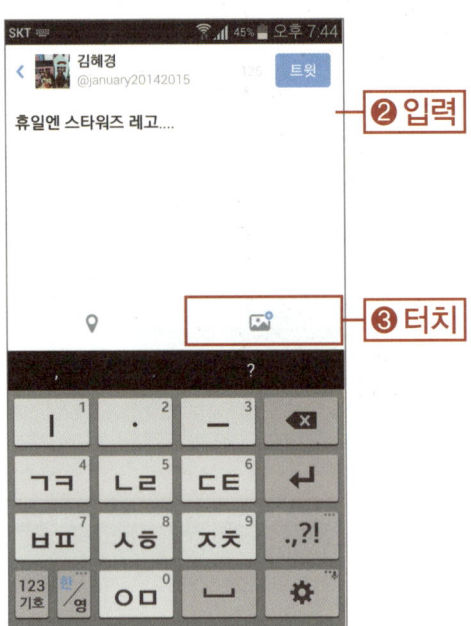

02 '미디어 선택' 화면에서 (📷)를 터치합니다. [카메라] 앱이 실행되면 원하는 사진을 촬영한 후 [확인]을 터치합니다.

> **TIP** '미디어 선택' 화면에서 (🖼)를 터치하면 [갤러리] 앱에서 스마트폰에 저장되어 있는 사진을 선택할 수 있습니다.

03 선택한 사진이 삽입되면 필터 효과를 주기 위해 사진을 터치합니다. 전체 화면으로 사진이 나타나면 아래의 필터 목록에서 [환하게]를 선택한 후 [완료]를 터치합니다.

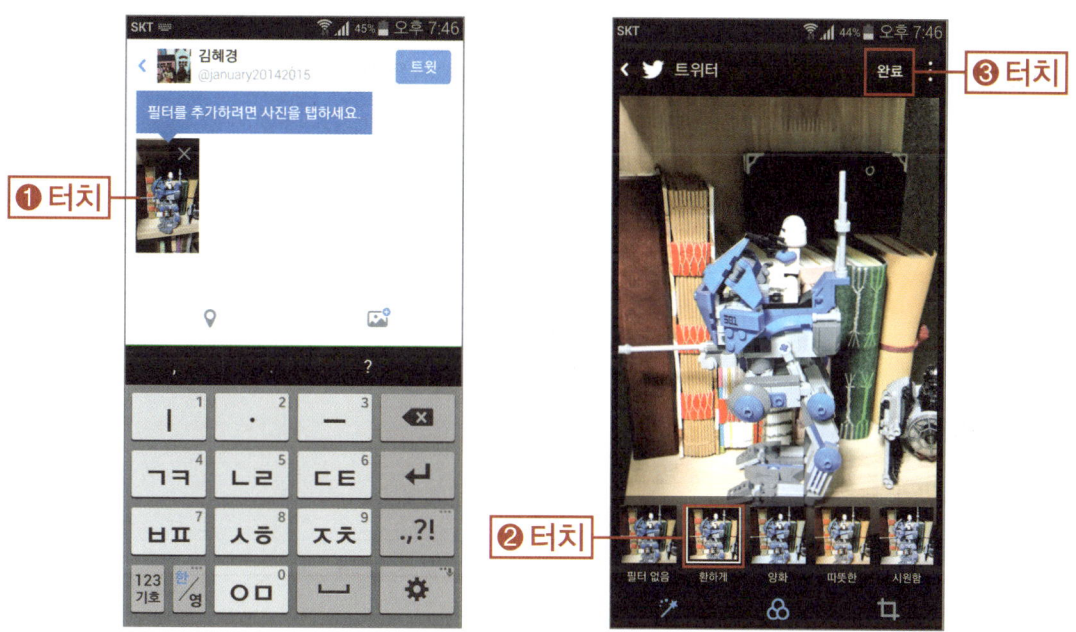

> TIP (☐)를 터치하면 선택한 사진을 원하는 크기로 잘라낼 수 있습니다.

04 사진에 필터 효과가 적용되면 [트윗]을 터치합니다. 작성한 트윗이 등록된 것을 확인할 수 있습니다.

> TIP 트윗 작성 창의 (◉)를 터치하면 트윗에 현재 위치 정보를 표시할 수 있습니다.

05 트위터 아이디를 알고 있는 친구에게 트윗을 보내기 위해 트윗 작성 창에 '@' 표시 뒤 상대방의 트윗 아이디와 내용을 입력한 후 [트윗]을 터치합니다. 자신의 트윗을 읽고 상대방이 트윗을 다시 보냈다면 트위터 홈 화면 상단의 [알림]( ) 항목에 도착 알림이 표시됩니다.

TIP '@아이디' 형식으로 특정 상대방을 지칭해 작성된 트윗을 '멘션(mention)'이라고 합니다.

06 '알림' 창에 상대방이 보낸 트윗이 표시됩니다. ( )를 터치하여 활성화시키면 트윗을 보낸 상대방을 팔로우할 수 있습니다.

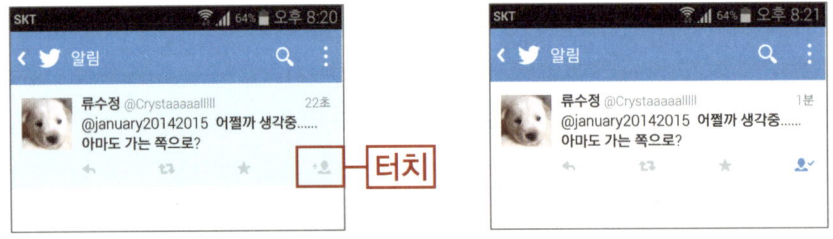

07 상대방이 나를 팔로우했다면 자신의 '알림' 창에 "***님이 나를 팔로우함'이라는 메시지가 표시됩니다. ( )를 터치하고 트윗 아이디를 입력하여 친구의 트위터를 검색할 수 있습니다.

08 홈 화면에서 (:)를 터치한 후 [설정]을 터치합니다. '설정' 화면에서 [일반 설정]을 터치합니다.

> **TIP** (:)를 터치한 후 트윗 아이디를 터치하면 '프로필' 화면으로 이동합니다. '프로필' 화면에서는 팔로잉과 팔로워, 트윗 수 등 트위터의 정보가 모두 표시됩니다.

09 '일반 설정' 화면에서 [음향 효과]의 선택을 해제한 후 [글자 크기]를 터치합니다. 글자 크기 목록에서 원하는 글자 크기를 터치하면 트위터의 글자 크기를 조절할 수 있습니다.

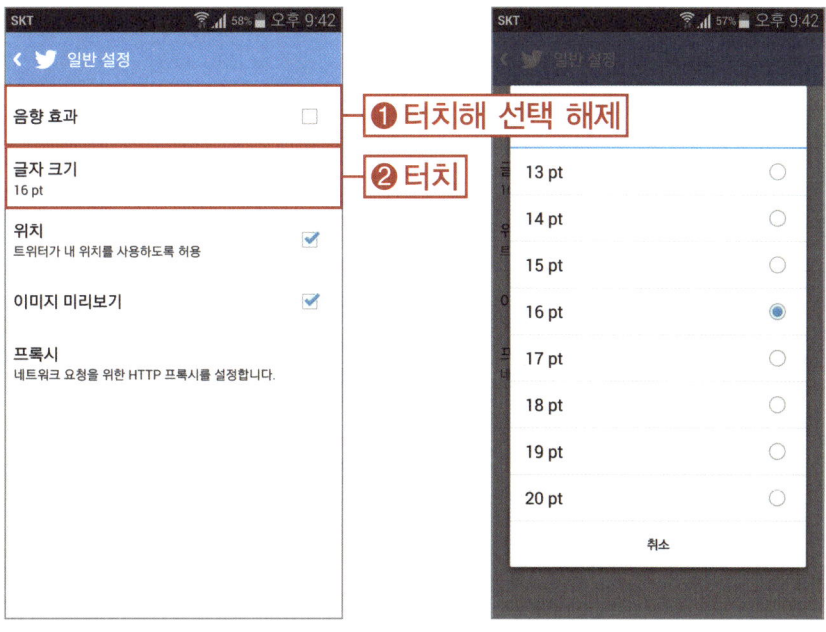

연습문제 〉〉 문제를 풀며 확인해보세요.

01 트위터의 프로필 사진, 이름, 자기소개 등을 변경해 보세요.

HINT [트위터] 앱 실행 → 트위터 홈 화면의 (┋) 터치 후 프로필 사진 터치 → [프로필 수정] 터치 → [사진] 터치 후 변경 사진 선택 → [헤더] 터치 후 변경 사진 선택 → '이름' 변경 → '자기소개' 변경 → [저장하기] 터치

02 팔로우한 트위터의 트윗 내용을 [메모] 앱으로 공유해 보세요.

HINT 트위터의 [홈] 탭에서 공유하려는 트위터의 내용 터치 → 메뉴 아이콘 중 (◁) 터치 → '공유하기' 창에서 [메모] 앱 터치 → '메모' 앱이 실행되면 [저장] 터치

24 페이스북 사용하기

나를 아는 사람들과 친구가 되어 나와 그들의 일상을 서로 공유하는 페이스북에 대해 알아봅니다. 트위터와 함께 대표적인 SNS 서비스인 페이스북에 가입하고 친구 맺기를 하는 등의 방법과 글과 사진, 동영상 등을 페이스북에 게시하는 방법에 대해 배워봅니다.

| 이런 걸 배워요! | 페이스북 가입, 친구 추가, 프로필 사진 변경, 게시물 작성

미리보기

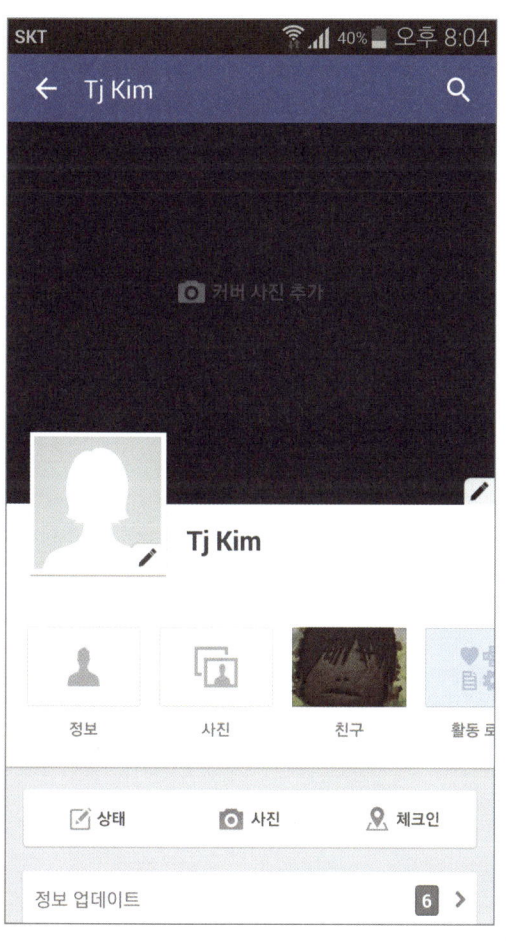 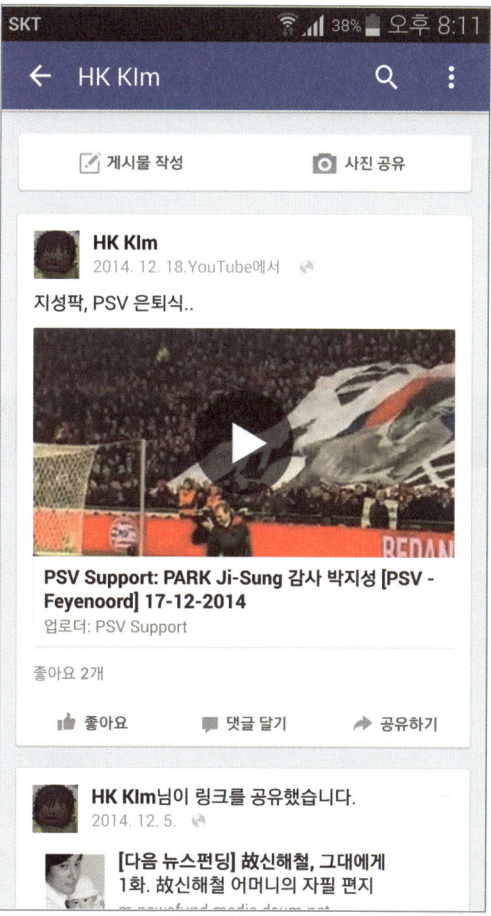

STEP 1   페이스북 가입하고 친구 추가하기

01 [Facebook] 앱을 설치한 후 실행합니다. 페이스북 첫 화면에서 [Facebook 가입]을 터치합니다. 페이스북 가입 화면이 나타나면 [계속]을 터치합니다.

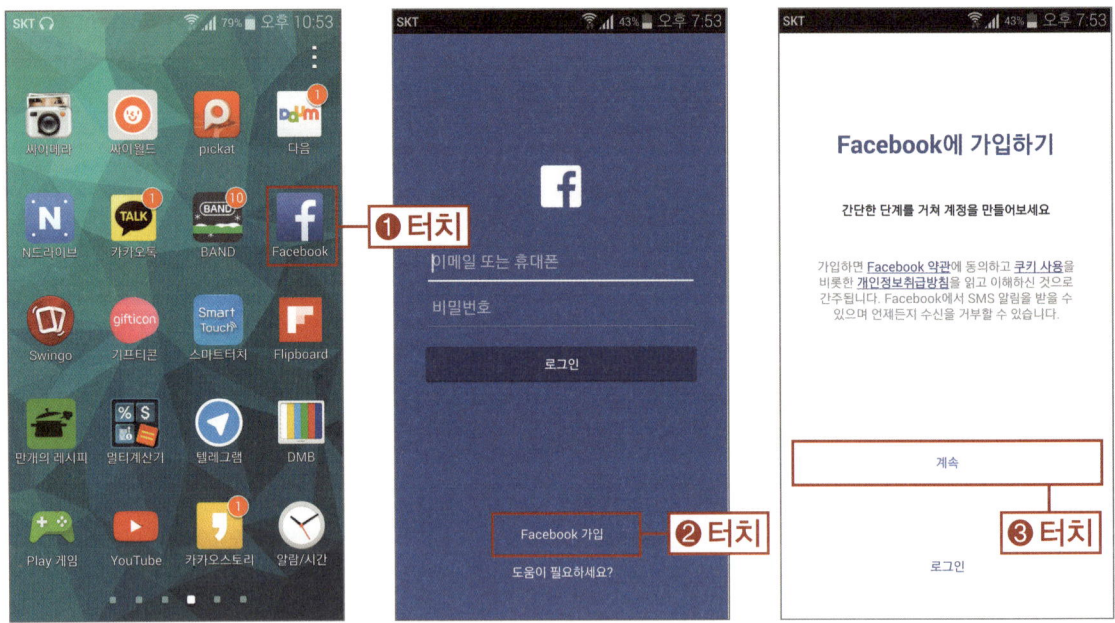

> **TIP** 페이스북 가입을 하려면 몇 개의 단계를 거쳐야 합니다. 휴대폰 번호나 이메일 주소를 입력하고 [계속]을 터치하면 이름과 비밀번호, 생일, 성별을 지정하는 단계를 차례로 거치게 됩니다. 여기서는 이메일 주소로 페이스북에 가입하도록 합니다.

02 페이스북 가입 절차가 끝나면 프로필 사진을 등록할 수 있는 화면이 나타납니다. 화면 상단의 [건너뛰기]를 터치합니다. '친구 찾기' 화면으로 이동하면 [시작하기]를 터치합니다.

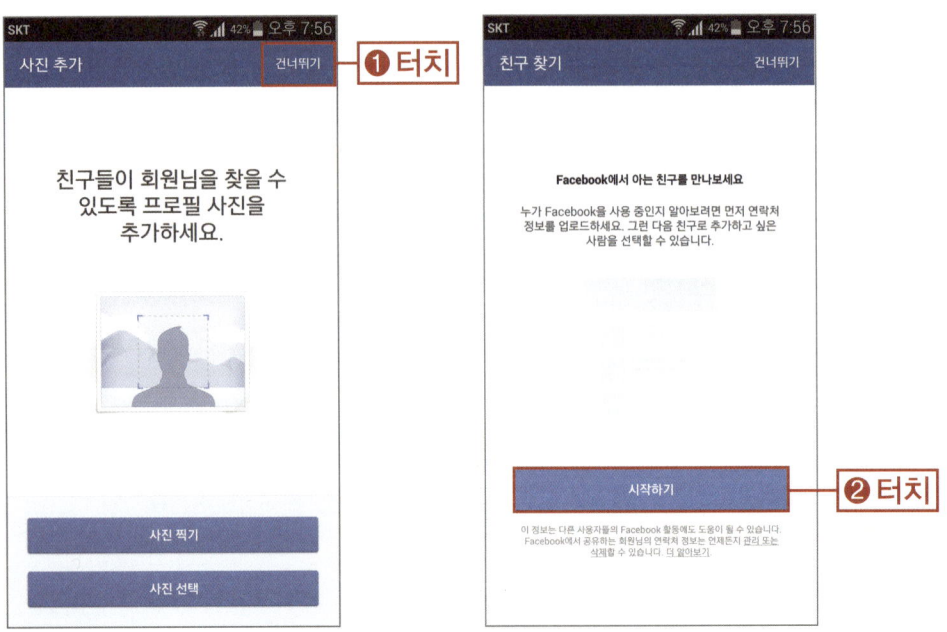

03 '친구 추가' 화면에 연락처 목록이 나타나면 [친구 추가]를 터치하여 추가할 친구를 선택합니다. [다음]을 터치합니다.

> **TIP** [친구 추가]를 터치한 후 친구 추가를 취소하고 싶을 때는 [취소]를 터치합니다.

04 '다른 친구들에게 알리기' 화면에서 [건너뛰기]를 터치합니다. 이메일로 전송된 코드를 확인한 후 코드를 입력하고 확인을 터치합니다.

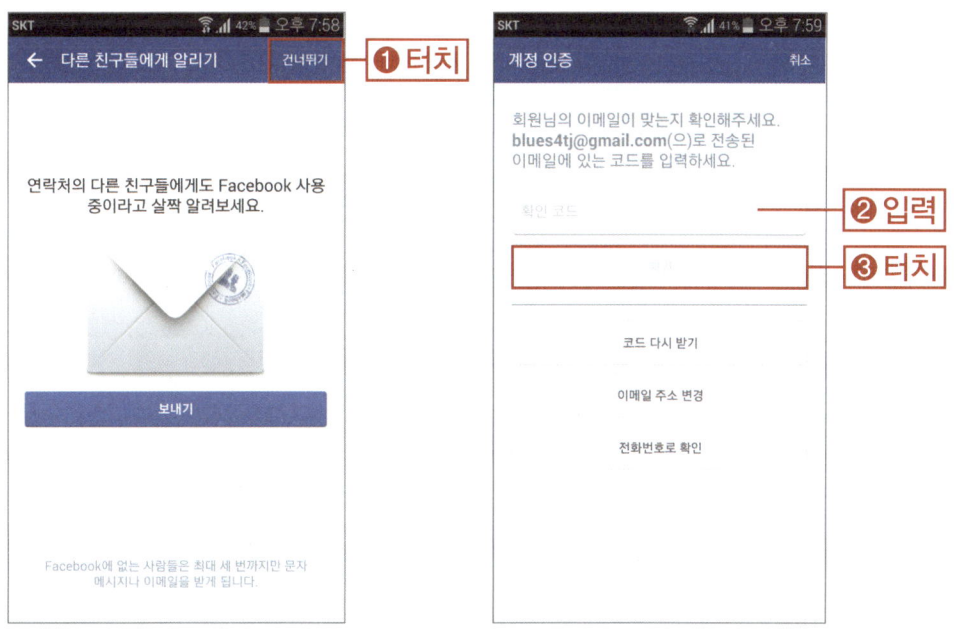

> **TIP** 페이스북을 가입할 때 입력한 이메일 주소에 로그인하여 메일을 확인한 후 전송된 가입 코드를 입력하면 페이스북 가입이 완료됩니다.

05 페이스북 사용을 시작합니다. 홈 화면에서 [알림]을 터치합니다. 알림 창에 페이스북 알림 메시지와 함께 친구 요청을 수락한 상대방의 페이스북 프로필 사진이 표시됩니다.

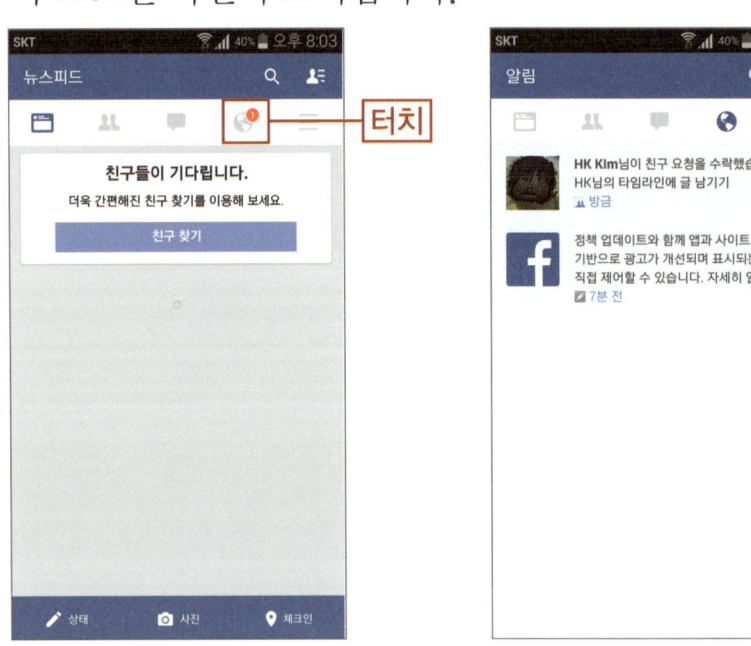

STEP 2 | 프로필 사진 변경하고 게시글 쓰기

01 [더 보기]를 터치한 후 [내 프로필 보기]를 터치합니다. 이후 프로필 화면의 실루엣 사진을 터치합니다.

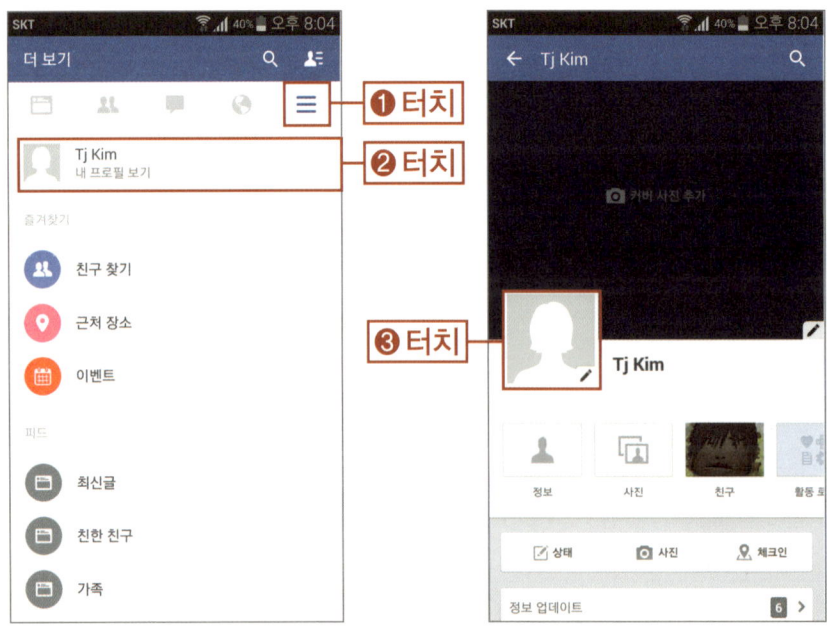

TIP 프로필 화면의 [커버 사진 추가]를 터치하면 페이스북의 배경화면을 지정할 수 있습니다. [사진 업로드]를 선택한 후 스마트폰에 저장되어 있는 사진을 배경화면으로 지정합니다.

02 사진 선택 창에서 [사진 업로드]를 선택합니다. '카메라 롤' 화면에서 프로필 사진으로 사용할 이미지를 터치합니다. 선택한 사진에서 프로필 사진으로 사용될 부분으로 사각형을 이동시킨 후 [완료]를 터치합니다.

TIP '사진 선택'은 페이스북에 업로드한 사진 중에서 프로필 사진을 선택하는 방법입니다. '사진 보기'는 프로필 사진으로 업로드한 사진 목록을 볼 수 있으며 프로필 사진으로 언제든 변경 가능합니다.

03 프로필 사진이 선택한 사진으로 변경됩니다. 페이스북에 사진과 글을 게시하기 위해 [상태]를 터치합니다. 게시글을 쓰기 전 게시물의 공개 수준을 결정합니다. [친구만]을 터치합니다.

TIP 게시물의 공개 수준을 '전체 공개'로 지정하면 내 페이스북을 방문하는 모든 사람들이 게시물을 볼 수 있습니다.

04 '게시물 작성' 창이 나타나면 내용을 입력하고 (📷)를 터치합니다. '카메라 롤' 화면에서 업로드할 사진을 선택한 후 [완료]를 터치합니다.

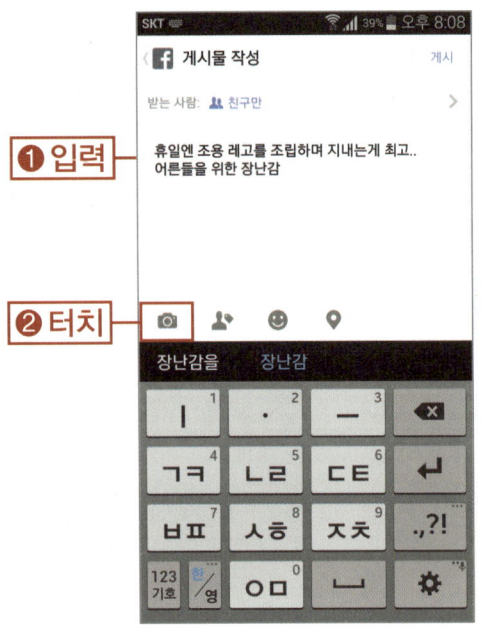 

> **TIP**
> - 게시글 창의 (😊)를 터치하면 '지금 뭐하세요?' 창이 나타납니다.
> - 현재 자신의 상태를 이모티콘, 사진, 위치 정보 등으로 표현할 수 있습니다.

05 사진이 '게시물 작성' 창에 표시되면 [게시]를 터치합니다. 내 페이스북에 사진을 포함한 게시물이 나타나는 것을 확인합니다.

> **TIP**
> 게시글을 올린 후 [공유하기]를 터치하면 페이스북 친구에게 해당 내용을 공유할 수 있습니다.

06 프로필 화면에서 [친구]를 터치하면 친구 요청을 수락한 친구 목록이 나타납니다. 그 중 하나를 터치한 후 친구의 페이스북을 방문합니다.

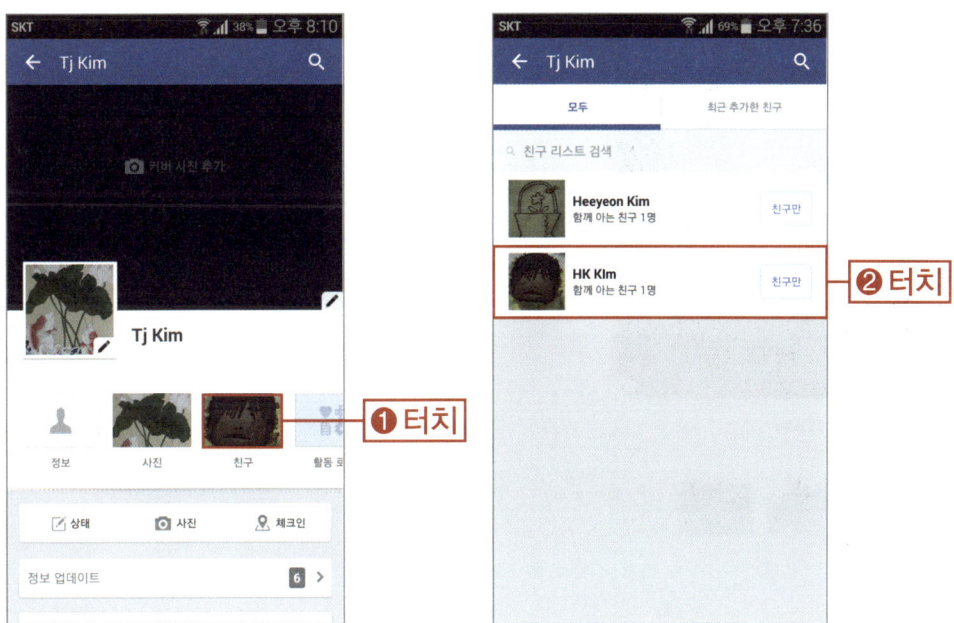

> **TIP** 페이스북 메인 화면에서 [더 보기](☰)를 터치한 후 [친구 찾기]를 선택하고 [검색] 탭에서 친구의 이름이나 이메일을 입력해 페이스북 친구를 검색할 수 있습니다.

07 친구의 페이스북으로 이동합니다. 친구의 게시물을 살펴본 후 [댓글 달기]를 터치합니다. 댓글 창에 댓글을 입력한 후 (▶)를 터치하면 댓글이 등록됩니다.

> **TIP** [더 보기](☰)를 터치한 후 [근처 장소]를 선택하면 지도 앱을 통해 내가 위치한 근처의 장소를 검색할 수 있습니다.

연습문제 >> 문제를 풀며 확인해보세요.

01 페이스북의 커버 사진을 변경해 보세요.

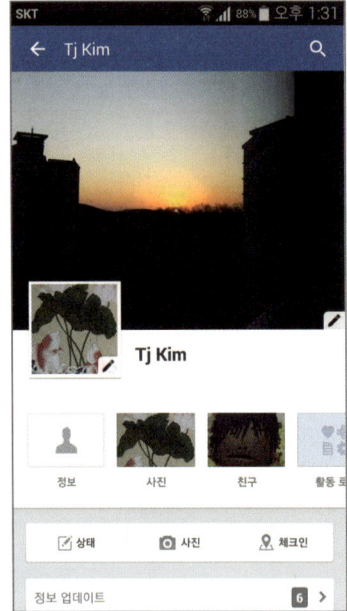

HINT [Facebook] 앱 실행 → [더 보기](≡) 터치 후 [내 프로필 보기] 선택 → [커버 사진 추가] 터치 후 [사진 업로드] 선택 → 이미지 파일 선택 후 [완료] 터치

02 유튜브에서 감상한 동영상을 내 페이스북으로 공유해 보세요.

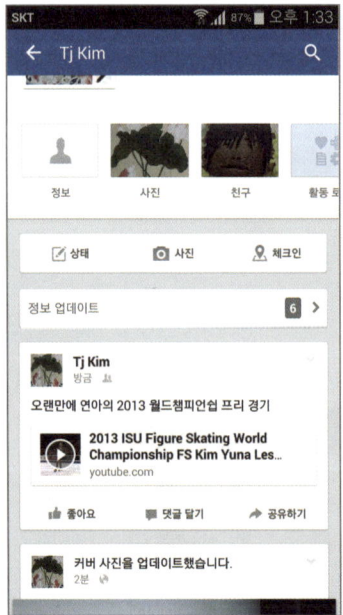

HINT [Youtube] 앱 실행 → 원하는 동영상 검색 후 재생 → [공유]() 터치 후 [Facebook] 선택 → 내용 입력 후 [게시] 터치

눈이 편한 스마트폰 2nd Edition

1판 1쇄 발행_ 2015년 3월 3일
1판 8쇄 발행_ 2019년 2월 11일

저   자 • 김혜경
발 행 인 • 김길수
발 행 처 • (주)영진닷컴
주   소 • 서울 금천구 가산디지털2로 123 월드메르디앙벤처센터 2차 10층 1016호
출판등록 • 2007. 4. 27 제 16-4189호

ⓒ2015., 2019. (주)영진닷컴
ISBN 978-89-314-4793-4

http://www.youngjin.com